Logboek

behorende bij Advieskunde voor praktijkstages

D1664562

Tweede druk

Wolters-Noordhoff Groningen

Woord vooraf

De praktijkstage kan worden beschouwd als een organisatieadvies-proces:

- Het bedrijf formuleert een probleemstelling.
- De stagiair doet op een systematische manier onderzoek naar oorzaken en achtergronden, ontwikkelt voorstellen ter verbetering van de bestaande situatie en levert een bijdrage aan de invoering van de gekozen verbeteringen.

In de praktijk blijkt het niet eenvoudig in de eigen stage stapsgewijs naar een concreet eindresultaat toe te werken. Het blijkt vooral moeilijk het project zo te organiseren dat er voldoende tijd en gelegenheid is om bij te dragen aan het invoeren van voorstellen ter verbetering. Juist dit onderdeel levert dikwijls de meeste leermomenten op.

Ter ondersteuning van het systematisch werken aan praktijkstages bieden wij hier een overzicht van de fasen waarin een stage kan worden opgedeeld en per fase een checklist die als leidraad gehanteerd kan worden.

Als stagiair heb je het meeste nut van de checklists als je na afronding van elke stap ook daadwerkelijk de betreffende checklist invult. Het aldus bijgehouden 'Logboek' kan dan bij de besprekingen aan de stagedocent worden toegezonden en onderdeel van de bespreking uitmaken.

Vooral een expliciete terugkoppelingspresentatie (Stap 5) door de student aan het bedrijf in het bijzijn van de stagedocent blijkt veel problemen bij de opdrachtuitvoering weg te nemen.

Inhoud

Processschema organisatieadviesproces

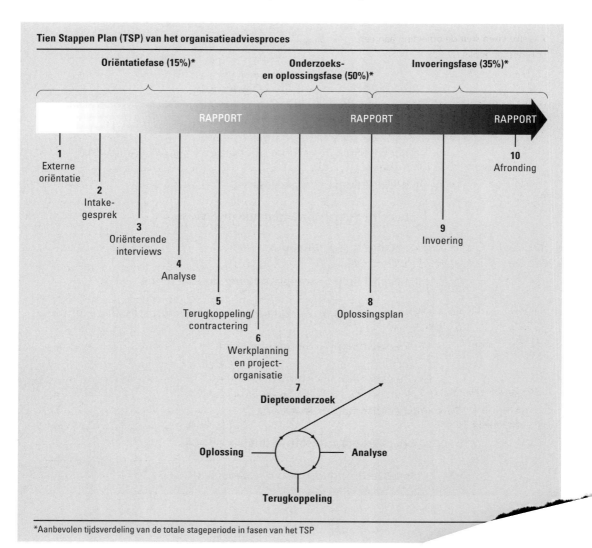

Tien Stappen Plan (TSP) van het organisatieadviesproces

Oriëntatiefase (15%)*

Onderzoeks-
en oplossingsfase (50%)*

Invoeringsfase (35%)*

RAPPORT   RAPPORT   RAPPORT

1
Externe
oriëntatie

2
Intake-
gesprek

3
Oriënterende
interviews

4
Analyse

5
Terugkoppeling/
contractering

6
Werkplanning
en project-
organisatie

7
Diepteonderzoek

8
Oplossingsplan

9
Invoering

10
Afronding

Oplossing   Analyse

Terugkoppeling

*Aanbevolen tijdsverdeling van de totale stageperiode in fasen van het TSP

Vooraf: verwerving van de stageplaats

1 Welke eisen stelt de opleiding aan een afstudeerstageplaats?

....
....
....
....

2 Welke eisen stel je zelf als stagiair aan een afstudeerstageplaats?

....
....
....
....

3 Van welke bedrijven is een uitnodiging ontvangen voor een kennismakings- of sollicitatiegesprek?

....
....
....
....

4 Met welke functionarissen in welke bedrijven heeft een gesprek plaatsgevonden?

....
....
....
....

5 Indien verschillende bedrijven een stage- plaats aanboden: welke afweging heb je gemaakt?

....
....
....
....

6 Welke vervolgafspraken zijn er gemaakt:
- Omschrijving potentiële afstudeeropdracht.

....
....
....
....
....
....
....
....

- Datum van intakegesprek.
- Omschrijving eventuele gemaakte zakelijke afspraken over de duur van het project, vergoeding, begeleiding enzovoort.

....
....
....
....
....
....
....

Checklist Stap 1: externe oriëntatie

1 Tot welke branche behoort het bedrijf?

....
....
....

2 Wat zijn de belangrijkste brancheontwikkelingen?

....
....
....
....

3 Welke positie heeft het bedrijf in de branche?

....
....
....
....

4 Wat zijn de recente bedrijfs-ontwikkelingen?

....
....
....

5 Wat is de invloed van de ontwikkelingen in de branche en van de recente bedrijfsontwikkelingen op de vermoedelijke opdracht?

....
....
....
....
....

6 Overige opmerkingen

....
....
....
....
....
....
....
....
....
....
....
....
....
....
....
....
....
....
....

Checklist Stap 2: intakegesprek

1 Wat is volgens de opdrachtgever
het probleem?

....
....
....
....

2 Wat is de urgentie om het probleem
op te lossen?

....
....
....

3 Waardoor is het probleem ontstaan?

....
....
....

4 Wat is er intern al aan gedaan?

....
....
....

5 Wie zijn de meest betrokkenen?

....
....
....

6 Wie wordt opdrachtgever c.q. begeleider?

....
....
....

7 Wat ziet de opdrachtgever als het
gewenste eindresultaat van deze stage?

....
....
....

8 Wat zijn de vervolgafspraken inzake:
  • oriënterende interviews
  • datum terugkoppelingsbijeenkomst?

....
....
....

9 Overige opmerkingen

....
....
....
....
....
....
....
....
....
....

Checklist Stap 3: oriënterende interviews

1 Welke verschillende probleem-
omschrijvingen komen er uit de
interviews naar voren?

....
....
....
....
....

2 Welke verschillende opdrachtformuleringen komen er uit de
interviews naar voren?

....
....
....
....
....

3 Aan welke oplossingsrichtingen
wordt gedacht?

....
....
....

4 Welke voorwaarden voor de probleemoplossing zijn genoemd?

....
....
....

5 Welke gegevens zijn benodigd en
niet beschikbaar?

....
....
....

6 Is elke respondent uitgenodigd voor
de terugkoppeling?

....
....
....

7 Wat leverde het afrondende interview
met de opdrachtgever op?

....
....
....

8 Op welke gegevens kan de projectplanning worden gebaseerd?

....
....
....

9 Welke documentatie is nu beschikbaar?

....
....

10 Overige opmerkingen

....
....
....
....
....

Tien Stappen Plan (TSP) van het organisatieadviesproces

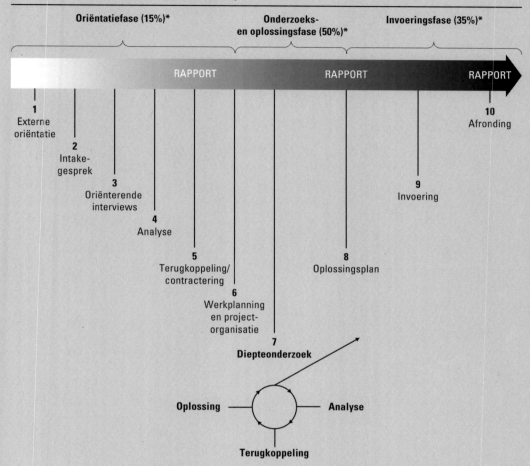

Checklist Stap 4: analyse

1 Hoe ziet in schema het primair proces eruit van het bedrijf of bedrijfsonderdeel waarbinnen de stage plaatsvindt?

....
....
....
....
....

2 Op welke punten verschillen geïnterviewden van mening? Beschrijf die verschillen.

....
....
....
....

3 Welke analysemethoden heb je gebruikt?

....
....
....

4 Wat moet de terugkoppeling opleveren?

....
....
....

5 Welk voorstel voor een definitieve opdrachtformulering vloeit voort uit de tot dusver uitgevoerde oriëntatie?

....
....
....
....

6 Wie zouden gevraagd moeten worden voor de platformgroep?

....
....
....

7 Hoe zou de verdere aanpak van het onderzoek eruit moeten zien?

....
....
....
....

8 Hoe ziet de terugkoppelings-presentatie eruit?

....
....
....

9 Welke specifieke problemen met betrekking tot de opdrachtuitvoering moeten tijdens de terugkoppelingssessie worden opgelost?

....
....
....
....
....

10 Overige opmerkingen

....
....
....
....

Checklist Stap 5: terugkoppeling/contractering

1 Zijn de aanwezigen het eens over de probleemstelling, de opdrachtformulering en de verdere aanpak?

2 Wat is er veranderd aan de opdracht sinds de intake en waarom?

3 Wat is het beoogde resultaat van het project?

4 Wat zijn de (globale) eisen waaraan de oplossing moet voldoen?

5 Waaruit blijkt dat het project belangrijk is voor het bedrijf?

6 Is er bij de opdrachtgever en de bedrijfsleiding motivatie om de oplossing ook te implementeren?

7 Welke informatie is nog nodig voor het opstellen van de werkplanning?

8 Wie zitten er in de platformgroep?

9 Welke werkafspraken zijn er gemaakt?

10 Overige opmerkingen

Checklist Stap 6: werkplanning en projectorganisatie

1 Wat levert de literatuurstudie op voor
het uitvoeren van het onderzoek:

- toe te passen theorieën of
  theoretische concepten;
- kernvariabelen?

2 Welke gegevensverzamelingsmethoden
zullen moeten worden gebruikt?

3 Hoe ziet de werkplanning eruit?

4 Zijn er projectgroepen gevormd?
Zo ja, wat zijn de taakopdrachten?

5 Welke rol(len) heb je gekozen?

6 Welke overleg- en rapportageafspraken
zijn er gemaakt?

7 Hoe is de organisatie van het
diepteonderzoek vastgelegd?

8 Overige opmerkingen

Checklist Stap 7: diepteonderzoek

1 Hoe ziet het onderzoeksmodel voor dit project eruit?

....
....
....
....

2 Welke informatieverzamelingsmethoden heb je gebruikt?

....
....
....
....

3 Wat zijn de onderzoeksresultaten tot dusver?

....
....
....
....

4 Op welke punten is van de projectplanning afgeweken?

....
....
....
....

5 Welke tussentijdse terugkoppelingen hebben plaatsgevonden: met wie en met welk resultaat?

....
....
....
....

6 Welke oplossingsmogelijkheden zijn er uit het onderzoek naar voren gekomen?

....
....
....

7 Wie zijn de voor- en tegenstanders van de verschillende oplossingen?

....
....
....

8 Welke oplossing is het meest haalbaar en waarom?

....
....
....

9 Wie zijn de krachtigste 'sponsors' van het project?

....
....
....

10 Overige opmerkingen

....
....
....
....

Checklist Stap 8: oplossingsplan

1 Welke oplossingen zijn er gepresenteerd? ....
....
....

2 Wat is de gerapporteerde voorkeursoplossing? ....
....
....
....

3 Wie zijn bereid die oplossing te ondersteunen? ....
....
....
....

4 Wat zijn de belangrijkste veranderpunten voor de organisatie? ....
....
....

5 Wie waren bij de oplossingspresentatie? ....
....
....

6 Wat leverde de discussie op? ....
....
....

7 Wie beslist wanneer over de voorstellen? ....
....
....

8 Hoe ziet het globale uitvoeringsplan eruit? ....
....
....

9 Overige opmerkingen ....
....
....
....
....
....
....
....
....
....
....
....

Checklist Stap 9: invoering

1 Hoe ziet het implementatieplan eruit?

....
....
....

2 Hoe ziet de gekozen veranderingsorganisatie eruit?

....
....
....
....

3 Welke rol(len) heb je gekozen bij het
ondersteunen van de implementatie?

....
....
....
....

4 Welke mensen vormen een risico bij de
implementatie?

....
....
....
....

5 Welke interventie-instrumenten zijn
gekozen om de implementatie te
ondersteunen?

....
....
....
....

6 Welke 'eerste stapjes' zullen achtereenvolgens worden gerealiseerd?

....
....
....

7 Overige opmerkingen

....
....
....
....
....
....
....
....
....
....
....
....
....
....
....
....
....
....

Checklist Stap 10: afronding

1 Is er een eindrapportage gehouden binnen het bedrijf? Zo ja, wat leverde deze op?

....
....
....
....
....

2 Met wie zijn afrondende gesprekken gevoerd?

....
....
....
....

3 Wat leverde de opdrachtevaluatie op?

....
....
....

4 Met wie is de opdrachtevaluatie besproken?

....
....
....

5 Hoe is het afscheid geregeld?

....
....
....

6 Wat is je eigen evaluatie en welke verbeterpunten zie jij voor jezelf?

....
....
....
....

7 Overige opmerkingen

....
....
....
....
....
....
....
....
....
....
....
....
....
....
....
....

Standaardinhoudsopgave stageverslag met een indicatie van het aantal pagina's

1	Inhoudsopgave	1	
2	Samenvatting	2	
3	Inleiding en probleemstelling	2	(Stap 1 + 2)
4	Bedrijfsbeschrijving/externe ontwikkelingen	5	(Stap 3 + 4)
5	Opdrachtformulering	2	(Stap 5)
6	Plan van aanpak	5	(Stap 6 inclusief literatuurstudie en werkmodel)
7	Opdrachtuitvoering	15	(Stap 7)
8	Samenvatting, conclusies en aanbevelingen	3	(Stap 8)
9	Implementatie	10	(Stap 9)
10	Opdrachtevaluatie	5	(Stap 10)
	Totaal	50	pagina's

Advieskunde voor praktijkstages

Advieskunde voor praktijk-stages

Organisatieverandering als leerproces

Prof. dr. P. M. Kempen

Dr. J. A. Keizer

Tweede druk

Wolters-Noordhoff Groningen

Ontwerp binnenwerk: Studio Wolters-Noordhoff, Groningen
Ontwerp omslag: Studio Wolters-Noordhoff, Groningen
Omslagfoto: Fotostock, Amsterdam/© First Light

Wolters-Noordhoff bv voert voor het hoger onderwijs de imprints
Wolters-Noordhoff, Stenfert Kroese, Martinus Nijhoff en Vespucci.

Eventuele op- en aanmerkingen over deze of andere uitgaven kunt u
richten aan: Wolters-Noordhoff bv, Afdeling Hoger Onderwijs,
Antwoordnummer 13, 9700 VB Groningen, e-mail: info@wolters.nl

4 5 / 04

© 2000 Wolters-Noordhoff bv Groningen/Houten, The Netherlands.

ISBN 90 01 46822 5
NUGI 684

Woord vooraf bij de tweede druk

Tot ons genoegen geniet het boek *Advieskunde voor Praktijkstages* (voorheen *Werkboek Advieskunde*) een snel groeiende populariteit. Daaraan ligt ongetwijfeld ten grondslag dat in het HBO en WO steeds meer waarde wordt gehecht aan praktijkstages als onderdeel van het leerproces in bedrijfskundig georiënteerde opleidingen. En komt vanzelf aan de orde hoe de kwaliteit zodanig verbeterd kan worden, dat zowel voor de student als voor de opdrachtgevers het maximale rendement wordt bereikt.

Kennelijk sluit ons boek goed aan op de behoeften van stagiairs en hun stagebegeleiders. De vrij gedetailleerde aanwijzingen om succesvol een stageproces te doorlopen, geven een soort 'best practice' gevoel waar men veel steun aan kan hebben. Maar uiteraard leveren gebruikers ook verbetermogelijkheden op die wij graag in aanvulling op onze eigen ervaringen in deze tweede druk verwerkt hebben. De belangrijkste veranderingen zijn:

- Een hoofdstuk over de verwerving van stageopdrachten. Dit hoofdstuk is toegevoegd om studenten en instellingen ideeën aan te reiken hoe de acquisitie het beste kan plaatsvinden. Maar ook, omdat reeds de opdrachtverwerving bepaalde eisen stelt aan een succesvol, advieskundig verantwoord stagetraject.
- Een verdere uitwerking in Stap 4: analyse van de wijze waarop een bedrijfskundige vraagstelling onderzoekbaar gemaakt kan worden. Wij bemerkten dat de ombouw van vraagstelling naar onderzoeksaanpak voor studenten vaak een lastige opgave is. Het probleem lijkt te zijn dat studenten het heel moeilijk vinden om de algemene kennis die zij aangereikt hebben gekregen tijdens hun studie, toe te passen op de specifieke situatie die zij in hun stageprojecten aantreffen. Er is ervaring nodig om het algemene te kunnen vertalen naar het specifieke. Toch menen wij enkele stapjes gemaakt te hebben in het bedenken en aangeven van overdraagbare werkvormen waarmee de student geholpen is.
- De introductie van normtijden voor de uitvoering van de drie hoofdfasen van het Tien Stappen Plan (TSP). Wij zijn daarop gekomen door de vele discussies over de haalbaarheid van de tien stappen in de gegeven stagetijd. Ons antwoord is steeds dat geen grotere projecten aangepakt moeten worden dan in de gegeven stagetijd tot implementatie te brengen zijn. Als die verhouding goed gekozen is, helpt het TSP om het project suc-

cesvol te realiseren. De tijdsbesteding per fase is dan een afgeleide van de totaal beschikbare tijd. Op grond van onze ervaringen met stagiairs hebben wij daar procentuele maxima aan verbonden.

- Het ontwikkelen van een handleiding voor stagedocenten. Het bestuderen van het boek is voor student en docent een goede basis om met het TSP aan het werk te gaan. Toch viel het ons op dat wij te weinig meegaven om de interactie tussen de stagiair en zijn stagedocent vorm te geven. De trainingen die wij aan stagedocenten hebben mogen geven om stagebegeleiding met behulp van het TSP aan te leren, hebben ons geholpen onze inzichten op dat gebied te expliciteren. In de voor docenten verkrijgbare docentenhandleiding is deze expertise toegankelijk gemaakt.
- Een kanttekening bij het lineaire karakter van het TSP. De tien stappen worden als opeenvolgende stappen in een proces beschreven. Wij hebben de stappen van elkaar onderscheiden om een zo duidelijk mogelijke proceslijn te kunnen uitzetten. In werkelijkheid worden bij allerlei overwegingen, keuzen en beslissingen al inschattingen gemaakt die betrekking hebben op zaken die volgens het boekje pas verderop aan de orde zijn. Bijvoorbeeld: op het moment van de intake wordt door de student en de begeleider al ingeschat of er uiteindelijk vele maanden later een draagvlak voor implementatie van de oplossing zal zijn. De oplossing moet nog worden gevonden, maar toch maakt men al een inschatting. Dat vooruitkijken vindt op allerlei momenten plaats. Waar mogelijk geven wij dat aan. Met name ten aanzien van de methodologische keuzen hebben wij geprobeerd verbindingslijnen te leggen tussen verschillende stappen (stappen 4, 5, 6, 7 en 8).

Naast deze omvattende ingrepen is nog een groot aantal kleine verbeteringen aangebracht. Wij hopen hiermee de groeiende groep gebruikers nog meer van dienst te zijn. Uiteraard worden we weer graag op de hoogte gebracht van verbeterideeën voor de volgende druk.

De auteurs
mei 2000

Inhoud

1

Model van een organisatie-adviesproces

Wij gaan ervan uit dat een stagiair meer wil bereiken dan een mooi eindrapport dat ongebruikt in de kast verdwijnt. Het centrale uitgangspunt in dit werkboek is dat een stage effectief is, indien de stagiair op een systematische wijze een oplossing heeft ontwikkeld die door het bedrijf wordt overgenomen en ingevoerd. In een goede stage worden in de concrete werkelijkheid van een bedrijf theorieën, methoden en modellen ingezet om een reëel vraagstuk op te lossen. In de praktijk blijkt het niet eenvoudig om als stagiair zo te werken dat er aan het eind een voor het bedrijf bruikbaar eindresultaat is gerealiseerd.

Als startpunt bij het ontwikkelen van een aanpak die leidt tot meer effectieve stages beschouwen wij het stageproject als een organisatieadviesproces waarin het bedrijf optreedt als opdrachtgever en de stagiair als adviseur.
• Het bedrijf formuleert een opdracht en probleemstelling.
• De stagiair doet onderzoek naar oorzaken en achtergronden, ontwikkelt voorstellen en draagt bij aan de invoering van deze voorstellen.

Dit startpunt houdt in dat wij het denken en handelen van de organisatieadviseur hanteren als referentie voor de stagiair. De vraag die wij willen beantwoorden is hoe de stagiair als adviseur kan handelen om in zijn project succesvol te zijn.

In dit deel worden de contouren geschetst van de aanpak die in dit boek wordt beschreven om een stage uit te voeren als een adviesproces. Er worden om te beginnen zes eisen genoemd waaraan een dergelijk adviesproces moet voldoen.
Op basis van deze eisen wordt vervolgens een stappenplan gepresenteerd. Deze aanpak van het totale adviestraject kent drie fasen: oriëntatiefase, onderzoeks-en oplossingsfase en invoeringsfase. Binnen deze fasen worden in totaal tien op elkaar aansluitende stappen onderscheiden.

Eigen karakteristieken van dit stappenplan voor een effectieve stage zijn:
• de invoering als expliciet onderdeel van de stage;
• veel aandacht voor de start van het project: de eerste fase omvat maar liefst zes van de tien stappen;
• veel aandacht voor het verwerven van een draagvlak voor de te ontwikkelen oplossing.

1
De stage als adviesproces

Afstuderen en adviseren

Veel opleidingen in het hoger beroepsonderwijs en in het wetenschappelijk onderwijs eindigen met een praktijkstage. In zo'n stage wordt de student geacht het geleerde in praktijk te brengen
door een concreet organisatieprobleem op te lossen. Voor het met
succes kunnen uitvoeren van een stage is een aantal vaardigheden
nodig:
- onderkennen en beschrijven van een probleem;
- organiseren van het onderzoek;
- communiceren met mensen van hoog tot laag in de organisatie;
- interviewen, luisteren, presenteren, overtuigen, onderhandelen;
- zelfstandig opzetten en volgens plan uitvoeren van een stageproject;
- aandragen van oplossingen in samenwerking met bedrijfsmen-
  sen;
- invoeren van de geaccepteerde oplossingen.

Een organisatieadviseur moet over dezelfde vaardigheden beschikken om in zijn werk succesvol te kunnen zijn.

Adviseurs staan voor de opgave om verbeteringen te helpen aanbrengen in organisaties waar ze het niet voor het zeggen hebben.
Zij kunnen niet zelf beslissingen nemen en instructies geven. Dat
is het domein van de manager. De bijdrage van een adviseur heeft
alleen effect als hij op de juiste plaats, op het goede moment en in
de passende vorm interesse weet te wekken om rond een verbe-
terpunt aan de slag te gaan. Een aardig voorbeeld van hoe het mis
kan gaan, troffen wij aan in het boek 'Consulting to Management'
van Greiner en Metzger (1983, p. 252). Zie praktijkvoorbeeld 1.1.

De voorzitter van de Raad van Bestuur van een industrieel concern schakelde een adviseur in. Deze adviseur was hem aanbevolen door een goede relatie. De adviseur werd ingeschakeld omdat er in de leiding van het concern discussie was ontstaan over één van de werkmaatschappijen. De discussie ging over de vraag of de werkmaatschappij wel of niet moest worden verkocht. De adviseur vertelde de president-directeur dat hij vijf dagen nodig zou hebben voor de opdracht. De directeur was verbaasd want hij en zijn staf hadden maanden met het probleem geworsteld. Maar hij zei niets tegen de adviseur. Veertien dagen later had hij opnieuw een afspraak met de adviseur. Deze overhandigde hem een rapportje van vier pagina's waarin geadviseerd werd om de werkmaatschappij te verkopen. De adviseur stelde ook een verkoopprijs voor. De directeur en zijn staf waren verbijsterd over zo'n kort rapport. Toen zij hem vroegen of hij de werkmaatschappij eigenlijk wel had bezocht om daar mensen te interviewen, antwoordde de adviseur dat zo'n bezoek niet nodig was want alle financiële gegevens die hij nodig had, kon hij uit algemeen toegankelijke informatiebronnen putten. Hij legde uit dat de werkmaatschappij te klein was om te concurreren en dat het kapitaal dat nodig zou zijn om een betere positie te krijgen nooit terugverdiend zou worden. De directeur en zijn Raad van Bestuur verwierpen het advies en verkochten de werkmaatschappij niet. Drie jaar later – na enorme verliezen – verkochten ze wel, voor de helft van de prijs die de adviseur eerder had genoemd. In een openhartig interview vertelde de directeur later: 'De adviseur had gelijk, maar wij hebben zijn advies niet opgevolgd omdat hij te weinig "voorwerk" had gedaan en geen discussies was gaan voeren met onze mensen.'

Uit voorbeeld 1.1 wordt duidelijk dat voor een effectief advies meer nodig is dan een knap geschreven rapport.

De situatie waarin stagiairs zich bevinden, heeft veel gemeen met die van professionele organisatieadviseurs. Net als adviseurs komen zij een bedrijf of instelling binnen om een organisatieverbetering te helpen realiseren. Beiden doen onderzoek, vinden een oplossing en moeten hiervoor gehoor vinden in het bedrijf. Beiden zijn pas succesvol als hun werk niet alleen resulteert in een rapport, maar ook in een beslissing en een actie tot invoering. Uiteraard is daarvoor kennis nodig, kennis die in de opleiding voorhanden is: kennis onder andere van marketing, productie, gegevensverwerking, logistiek en strategie. Naast kennis is handigheid in het omgaan met *advieskundige* situaties van essentieel belang. Om die 'handigheid' gaat het vooral in dit boek. Wij ontlenen daartoe veel aan het functioneren van professionele organisatieadviseurs. Dat biedt mogelijkheden maar ook beperkingen. Vooral de *vaardigheden* die in het adviesvak nodig zijn, vereisen een zekere aanleg. De een heeft grote moeite om een ordelijk interview te houden, ook al kent hij de leerboeken daarover van buiten. De ander doet het van nature al aardig; een kleine aanvullende training kan dan wonderen verrichten.
In dit boek worden de (toekomstige) stagiair de instrumenten

aangereikt met het oog op het effectief uitvoeren van zijn bedrijfsstage. Daartoe is gekozen voor een modelmatige beschrijving van het adviesproces. Dit model is gebaseerd op onze concrete ervaringen in de adviespraktijk. Om het toepassen van dit model te vergemakkelijken is een aantal hulpmiddelen toegevoegd[1]:

- een opdeling van het stageproject in tien stappen (het Tien Stappen Plan, TSP);
- een beschrijving per stap van de benodigde werkzaamheden en het beoogde eindproduct;
- een checklist na elke stap om zelf vast te kunnen stellen of het beoogde doel van die stap bereikt is;
- een aantal minicases om te oefenen met de kennis die bij de bestudering van dit boek is opgedaan.

Bij de behandeling van het TSP wordt zoveel mogelijk aangesloten bij de praktiserende adviseur. Dit uit zich onder meer in korte beschrijvingen van praktijkvoorbeelden, waarin overigens ook onze ervaringen in het begeleiden van stagiairs regelmatig zullen doorklinken.

Voordat wij ons echter richten op de beschrijving van het TSP-model, wordt eerst ingegaan op wat wij onder *effectief adviseren* – en daarmee ook onder een effectieve stage – verstaan. Wanneer men tevreden is met een goed rapport als eindproduct, zoals dat van de consultant in praktijkvoorbeeld 1.1, kan men in grote mate met het beheersen van de vakkennis volstaan. Zodra je als stagiair echter de ambitie hebt ook de acceptatie en praktische invoering van het advies tot je advies- c.q. stagewerk te rekenen, gaat advieskundige vaardigheid een belangrijke rol spelen.
Wij kiezen voor de tweede benadering en gaan daarom eerst in op wat wij verstaan onder effectief adviseren.

Effectief adviseren

Onder effectief adviseren verstaan wij het op systematische wijze ontwikkelen van een advies dat door het geadviseerde bedrijf overgenomen en uitgevoerd wordt.
Met te veel adviesrapporten, zeker van stagiairs, wordt in het bedrijf niets gedaan. Toch blijken studenten af te studeren op zo'n niet-gebruikt rapport. Kennelijk is voor docenten effectiviteit geen belangrijk beoordelingscriterium en kunnen zij genoegen nemen met een prestatie die voor het gastbedrijf achteraf vruchteloos is gebleken.
Wij zullen daarom veel aandacht besteden aan de vraag hoe het praktisch nut van praktijkstages vergroot kan worden. Dat is van

belang voor de bedrijven en instellingen waar stagiairs werkzaam zijn, maar nog belangrijker is het voor de student zélf. Wanneer je tijdens de opleiding al leert om een *effectief* advies uit te brengen, sta je straks in je eerste baan steviger in de schoenen. Werkgevers houden van medewerkers die onmiddellijk en resultaatgericht aan de slag kunnen. Dat spaart inwerktijd en dat komt goed uit in een tijd van scherpe concurrentie.

De vraag is hoe een effectief advies wordt bereikt. Hoe kun je bereiken dat je stage meer oplevert dan een mooi eindrapport dat ongebruikt in de kast verdwijnt? Daarvoor is een aanpak nodig die aan de volgende zeven eisen voldoet:

1 probleemgestuurd
2 omgevingsgericht
3 veranderingsgericht
4 open contractering
5 bewuste positionering
6 samenhangend
7 vakinhoudelijk op niveau.

Deze zeven eisen vormen de bouwstenen voor het TSP dat in dit boek als leidraad voor effectief afstuderen wordt beschreven.

Probleemgestuurd

Naarmate een probleem in een bedrijf urgenter is, zal men meer bereid zijn tijd vrij te maken om aan de oplossing te werken. Als de winst terugloopt, zal men geïnteresseerd zijn in een advies over hoe de voorraadkosten verlaagd kunnen worden.

In zo'n situatie zal de aandacht voor niet-verplichte milieumaatregelen bij het management op een laag pitje staan. De stagiair die de opdracht krijgt om de voorraadkosten aan te pakken, heeft dus een grotere kans op een opgevolgd advies, dan degene die in het milieuvraagstuk stapt, hoe interessant en belangrijk zo'n milieuvraagstuk op zich ook is.

Stagiairs zijn op dit punt kwetsbaar. Meestal zijn zij de vragende partij, zij bieden zich aan voor een opdracht omdat zij aan hun stage toe zijn. Bedrijven zijn dan zo vriendelijk een probleem te bedenken om de stagiair ter wille te zijn. Professionele adviseurs hebben doorgaans een veel gunstiger uitgangspositie: zij worden gevraagd om te helpen.

Een stagiair moet, zich bewust van zijn uitgangspositie, selectief zijn in het aanvaarden van een project. Voordat hij aan het werk gaat, moet eerst goed worden vastgesteld of het probleem[2] voldoende urgent is om met perspectief aan de slag te kunnen. Dat hoeft niet te betekenen dat een milieuvraagstuk in een verliessituatie bij voorbaat onaantrekkelijk is. Een stagiair zou tijdens zijn eerste verkenning tot de conclusie kunnen komen dat er met betere milieubeheersing aanmerkelijke besparingen op milieukosten gerealiseerd kunnen worden. Langs deze weg kun je als stagiair soms zelf ook iets doen aan het verhogen van de urgentie van een probleem en daarmee aan de aantrekkelijkheid van het project. Dan is er alsnog een relevant stageproject ontstaan.

Omgevingsgericht
Interne bedrijfsproblemen hebben vrijwel altijd een externe oorzaak. Elk bedrijf werkt in een markt waar concurrentie heerst. In deze 'wedstrijd' heb je koplopers en achterblijvers. Om tot de eersten te blijven behoren – of in ieder geval aansluiting met de 'middenvelders' te behouden – moet steeds worden gewerkt aan de eigen concurrentiepositie. Aanwijzingen voor concurrentiekracht zijn onder meer:
- hoge omzetgroei en winst
- lage kosten
- hoge klantvriendelijkheid
- goede service
- hoge leveringsbetrouwbaarheid
- lage voorraden
- weinig af- en uitval
- hoge positieve naamsbekendheid
- klantgerichte producten.

Dit zijn enkele meetpunten waarmee bedrijven zich kunnen vergelijken met hun concurrenten. Blijft een bedrijf achter bij zijn concurrenten, dan ontstaat vroeg of laat de noodzaak om actief met interne verbeteringen de plaats in de markt veilig te stellen of te verbeteren.
In het verleden kenden veel non-profit- en overheidsorganisaties deze competitie niet. Door allerlei maatschappelijke ontwikkelingen raken veel van hen ook onderhevig aan de druk van het marktmechanisme. Voorbeelden van 'nieuwe concurrentie':
- Universiteiten en hogescholen strijden onderling, maar ook met elkaar om hun studentenaantallen op peil te houden.
- Omroepen strijden om de kijkdichtheid.
- Nutsbedrijven beginnen onderlinge concurrentie te ervaren.
- Interne serviceafdelingen in grote bedrijven dreigen te worden afgestoten wanneer hun prijs/prestatieverhouding niet marktconform is.
- Ministeries stoten taken af die achterhaald zijn door ontwikkelingen in de vrije markt.

De toenemende concurrentie is belangrijk voor de professionele adviseur en voor de adviserende stagiair, omdat opdrachten die de concurrentiepositie van een bedrijf raken een hogere scoringskans hebben. Zie praktijkvoorbeeld 1.2.

Praktijkvoorbeeld 1.2

Een stagiaire kreeg de opdracht van een groothandel in kantoormeubilair om de leveringsbetrouwbaarheid te verbeteren. Zij stelde voor eerst een kleine enquête te houden onder enkele huidige en enkele vroegere klanten. Op deze manier kon zij beter inschatten welke prestaties de klanten verlangden van de groothandel. Uit het onderzoek kwam naar voren dat de groothandel op het gebied van leveringsbetrouwbaarheid in vergelijking met de concurrenten al een geweldig goede prestatie leverde. De klanten waren op dat punt heel tevreden. Heel ontevreden waren zij echter over de productkwaliteit na enkele gebruiksjaren. Ook de service om de mankementen dan nog te herstellen, liet sterk te wensen over. Toen de studente haar resultaten meldde aan de opdrachtgever, was het snel duidelijk dat het bedrijf veel meer voordeel zou hebben van een onderzoek naar productkwaliteit en service. Zij verwierf zo een hoogwaardiger stageopdracht.

Vroegtijdig inzicht hebben in de markt en in de branche is onontbeerlijk om een adviesproject goed aan de concurrentiestrijd te kunnen koppelen. Daarom begint een effectief adviesproces *altijd* – nog voor het intakegesprek met de opdrachtgever plaatsvindt – met een externe oriëntatie.[3] Deze oriëntatie levert inzichten op die helpen om:
- de opdracht te verwerven; een potentiële opdrachtgever is altijd aangenaam verrast wanneer je al over enig marktinzicht en kennis van het vakjargon blijkt te beschikken;
- de juiste opdracht te formuleren; je bent niet helemaal afhankelijk van de inbreng van de opdrachtgever maar kunt ook zelf meedenken over een opdrachtformulering gericht op concrete verbeteringsmogelijkheden in de marktpositie van het bedrijf;
- gericht te zijn op oplossingen die niet van intern-cosmetische aard zijn, maar daadwerkelijk helpen in de concurrentiestrijd.

Veranderingsgericht
Indien je wilt bereiken dat een advies wordt opgevolgd, dan moet je al vanaf het begin van het adviesproces een aantal speciale maatregelen nemen. Welke maatregelen dat zijn, wordt duidelijk wanneer we een blik werpen op de eindsituatie waarin een stagiair zijn advies (rapport) heeft uitgebracht. In het rapport wordt weergegeven wat op welke manier is onderzocht, wat de bevindingen zijn en wat er moet gebeuren om het probleem op te lossen. Wanneer de adviseur of stagiair maandenlang in zijn eentje in eenzaamheid aan dat advies heeft gewerkt, is de kans groot dat niemand in het bedrijf enthousiast is. Wil je echter bereiken dat managers en medewerkers in het bedrijf zich echt inzetten voor een organisatieverandering, dan moet het ook hun eigen idee

worden. Zij moeten het gevoel hebben dat het hún uitdaging is om het beter te doen en hún verdienste als dat lukt. Als je als stagiair tijdens het uitvoeren van je onderzoek dat gevoel van betrokkenheid en draagvlak niet weet op te roepen, daalt de implementatiekans aanzienlijk.[4] Praktijkvoorbeeld 1.1 laat zien hoe dat bij een professionele adviseur mis kan gaan. Dat kan ook stagiairs overkomen (zie praktijkvoorbeeld 1.3).

Praktijkvoorbeeld 1.3

Onlangs rapporteerde een stagiair aan de opdrachtgever zijn bevindingen uit interviews over de klachten van afnemers. Zijn conclusies werden ernstig in twijfel getrokken.

De student stelde voor om in het bijzijn van een bedrijfsmedewerker nog enkele aanvullende interviews met afnemers te houden. Toen de resultaten de eerdere uitkomsten bevestigden, was men onmiddellijk bereid om actie te nemen.

Dit 'not-invented-here'-effect kan nauwelijks overschat worden. Een vaste stelregel voor stagiairs zou dan ook moeten zijn dat onderzoek en advies in nauwe samenwerking met de intern verantwoordelijke mensen moeten worden uitgevoerd.

Wil deze veranderingsgerichtheid tot zijn recht komen, dan moet men daar al bij de opdrachtverstrekking en bij het bespreken van de te volgen werkwijze aandacht aan besteden. Organisaties hebben nogal eens de neiging dat aspect van betrokkenheid en samenwerking te verwaarlozen, zeker bij stagiairs. Zij vinden het veel gemakkelijker om de student aan de afgesproken klus te zetten. Dan kan men zelf de aandacht aan de lopende zaken besteden. 'We horen wel of er iets interessants uitkomt waar we wat mee kunnen.' Zo ontstaan er veel beschreven vellen papier, weinig organisatieverandering en weinig leerervaringen voor een latere carrière.

Open contractering

'Open contractering' ligt in het verlengde van een 'veranderingsgerichte aanpak'. Niet alleen de aanpak, ook de formulering van de uit te voeren opdracht kan het beste tot stand komen in nauw overleg met de mensen die voor de te realiseren verbeteringen verantwoordelijkheid dragen. Wanneer men een stagiair wil inzetten voor de ontwikkeling van een strategisch plan, moet niet alleen de directeur, maar het hele managementteam het eens zijn over de aard en de aanpak van de opdracht. Indien de productiviteit van een productieafdeling omhoog moet, is contractering met de productiechef alleen een zwakke start voor een succesvol veranderingsproces.

Het is bij het formuleren van de opdracht van belang hierbij ook anderen dan alleen de eindverantwoordelijke te betrekken. Steeds meer managers in het bedrijfsleven hebben ervaren dat medewerkers die de uiteindelijke organisatieverandering moeten dragen, beter van meet af aan bij het onderzoek betrokken kunnen worden, ook bij de formulering van de opdracht. Zo wordt de onmisbare betrokkenheid opgebouwd. Dit is voor de stagiair vanaf het begin een belangrijk aandachtspunt. Zie praktijkvoorbeeld 1.4.

Praktijkvoorbeeld 1.4

In een overheidsorganisatie was in brede lagen van het personeel grote onvrede ontstaan over het functioneren van de chef Personeelszaken. Deze onvrede ging zover dat de Ondernemingsraad bij de directie aandrong op een toetsing van het personeelsbeleid door een extern adviseur. Uiteindelijk stemde de directie daarin toe, hoewel met grote tegenzin omdat men de kritiek van de Ondernemingsraad slechts ten dele kon plaatsen.
De aangezochte adviseur voelde dat hij in een explosieve situatie terecht dreigde te komen, gezien de uiteenlopende verwachtingen.

De Ondernemingsraad wenste dat de chef Personeelszaken stevig op zijn nummer zou worden gezet. De directie vertrouwde op een ondersteuning van het gevoerde personeelsbeleid van de chef Personeelszaken.
Na een aantal gesprekken met de betrokkenen vóór de acceptatie van de opdracht realiseerde de adviseur zich dat het bedrijf niet geholpen zou zijn met het uitdelen van 'gele kaarten'. Dat zou slechts de discussie verhevigen. Daarom stelde hij voor zich te richten op 'het verbeteren van de communicatie over het in de toekomst te voeren personeelsbeleid, lering trekkend uit het verleden'.

Als deze werkwijze niet wordt gehanteerd, is de kans groot dat de betrokkenen bewust of onbewust met verschillende 'verborgen agenda's' het adviesproject volgen. Naarmate het proces vordert wordt dat duidelijker. Terwijl de een heel tevreden is, kan de ander juist zeer verontrust zijn. Als die verschillen in opvattingen en wensen blijven bestaan, kan het adviesproces stagneren. Zo'n tegenstroom zal ook vaak de interesse aantasten om de adviezen op te volgen hetgeen kan leiden tot een niet-effectieve rapportage.
Om al die redenen – betrokkenheid en risico van stagnatie – kan maar beter helemaal aan het begin van het advieswerk worden geprobeerd om mogelijke geschilpunten op te heffen.[5] De beste weg daartoe is om al in de fase van het maken van afspraken – de contractering – de direct betrokkenen te raadplegen. Dan nog kunnen er onderweg uiteenlopende visies ontstaan die opgelost moeten worden. Desalniettemin blijft een breed gedragen opdrachtformulering van belang om de scherpe kanten aan mogelijk latere discussies weg te nemen en de gemaakte keuze bespreekbaar te houden.

'Open contractering' is uiteraard alleen mogelijk als de stagiair zélf een rol kan vervullen in het contracteren. Dat is geen probleem als je zelf als stagiair een project werft. In sommige opleidingen worden de stageopdrachten echter geregeld door iemand anders, bijvoorbeeld een stagecoördinator, die namens de opleiding contracten voor het uitvoeren van stages afsluit. Als stagiair verdient het aanbeveling in zo'n situatie te vragen om het gesloten contract nog eens kritisch te mogen bekijken. In deel 2 gaan we daar uitvoeriger op in.

'Open contractering' is voor goed advieswerk zo belangrijk dat het ook in de Gedragscode van de Orde van Organisatiekundigen en -Adviseurs (OOA) herhaalde malen aandacht krijgt.[6] Enkele citaten:

- 'Inzicht in openheid over en verantwoording van kwaliteit en werkwijze blijven niet beperkt tot de kring der vakgenoten, maar komen ook beschikbaar voor bespreking met cliënten en belanghebbenden bij het organisatieadvieswerk.'
- 'Het als adviseur betrokken raken bij organisatievraagstukken betekent veelal het betreden van een spanningsveld van verwachtingen en belangen van meer partijen. Bij de oplossing van die vraagstukken kan in het algemeen niet volledig aan al die verwachtingen en belangen worden tegemoetgekomen.'
- 'De adviseur zal de cliënt onpartijdig adviseren.'

Bewuste positionering

Een externe adviseur is meestal voor een organisatie een opvallende verschijning. Een beetje als een dokter op huisbezoek. Er is namelijk een probleem dat het bedrijf niet alleen aankan. De adviseur gaat zich met het probleem bemoeien, maar men weet niet precies wat men moet verwachten. Er ontstaat ook dikwijls een gevoel van onzekerheid. Wat zal dit voor de individuele medewerkers betekenen: verbetering, achteruitgang of helemaal niets? Om die redenen willen de meeste medewerkers wel graag in contact komen met de adviseur, zodat deze hun visie leert kennen en daarmee rekening kan houden.

Voor een adviseur is het belangrijk aandacht te krijgen. Dat onderstreept de relevantie van zijn werk en omdat organisatieverbetering altijd concurreert met de dagelijkse routine, betekent aandacht ook autoriteit en veranderkracht.[7]

Iets van deze 'nieuwswaarde' straalt ook af op de stagiair. De invloed van een stagiair wordt doorgaans wat lager ingeschat dan van een professionele adviseur. De projecten van stagiairs zijn ook meestal wat minder markant voor de organisatie. Maar onmiskenbaar doet het voor de professional beschreven verschijnsel zich ook voor bij stagiairs.

Om succesvol te kunnen zijn, moet je ook als stagiair zorgen dat je project de nodige aandacht krijgt. Een effectief stageonderzoek is immers gericht op het realiseren van een implementeerbaar advies en een daadwerkelijke organisatieverbetering.

Sommige stagiairs gedragen zich wel of niet bewust onopvallend en bescheiden. Zij willen niet 'lastig' zijn, soms zo vergaand dat uiteindelijk alleen de koffiejuffrouw ze kent. Het is beter om de verwachtingen van het stagebedrijf als een buitenkans te zien, als een mogelijkheid om te scoren en een goede vingeroefening voor later. Maar er moet dan wel bewust gebruik gemaakt worden van de best haalbare positie. Dat betekent:

- Het eerste contact zo hoog mogelijk in de organisatie leggen.
- Bij een eerste rondgang contact leggen met de voor het onderzoektraject beslissende managers.
- Intern de bedrijfsbegeleider claimen die voldoende gewicht heeft om beslissingen te kunnen nemen of bevorderen.
- Ruime interne publiciteit over persoon, project en betekenis daarvan voor de organisatie.
- Voor het managementteam periodiek een presentatie houden over de voortgang, de uitkomsten en het perspectief van het onderzoek.
- Neutraliteit en objectiviteit handhaven, dus niet blindelings met een stroming in de organisatie meegaan, maar op bevindingen en feiten steunen.
- Mensen in de uitvoering van het project betrekken, zodat de aanwezige expertise benut wordt en er een draagvlak voor de adviezen ontstaat.
- Voortdurend werken aan een goede communicatie en berichtgeving over het project in de organisatie.

Het komt nogal eens voor dat organisaties stagiairs die een inhoudelijk goede prestatie leveren én een sterke adviespositie weten te verwerven en te handhaven, een baan aanbieden. Ook worden stagiairs gevraagd of ze na het afstuderen nog een tijd bij de organisatie willen blijven om de voltooiing van het project te ondersteunen.

Samenhangend

Eén van de oorzaken, waardoor in organisaties onopgeloste problemen blijven bestaan, is gebrek aan aandacht. Een manager kan een omzetdaling, een uitschieter in de kosten of een toenemend aantal klachten zien als tijdelijke problemen die wel weer overgaan. Soms krijgt hij gelijk, soms ook niet. Dan blijken de afwijkingen symptomen te zijn van bedreigende dieper liggende problemen. In dat geval kan het nodig zijn hulp van buiten in te roepen in de vorm van een adviseur of stagiair.

De taak van deze helper is primair om te bevorderen dat het probleem de nodige aandacht krijgt, want dat is er in de drukte van alledag niet van gekomen. Dat stelt eisen aan de aanpak. Alles moet gericht zijn op het nemen van projectmatig logische stappen in de oplossing van het geformuleerde probleem.[8] Om de organisatie gedurende het gehele oplossingstraject geconcentreerd te houden op en aan het werk te houden met de fundamentele probleemoplossing moet de ene stap logisch uit de andere voortvloeien. Praktijkvoorbeeld 1.5 laat zien hoe het niét moet.

Praktijkvoorbeeld 1.5

Een stagiair kwam voor zijn afstudeerstage terecht bij een producent van randapparatuur voor computers. Door de lange en onbetrouwbare aanvoerlijnen van onderdelen uit lage-lonen-landen, worstelde men met hoge, deels incourante onderdelenvoorraden en een lage leveringsbetrouwbaarheid. Hoewel de marktpositie van het product nog steeds sterk was, begon men klanten te verliezen.
De stagiair ging voortvarend aan het werk om dit probleem te analyseren. Hij was er zo sterk op gericht om snel te scoren, dat hij allerlei deelproblempjes ging aanpakken en het hoofdprobleem uit het oog verloor. Toen zijn stage om was, had hij weliswaar de bestelformulieren wat handiger ingedeeld, het magazijn wat overzichtelijker ingericht en een ordelijke klachtenregistratie opgezet, maar het grote probleem waarvoor hij was ingehuurd, was niet opgelost.
Hij had zich uitzonderlijk goed aangepast aan de 'brandjes-blussencultuur' van het bedrijf.

Professionele adviseurs verwerven geconcentreerde aandacht door – na een goede eerste probleemverkenning – een strak oplossingstraject te ontwikkelen en het bedrijf daarin mee te voeren. Er wordt projectmatig gewerkt: stappen met doorlooptijden en tussenrapportages worden vastgesteld. Werkgroepen worden ingesteld met concrete opdrachten en afgesproken resultaten die van stap tot stap aansluiten. Het verantwoordelijk management moet zélf tijd vrijmaken om de juiste informatie te verstrekken en beslissingen te nemen. Zo wordt de probleemaanpak ontrukt aan de dagelijkse routine en wordt het maximale gedaan om een effectief advies- en implementatietraject te realiseren.

Vakinhoudelijk op niveau

Het spreekt vanzelf dat het stageproject op een vakinhoudelijk hoogwaardige wijze wordt uitgevoerd. Een afstudeerstage markeert de afsluiting van de opleiding en de overgang naar een professionele loopbaan. Bij de afronding vindt ook altijd een beoordeling of examen plaats. Eén van de vragen die dan aan de orde zijn, is of de student het project heeft opgezet en uitgevoerd volgens de vakinhoudelijke regels van de kunst. Heeft de student laten zien dat hij in staat is de theorieën, begrippen, methoden en modellen die hij tijdens de studie heeft geleerd te hanteren? Heeft de student kans gezien niet slechts een conventionele aanpak te kunnen volgen maar de vakkennis creatief te verwerken en toe te passen? Er is naar onze ervaring een duidelijke samenhang tussen de procesbesturingselementen van het TSP en het vakinhoudelijke niveau. Samen bepalen zij de kwaliteit van het eindresultaat. De TSP-aanpak creëert condities waaronder het project vakinhoudelijk voluit tot ontplooiing kan komen.

Het Tien Stappen Plan (TSP)

Op basis van de zeven hiervoor reeds beschreven eisen die gesteld worden aan een effectief adviesproces hebben wij de modelmatige aanpak ontwikkeld die is weergegeven in figuur 2.1 en op de bijgevoegde inlegkaart.[9] Het totale adviestraject kent drie fasen. Binnen deze fasen worden in totaal tien op elkaar aansluitende stappen onderscheiden. De fasen zijn:

1 Oriëntatiefase, gericht op het extern en intern verkennen van het probleem en het maken van contractuele afspraken tussen organisatie en adviseur/stagiair (15% van de stagetijd).
2 Onderzoeks- en oplossingsfase, gericht op de uitvoering van het eigenlijke onderzoek en het genereren van passende oplossingen (50%).
3 Invoeringsfase, waarin geaccepteerde adviezen daadwerkelijk ingevoerd worden (35%).

Werken volgens het TSP is voor studenten geen gemakkelijke opgave. In de praktijk blijkt dat in veel stageprojecten de invoeringsfase er bekaaid vanaf komt. In nogal wat gevallen wordt deze fase helemaal niet geprogrammeerd, in andere gevallen schiet de invoering er vanwege tijdnood bij in. Stelregel zou moeten zijn dat de invoeringsfase een onmisbaar onderdeel is van het stageproject. In de latere werkpraktijk wordt bij uitstek het kunnen bijdragen aan realiseerbare organisatieveranderingen gewaardeerd.[10]
Dat zou voldoende reden moeten zijn voor docenten en studenten om deze vaardigheid al tijdens de opleiding tot ontwikkeling te brengen. Een belangrijk hulpmiddel daarbij is de normering van de stagetijd die maximaal aan elke fase besteed mag worden, zoals hiervoor is aangegeven.
Er zijn echter meer moeilijkheden. Tijdens de stage doen zich vaak gebeurtenissen voor die het afgesproken adviestraject verstoren, zoals bijvoorbeeld:

• Het aan te pakken knelpunt verliest zijn urgentie.
• Het onderzoek moet ineens veel meer, of veel minder gaan omvatten dan was afgesproken.
• Een andere activiteit eist ineens alle aandacht op.
• Een voor het onderzoek belangrijke manager wordt overgeplaatst.

- De relevante mensen hebben geen tijd beschikbaar om aan het onderzoek mee te werken.
- De afspraken voor interviews, rapportages enzovoort worden afgezegd.

De ervaren adviseur kent deze grilligheid van de adviespraktijk en heeft ermee leren omgaan. Voor de stagiair blijft het moeilijk om de balans te vinden tussen flexibiliteit (meegaan met de ontwikkelingen) en volharding (het uitgezette spoor verdedigen en veilig stellen). Eén ding is duidelijk: meewaaien met alle winden levert zelden een effectief adviesproces op. Bovendien blijkt er bijna altijd een onderhandelingsmarge te bestaan om de voortgang van het eigen project veilig te stellen, zoals blijkt uit praktijkvoorbeeld 1.6.

Praktijkvoorbeeld 1.6

Een studente zou in het kader van haar afstudeerproject een marktonderzoek houden onder een geselecteerd aantal afnemers van het stagebedrijf. De studente ontwierp een vragenlijst die zij in interviews met de klanten wilde gebruiken en legde die lijst aan de directie voor. De directie schrok terug van dit deel van het onderzoek. Hoe belangrijk men

het onderzoek ook bleef vinden, men durfde zijn klanten toch niet aan een stagiaire over te laten, hoeveel beveiligingsmaatregelen zij ook aanvoerde.
Uiteindelijk accepteerde men het voorstel van de studente om de interviews door de eigen vertegenwoordiger te laten uitvoeren. De studente verzorgde een korte interviewtraining voor de vertegenwoordigers en wist zo toch de beoogde informatie binnen te halen.

Om de stagiair in het werk te ondersteunen wordt in dit boek in het kader van het TSP een aantal hulpmiddelen aangeboden:
- Per stap worden de uit te voeren werkzaamheden beschreven.
- Per stap is er een checklist om vast te stellen of de vereiste resultaten bereikt zijn om de volgende stap met succes in gang te kunnen zetten.
- Per stap zijn enkele minicases opgenomen voor persoonlijke studie, gebaseerd op concrete praktijkervaringen.
- Als bijlage is een *Logboek* toegevoegd, gebaseerd op de checklists, waarin te zijner tijd de resultaten van het zelf uit te voeren stageproject kunnen worden ingevuld.

Volledigheidshalve vermelden wij nog eens dat het TSP-systeem en alle accessoires bedoeld zijn voor probleemoplossingsgerichte stages. Het is niet uit te sluiten dat hieraan voor meeloop- en meewerkstages nuttige gedachten en ideeën te ontlenen zijn. De inspanning om kennis te nemen van dit boek zal in die gevallen echter aanmerkelijk minder rendement geven.

2
De drie hoofdfasen in het adviesproces

De drie hoofdfasen in het TSP zijn de oriëntatiefase, de onderzoeks- en oplossingsfase en de invoeringsfase. Figuur 2.1 geeft het TSP weer. Om het gebruiksgemak te vergroten is dit Tien Stappen Plan ook los in dit boek bijgevoegd. In dit hoofdstuk worden de drie hoofdfasen globaal beschreven. Deze hoofdfasen worden verder uitgediept in de hoofdstukken 3 tot en met 12 waarin de stappen uitgebreid behandeld worden.

Oriëntatiefase

Een onbekende organisatie binnenstappen voor de duur van een stageopdracht is als gaan logeren bij een onbekende familie. Natuurlijk zeggen ze dat je moet doen alsof je thuis bent. Maar zo'n gezin heeft zijn eigen leefgewoonten. Als logé word je geacht je daarbij aan te passen, maar in het begin ken je de huisregels nog niet. Dus stel je je wat voorzichtig en onderzoekend op om geen flaters te slaan. Onmiddellijk over alles een eigen mening verkondigen en je van alles toeëigenen is vragen om moeilijkheden.
Ook een bedrijf heeft eigen gewoonten en manieren. Om na te gaan of je in die situatie past en daarin als stagiair waarde kunt toevoegen, voer je net als bij een logeerpartij een verkenning uit. Dat is wat wij de oriëntatiefase noemen. Deze oriëntatiefase moet antwoord geven op de vraag of stagiair en opdrachtgever met elkaar verder gaan en zo ja, op welke wijze. In de oriëntatiefase worden zoveel mogelijk indrukken verzameld. Professionele adviseurs stellen in deze fase aan iedereen vragen, zijn in alles geïnteresseerd, trachten verbanden te ontdekken tussen gewoonten, successen en problemen en proberen in te schatten welke moeilijkheden zich zullen voordoen wanneer de opdracht straks daadwerkelijk moet worden uitgevoerd.

Figuur 2.1 Tien Stappen Plan (TSP) van het organisatieadviesproces

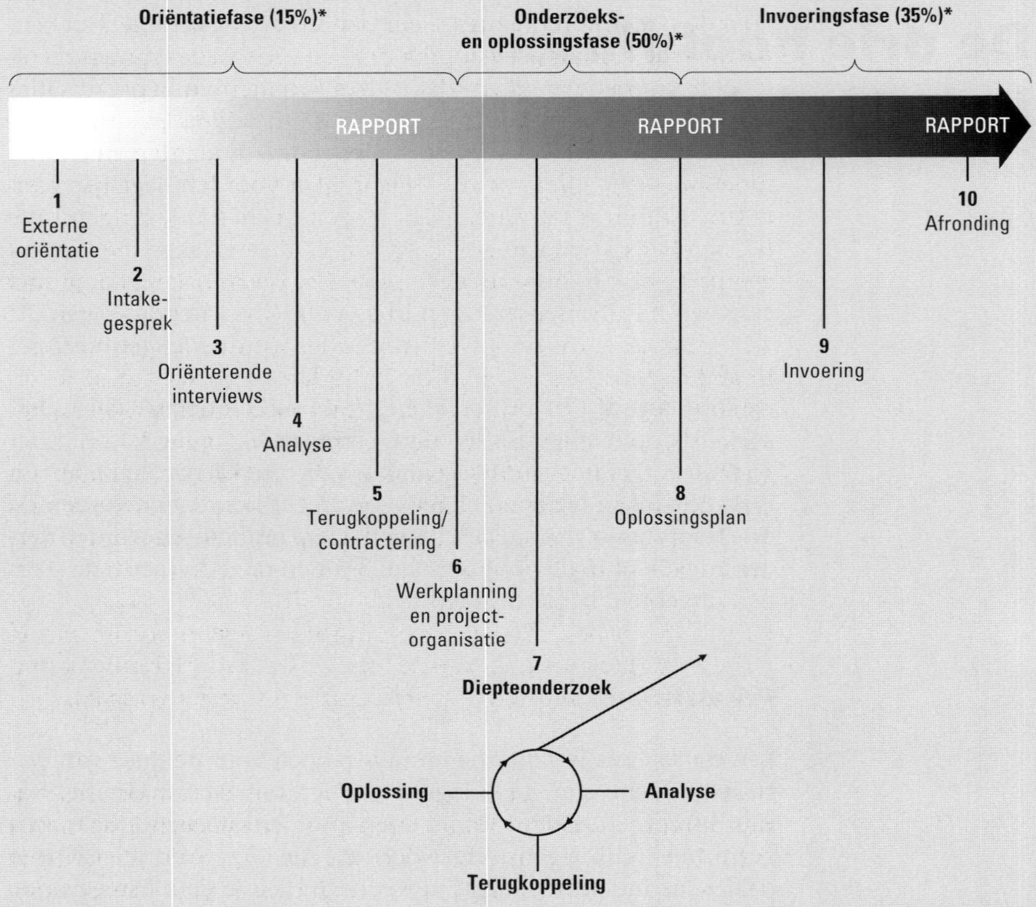

Oriëntatiefase (15%)*   Onderzoeks-   Invoeringsfase (35%)*
en oplossingsfase (50%)*

RAPPORT   RAPPORT   RAPPORT

1
Externe
oriëntatie

2
Intake-
gesprek

3
Oriënterende
interviews

4
Analyse

5
Terugkoppeling/
contractering

6
Werkplanning
en project-
organisatie

7
Diepteonderzoek

8
Oplossingsplan

9
Invoering

10
Afronding

Oplossing — Analyse

Terugkoppeling

*Aanbevolen tijdsverdeling van de totale stageperiode in fasen van het TSP

De beste raad aan stagiairs in deze fase van hun stageproject is om een vergelijkbare nieuwsgierigheid en interesse aan de dag te leggen. Liever te veel vragen stellen dan uit vrees om als dom of brutaal gezien te worden te snel 'begrijpend' te zwijgen. Die brede oriëntatie is gericht op een aantal aspecten van de organisatie zoals:

- de cultuur
- het probleem in zijn context
- het draagvlak
- de omvang van het werk.

We zullen elk van deze aspecten kort toelichten. Hoe men er concreet aan kan werken, komt bij de bespreking van de stappen aan de orde.

De cultuur

Met cultuur doelen we op alle gewoonten die kenmerkend zijn voor de samenwerking tussen mensen in een organisatie. Het kennen van de cultuur is belangrijk om een aanvaarde en waardevolle rol te kunnen vervullen. Het gedrag van mensen in organisaties wordt maar ten dele geleid door regels, procedures en structuren. Waarden en normen over hoe je met collega's, klanten en leiding moet omgaan, zijn vaak veel belangrijker voor het dagelijks handelen. Cultuur is software, maar uit zich wel in harde dingen.[1] We hebben het starten van een stageproject al vergeleken met een logeerpartij bij een onbekende familie. Het is van belang dat je snel aanvoelt hoe de mensen omgaan met elkaar en met de vragen die zich voordoen. In sommige organisaties wordt snel getutoyeerd, in andere blijft men lang formeel. Bij het ene bedrijf staat iedereen onmiddellijk voor je klaar als je iets nodig hebt, terwijl bij het andere bedrijf alles moet worden geregeld via de agenda van de secretaresse. Kleding, lunchgewoonten, lengte van de werkdag, op tijd komen, afspraken nakomen, afstand tussen 'bazen' en ondergeschikten, openheid van informatie: het zijn allemaal potentiële bronnen van meningsverschillen en misverstanden.

Uiteraard probeert elke stagiair zich tot op zekere hoogte aan te passen aan de gewoonten van de organisatie waar hij binnenkomt. Daarbij moeten wel enkele kanttekeningen worden gemaakt.

Intuïtie
Niet alle gewoonten zijn onmiddellijk duidelijk; je moet ze ervaren. Sommige merk je al op de eerste dag van je bezoek op, andere blijken pas later of in bijzondere situaties (zie praktijkvoorbeeld 2.1). Je moet leren ze waar te nemen en te begrijpen.[2] Succesvolle adviseurs hebben daarvoor een zekere intuïtie ontwikkeld.

Praktijkvoorbeeld 2.1

Een van ons bracht samen met een stagiair een eerste bezoek aan een stagebedrijf. We werden ontvangen door een zeer joviale directeur, die het ons in alle opzichten naar de zin wilde maken: elkaar meteen bij de voornaam noemen, veel koffie, het hele bedrijf zien, een royale lunch, alles mocht en kon. Op de terugweg in de auto wisselden wij uit hoe wij aankeken tegen de bedrijfscultuur. De student was opgetogen over de open, gelijkwaardige en kameraadschappelijke sfeer. Het was hem niet zo opgevallen dat de directeur zijn secretaresse afsnauwde toen ze voor een korte vraag even haar hoofd om de deur stak. Ook de onderdanige houding van het personeel jegens de directeur had hij niet opgemerkt. Een directeur met twee gezichten. Vele stagemaanden later klaagde de stagiair er over dat de directeur hem steeds voortijdig de uitkomsten van zijn onderzoek ontfutselde en die uitkomsten gebruikte om zwarte pieten uit te delen aan zijn personeel.

Eigen kritisch oordeel

Hoever moet je gaan in het jezelf aanpassen aan de bedrijfscultuur? Het is niet verstandig jezelf zo te verloochenen dat je je niet meer thuis voelt. In het hiervoor beschreven voorbeeld zal niemand van de stagiair verwachten dat hij zich aanpast aan de managementstijl van de directeur.

Maar er zijn ook minder laakbare gewoonten waarvan men beter wat afstand kan bewaren. Deze hebben onder meer te maken met de manier waarop in de organisatie met besluitvorming wordt omgegaan. In praktijkvoorbeeld 2.2 geven we twee voorbeelden.

Praktijkvoorbeeld 2.2

Een van ons werkte aan een adviesopdracht in een bedrijf waar het de gewoonte bleek om problemen na langdurig 'kamerbreed' onderzoek in dikke rapporten te beschrijven. Vervolgens werden deze rapporten in het managementteam uitvoerig besproken, waarbij de taalkundige weergave veel aandacht kreeg. Een beslissing over de oplossing en de implementatie ervan werd echter zelden genomen. In een ander geval betrof het een bestuur van een welzijnsinstelling dat zei een nieuw strategisch plan nodig te hebben. Uit gesprekken met betrokkenen en het kennis nemen van een aantal jaargangen notulen van bestuursvergaderingen bleek dat het bestuur de laatste jaren al enkele keren eerder een strategisch plan had ontwikkeld. Met die plannen was nooit iets gedaan.

Om succes te kunnen hebben zouden wij het anders moeten aanpakken dan men het in deze organisaties gewend was. In beide gevallen kozen wij bewust voor kleine onderzoek- en adviesstapjes, korte presentaties, uitsluitend discussies over de inhoud, concrete beslissingen en onmiddellijke implementatie door verantwoordelijke werkgroepen. Door zo de praat- en schrijfcultuur te omzeilen, konden wij echte vooruitgang boeken.

Het vraagt een zekere standvastigheid de druk om je aan de organisatiecultuur aan te passen te weerstaan.[3] Uiteraard werd in de genoemde voorbeelden vele malen aangedrongen op een goed rapport. Door te wijzen op hun eigen vroegere ervaringen en te beloven na afloop van de opdracht alsnog een schriftelijke rapportage te verzorgen, konden wij onze gang gaan.

Het probleem in zijn context

Een tweede aandachtsgebied in de oriëntatiefase betreft uiteraard het aangedragen probleem waarvoor de ondersteuning door een stagiair wordt gevraagd.

Wat is het probleem?

Doorgaans is de eerste vraagstelling vaag en niet duidelijk afgebakend. Om aan het einde van de verkenning toch een *scherpe, door*

iedereen onderschreven opdracht te kunnen formuleren, moet er meestal nog veel werk verzet worden. De beste leidraad voor dit zoekproces is de vraag: Wat moet er veranderd zijn, wanneer ik het bedrijf verlaat? Als je als stagiair aan een aantal betrokkenen deze vraag voorlegt, dwing je mensen tot concrete uitspraken. Daarmee krijg je ook gevoel voor wat wel en niet relevant wordt gevonden. Uiteraard moet je ook zelf op die manier een mening krijgen over de inhoud van de opdracht. De stagiair die blindelings de opdrachtgever in zijn ideeën volgt, is lang niet altijd effectief. Managers hebben soms ideeën over een probleemaanpak die een doodlopende weg blijken te zijn. Een manager worstelt vaak al enige tijd met het probleem. Het beeld dat men van het probleem heeft, zit dan behoorlijk diep verankerd in zijn denken en in zijn organisatie. Een originele, andere zienswijze, ingebracht door een onbevangen buitenstaander – bijvoorbeeld de stagiair – kan nieuwe oplossingsperspectieven zichtbaar maken. Een kritische toetsing van de wensen van de opdrachtgever is dan ook van belang.

Waarom is het probleem nog niet opgelost?
Met de inhoud van de probleemstelling hangt de vraag samen waarom de organisatie het probleem niet zelf heeft opgelost.[4] Een 'gezonde' organisatie kan haar eigen knelpunten oplossen. Wat is er aan de hand als er dan toch hulp van buiten nodig is? Vaak voorkomende redenen om externe hulp in te schakelen zijn:
- (nog) geen tijd beschikbaar;
- tekort aan kennis;
- behoefte aan een onafhankelijke mening;
- gebrek aan eensgezindheid bij de betrokkenen;
- andere prioriteiten.

Het is erg belangrijk om in de aanpak van het adviesproces rekening te houden met de achtergronden. Indien de leiding verdeeld is over de aard, de ernst en/of de aanpak van het probleem, sta je als stagiair voor de moeilijke opgave om eenstemmigheid in de leiding te bereiken. Lukt dat niet, dan is de kans groot dat je misschien wel een rapport maar geen opgelost probleem achterlaat.

Waar zit het probleem?
Een volgende vraag bij de probleemverkenning betreft de plaats in de organisatie waar het vraagstuk speelt en wie de *meest betrokkenen* zijn. De oriëntatiefase is bij uitstek de gelegenheid om dat uit te zoeken.
Dikwijls wordt een te beperkt waarnemingsveld gekozen. Bij veel stagiairs leeft de gedachte dat de zaak beklonken is, wanneer je

een goed gesprek hebt gehad met een manager over de opdracht. In de zin dat je dan afgestemd bent op degene die bevoegd is om de opdracht te verstrekken, mag dat waar zijn. Voor het bereiken van een goede samenwerking is dat gesprek echter ontoereikend. Voor een project, bijvoorbeeld op het gebied van uitvalreductie, kan men beter ook kennis gaan maken met een aantal productie-mensen in de fabriek. En voor een opdracht tot het opstellen van een marketingplan is een gesprek met een aantal verkopers on-misbaar.

Bij de probleemhaard zelf moet je poolshoogte nemen, ook al zal het hogere management uiteindelijk beslissen over de opdracht-verstrekking.

Externe oorzaken
Een laatste aandachtspunt betreft de *externe ontwikkelingen*. We hebben al eerder gesteld dat de meeste knelpunten in bedrijven een externe oorzaak hebben: verandering in vraag en aanbod, nieuwe technologische ontwikkelingen, wetgeving, loonkosten. Deze ontwikkelingen moeten onderkend en bestudeerd worden om de probleemoplossing daarop te kunnen afstemmen. De erva-ring heeft ons geleerd dat een studie van de externe ontwikkelin-gen in geen enkele organisatieadviesopdracht mag ontbreken.

In praktijkvoorbeeld 2.3 noemen we twee voorbeelden waarin het verband met externe ontwikkelingen niet goed in het onderzoek werd betrokken.

Praktijkvoorbeeld 2.3

Een bedrijf wilde excelleren in korte leve-ringstermijnen. De adviseur onderzocht niet de omgeving van het bedrijf en kwam er niet achter dat het bedrijf in vergelijking met zijn concurrenten al verreweg de kort-ste leveringstermijn had en daarin ook voor de komende jaren onverslaanbaar was. De afnemers waren al zeer tevreden met de le-veringstermijn.
Achteraf bleek dat een miljoeneninvestering in leveringstijdverkorting in de markt dan ook helemaal niet terug te verdienen was.

Een verffabriek was bij het fabrieksontwerp qua vulcapaciteit voor 80% afgesteld op vijf-literblikken. Toen de fabriek ging draaien, bleek de marktvraag geconcentreerd te zijn op éénliterblikken. Het bedrijf kon door cap-aciteitsgebrek de marktvraag niet volgen. Het vulcapaciteitsvraagstuk werd indertijd bij de bouw van de fabriek eenzijdig logis-tiek benaderd. Een adviseur die ingehuurd werd om dit vraagstuk te helpen oplossen, liet na een marktonderzoek te (laten) ver-richten naar de ontwikkeling van de vraag in de komende vijf jaar.

Het draagvlak
Hiervoor is al aangegeven dat het belangrijk is te onderkennen wie het meest betrokken zijn bij de opdracht. Aandacht hebben voor het draagvlak houdt in: gericht zijn op het verwerven, be-

houden en versterken van de betrokkenheid van degenen die te maken hebben met het probleem en met de veranderingen die uit het adviesproject zullen voortvloeien.[5]

Organisatieveranderingen in het bedrijf kunnen uitsluitend gerealiseerd worden door de mensen zelf. Als er nieuwe werkwijzen worden voorgesteld, zullen zij ermee moeten werken. Wanneer zo'n verandering buiten hen om ontworpen en vastgesteld wordt, is de kans op acceptatie buitengewoon klein. Daarom leggen adviseurs graag in de oriëntatiefase al contact met de mensen in het veld waar de te adviseren veranderingen zullen gaan plaatsvinden. Ook stagiairs moeten dat contact snel leggen. Vragen die je als stagiair in dat contact kunt stellen, zijn:

- Onderkennen de betrokkenen het probleem waaraan de stagiair zal gaan werken?
- Doen zij graag mee aan het zoeken naar goede oplossingen?
- Denken zij dat de stagiair een nuttige bijdrage kan leveren?
- Kunnen zij aangeven wat de verschillende betrokkenen kunnen inbrengen in het project?
- Hebben zij concrete verbeteringen op het oog?

Door zo met de betrokkenen om te gaan, wordt partnership, en daarmee een goed draagvlak, ontwikkeld voor het te organiseren adviesproces.

De omvang van het werk

Net als de professionele adviseur staat de stagiair voor de taak om ten behoeve van een goed contract een inschatting te maken van de hoeveelheid werk die moet worden verricht. De adviseur heeft zo'n inschatting nodig om een begroting te kunnen opstellen, de stagiair om aan opdrachtgever en begeleiders te kunnen aangeven wat wel en niet in de afgesproken stageperiode zal kunnen worden uitgevoerd.[6]

Uiteraard is zo'n inschatting enigszins arbitrair. Tijdens de uitvoering van het adviesproject doen zich vaak onvoorziene omstandigheden voor die de werkomvang en de doorlooptijd van het adviesproces kunnen beïnvloeden. Desondanks, indien je van tevoren een scherp beeld hebt van wat het beoogde resultaat is, zijn al veel factoren van tevoren in te schatten. De omvang van het werk wordt bepaald door factoren als:

- het aantal te interviewen personen;
- het aantal tussentijdse rapportages;
- de hoeveelheid te verzamelen en nog niet beschikbare gegevens;
- het aantal werkbesprekingen;
- de omvang van de te bestuderen documentatie.

Veel van deze factoren zijn in de oriëntatiefase bij benadering vast te stellen. Wanneer bijvoorbeeld de klantvriendelijkheid van het bedrijf moet worden verbeterd, en er blijkt geen enkele systematische registratie van de klantenwensen beschikbaar te zijn, dan zal een enquête onder de afnemers noodzakelijk zijn. Doorlooptijd en werkhoeveelheid van zo'n enquête zijn redelijk in te schatten. Door tijdens de oriëntatiefase dit soort inschattingen te maken, kan het stagecontract aangevuld worden met een werkplanning. De ervaring leert dat goed geplande projecten, zeker bij een beperkte tijd zoals bij een stage, veel effectiever zijn dan de bekende 'hit en run'-projecten.

Omdat een goed uitgevoerde oriëntatiefase essentieel is voor een succesvolle stage, wordt in het Tien Stappen Plan zeer veel energie gestoken in deze eerste fase. Maar liefst zes van de tien stappen vinden in de oriëntatiefase plaats. Stagiairs hebben de neiging de oriëntatiefase te verwaarlozen. De kans is groot dat zij vervolgens bij de opdrachtuitvoering tegen allerlei onduidelijkheden en misverstanden aanlopen die zij hadden kunnen voorzien en voorkomen.

Het eindproduct van de oriëntatiefase moet zijn: overeenstemming tussen stagiair en opdrachtgever over de probleemstelling, de opdrachtformulering en het plan van aanpak. Dit plan van aanpak stuurt de activiteiten in de onderzoeks- en oplossingsfase. Dit plan kan pas worden opgesteld wanneer de student de oriëntatie met betrekking tot de opdrachtformulering heeft aangevuld met een grondige literatuurverkenning over het betreffende vakdomein. In het plan van aanpak wordt vervolgens duidelijk hoe het doel van het stageproject praktisch gerealiseerd zal worden via opeenvolgende en parallel uitgevoerde activiteiten. Ook zal duidelijk worden waar activiteiten samenhangen en waar met wie zal moeten worden samengewerkt. Een serieus uitgevoerde oriëntatie leidt tot een helder contract waarin bedrijf en stagiair de opdracht vastleggen.

Uit deze globale beschrijving van de oriëntatiefase kan licht het beeld ontstaan dat het om een massief en tijdverslindend stuk werk gaat. Om dit overtrokken beeld bij te stellen, is het goed te weten dat de beroepsadviseur bij een middelgrote organisatie niet meer dan enkele dagen aan deze fase besteedt. Voor de stagiair gaan we uit van maximaal 15% van zijn stagetijd, toereikend om de stappen van de oriëntatiefase uit te voeren.

Onderzoeks- en oplossingsfase

Tijdens de onderzoeks- en oplossingsfase vindt de feitelijke uitvoering van de gecontracteerde opdracht plaats. Over de aanpak van deze fase zijn minder specifieke aanwijzingen te geven dan over de oriëntatiefase. Dat komt door de uiteenlopende inhoud die advies- en stageopdrachten kunnen hebben. Zo verschilt de aanpak voor het ontwikkelen van een strategisch plan sterk van de aanpak die nodig is om een nieuw logistiek besturings- of informatiesysteem te ontwerpen en in te voeren.
Wel is een aantal algemene aanwijzingen te geven die wij hier globaal zullen behandelen.[7] De concrete werkwijze wordt beschreven in de hoofdstukken 8, 9 en 10.

Het plan van aanpak moet al bij de contractering in de oriëntatiefase gekozen en beschreven zijn. Dat is voor alle betrokken partijen van groot belang. De opdrachtgever weet wat hem te wachten staat aan tijdsbeslag en de stagiair heeft zich vastgelegd op een werkprogramma en een tijdsplanning. In de aanpak wordt geanticipeerd op de werkzaamheden die, gegeven de afgesproken doorlooptijd, op het kritieke pad liggen. Enkele voorbeelden van kritieke-padwerkzaamheden die in vrijwel elke opdracht worden aangetroffen zijn:
- enquêtes of interviews bij externe partijen zoals leveranciers en afnemers;
- interne registraties van nog niet beschikbare gegevens over lopende bedrijfsprocessen zoals afkeur, klachten, gemiste orders, voorraadbewegingen, ordergroottes;
- beslissingen van het management die tijdens de opdrachtuitvoering genomen moeten worden om verder te kunnen;
- rapportages van anderen waarop het eigen onderzoek moet voortborduren.

Het uitlopen van advies- en stageopdrachten blijkt achteraf dikwijls veroorzaakt te zijn door het onvoldoende anticiperen op het feit dat je als stagiair in dit type werkzaamheden in hoge mate afhankelijk bent van de medewerking van anderen.

Stagiairs vallen voor het uitzetten van hun plan van aanpak graag terug op werkmodellen die in de literatuur zijn beschreven. Dat wordt doorgaans ook vanuit de opleiding gestimuleerd, omdat stages bij uitstek momenten zijn om theorie en praktijk te integreren. Een te sterke, dogmatische oriëntatie op literatuurmodellen kan echter onwenselijke effecten hebben. Wanneer een werkmodel uit de literatuur wordt gebruikt, moet steeds de vraag worden beantwoord of de specifieke klantsituatie past bij de vaak impliciet veronderstelde uitgangssituatie in het model.[8] Het blindelings toepassen van zo'n model kan dan vastlopen op de 'misfit' met de opdrachtsituatie. In praktijkvoorbeeld 2.4 noemen we enkele voorbeelden van zo'n *misfit* die wij in de praktijk hebben waargenomen:

Praktijkvoorbeeld 2.4

• Een stagiair wilde een meubelindustrie helpen met voorraadbeheersing door toepassing van de 'formule van Camp'. De scholingsgraad van het betreffende personeel was echter zo laag dat men de werking van dat model absoluut niet begreep.
• Een stagiair nam op zich om een bedrijf aan een verbeterd informatiesysteem te helpen. Zijn zeer modelmatige analyse leidde tot een prima systeemontwerp. De daaruit voortvloeiende investering in hard- en software overschreed echter enkele malen de zeer povere bedrijfresultaten en daarmee de investeringsruimte.
• Bij een metaalwarenindustrie zou een stagiair een nieuw logistiek besturingsconcept ontwerpen. Het gekozen model bleek onbruikbaar omdat feitelijke kwantitatieve gegevens over de goederenstroom ontbraken.

Het ontwikkelen van een passende oplossing voor het bedrijfsvraagstuk heeft een iteratief karakter. Daarmee wordt bedoeld dat een onderzoeksuitkomst nieuwe vragen oproept die weer verder onderzoek nodig maken. Dat vraagt enige flexibiliteit en vindingrijkheid. Als je als stagiair te veel 'vastzit' aan je gekozen model loop je het risico meer bezig te zijn met het aanpassen van de werkelijkheid aan het model dan omgekeerd met het aanpassen van het model aan de specifieke bedrijfssituatie.
Praktijkvoorbeeld 2.5 laat zien dat een zoekproces moeilijk te vangen is in een analysemodel. Gezond verstand blijft in deze onderzoeks- en oplossingsfase dan ook van groot belang.

De problemen, geschetst in praktijkvoorbeeld 2.5, zijn oplosbaar, maar vragen wel vindingrijkheid en aanpassingsvermogen. Het maken van een verantwoorde keuze voor een aanpak die ruimte laat voor een oplossing, passend bij de specifieke omstandigheden, kan mede worden bereikt door:
1 te putten uit kennis en ervaring van anderen en van jezelf. Hoe hebben anderen vergelijkbare problemen aangepakt en opgelost en wat weet je uit je studie over dit type vraagstukken? Vaak is het mogelijk stageverslagen van anderen te raadplegen of docenten op een specifiek deskundigheidsgebied te consulteren. Zo krijg je snel overzicht over modellen en benaderingen die gebruikt zouden kunnen worden.

2   de aansluiting tussen werkelijkheid en model te verifiëren. Wat kun je in deze specifieke situatie gebruiken van de modellen en benaderingen die beschikbaar zijn? Als het goed is, heeft de oriëntatiefase voldoende gegevens opgeleverd om te weten op welke punten een mogelijk model aangepast, aangevuld of beperkt zou moeten worden om voldoende te passen bij de bedrijfssituatie.

Het is belangrijk dat je eigen bijdrage als stagiair in het gehele project zichtbaar is. De stage is primair een zelfstandig uitgevoerd onderzoek. Maar dat betekent niet dat je alles zelf moet doen. Probeer zoveel mogelijk mensen van het bedrijf bij het uitvoeren van het onderzoek in te schakelen.
Zelf doen heeft als groot voordeel de snelheid en deskundigheid van de stagiair, die bovendien hiervoor tijd beschikbaar heeft. Het grote voordeel van *samen doen* is dat het veel leerzamer is voor het bedrijf. Men leert immers de eigen problemen beter op te lossen. Het draagvlak binnen de organisatie voor het project, het advies en de implementatie wordt versterkt.[9]

Bij de uitwerking in het Tien Stappen Plan wordt op deze keuze voor de stagiair dieper ingegaan. Hoofdlijn daarbij zal zijn: zoveel mogelijk samen doen.

Het eindproduct van de onderzoeks- en oplossingsfase moet een effectieve en aanvaarde oplossing zijn voor de in het contract overeengekomen vraagstelling. De beste toets of een oplossing effectief en aanvaardbaar is, is de daadwerkelijke invoering ervan. Wij zullen daarop in hoofdstuk 10 dieper ingaan.

Invoeringsfase

Bij het invoeren van verbeteringen in een organisatie stuiten we op een paradox. Niemand zal ontkennen dat het overgaan op een slimmere werkwijze doorgaans verstandig is. Tegelijkertijd heeft elke groep mensen – ook in een bedrijf – zekere ingeslepen, routinematige, op nauwkeurige afspraken gebaseerde werkmethoden waardoor zij samen efficiënt kunnen presteren. Een belangrijk deel van de managementinspanningen wordt besteed aan het instandhouden en perfectioneren van dit systeem van samenwerking. Belangrijke veranderingen daarin, bijvoorbeeld het samenvoegen van twee voorheen aparte afdelingen, tasten de routine aan. De druk om te veranderen wordt wel steeds groter. Veel bedrijven moeten continu inspelen op nieuwe markteisen en -mogelijkheden. Organisaties moeten leren omgaan met veranderingen, meer dan met routinematigheid.

Het realiseren van organisatieveranderingen is een lastig karwei. Ook als het project zorgvuldig is opgezet en uitgevoerd, is er geen garantie dat de voorstellen tot verandering ook worden geëffectueerd. Praktijkvoorbeeld 2.6 laat zien dat de urgentie van een probleem nog tijdens het stageproject kan verlopen.

Praktijkvoorbeeld 2.6

Een bedrijf van elektronische componenten zag zijn omzet stagneren en vermoedde dat de oorzaak onder andere gezocht moest worden in de onvoldoende klantvriendelijke opstelling van de eigen organisatie. Een stagiair kreeg de opdracht om door middel van een onderzoek bij afnemers vast te stellen waar mogelijke verbeterpunten zaten om die dan zelf te helpen invoeren.

Het onderzoek liep voorspoedig en de student legde belangrijke verbeterpunten bloot. Toen de beslissing genomen moest worden om de organisatie op een aantal onderdelen te veranderen, liet het management het echter afweten. Het ging weer een stuk beter met de omzet. Daarmee was de interesse verdwenen om fundamenteel te werken aan het verbeteren van de organisatie en het toekomstige concurrentievermogen van het bedrijf.

Er moet veel gebeuren om iedereen in een redelijk korte tijd op een nieuwe manier te laten werken. In de oriëntatie- en de onderzoeks- en oplossingsfase moet al worden geanticipeerd op de in-

voering. De succesfactoren die in dat verband belangrijk zijn, kunnen als volgt benoemd worden:
- betrokkenheid
- concreetheid
- uitvoerbaarheid.

Betrokkenheid
Naarmate meer mensen in het stagebedrijf weten van het onderzoek en daaraan ook hun bijdrage kunnen leveren, wordt het meer hun eigen verantwoordelijkheid. Het gevoel medeverantwoordelijk te zijn voor het project motiveert mensen om vervolgens ook zelf aan de slag te gaan met de resultaten.[10]
Een royale, frequente en uitvoerige communicatie tijdens het hele adviesproces is essentieel. Adviseurs en stagiairs, die in stilte hun werk doen, hebben vaak een kleinere kans om een echte organisatieverbetering te realiseren.

Concreetheid
Adviezen als: 'Er moet meer met computers worden gewerkt' of: 'Er moet beter worden samengewerkt' zijn voor een bedrijf vrij nutteloos. Deze adviezen zijn zo vanzelfsprekend, maar ook zo vaag dat niemand zich aangesproken voelt. Bovendien wordt niet duidelijk waarom die vele maanden onderzoek nodig zijn geweest. Een goed advies moet kunnen leiden tot een uitgewerkt actieplan om aan de slag te gaan.[11] (Zie praktijkvoorbeeld 2.7 ontleend aan een afstudeerrapport.)

Praktijkvoorbeeld 2.7

'De vijf afdelingen die zich nu met de orderafhandeling bezighouden, dienen geïntegreerd te worden in één afdeling met één geïntegreerd orderafhandelingssysteem in plaats van de huidige vijf deelsystemen.
Deze integratie moet de volgende concreet meetbare verbeteringen opleveren:
- vermindering van het benodigde personeel met vijf man;
- vermindering van de administratieve fouten tot 1%;
- verkorting van de orderdoorlooptijd tot twee weken.'

Uitvoerbaarheid
Organisatieveranderingen die op zich eenvoudig lijken, blijken dikwijls in de praktijk ingrijpender dan men van tevoren vermoedde. Bij de invoering rijzen bijna altijd onverwachte vragen. Neem bijvoorbeeld de hiervoor reeds genoemde voorgestelde samenvoeging van vijf afdelingen die alle een deeltaak vervullen in het orderafhandelingsproces. Van buiten gezien betekent zo'n samenvoeging het in één ruimte onderbrengen van voorheen vijf

apart gehuisveste 'clubjes'. In de praktijk rijzen echter meteen vragen als:

- Wie wordt de baas van het geheel?
- Wie worden overbodig en wat gebeurt er met de betrokkenen?
- Hoe wordt de taakverdeling?
- In welke ruimte gaat de nieuwe groep zitten?
- Hoe gaat het nieuwe systeem er uitzien?
- Wie wordt systeembeheerder?

Organisatieveranderingen brengen voor de betrokkenen naast kansen op verbetering risico's en onzekerheden met zich mee. Als dit soort vragen en problemen bij de implementatie niet goed onderkend en afgehandeld worden, kan het hele proces hierop stranden.[12]

Conclusie
Uit de beschrijving van deze succesfactoren zal duidelijk zijn wat er tijdens de invoeringsfase op de agenda staat. Het gaat om activiteiten als detailleren van de invoeringswerkzaamheden, doorhakken van knopen, toewijzen van deeltaken, inzetten van nieuwe hulpmiddelen (computers, planborden, enzovoort), bemoedigen en opleiden van mensen voor de nieuwe aanpak, bespreken van de voortgang en corrigeren van misgrepen. Er is een zekere behendigheid vereist om als stagiair in dit stadium van je werk effectief te zijn. Hoe je het management in deze fase terzijde kunt staan, wordt in het TSP behandeld.

2

Het Tien Stappen Plan

In dit deel wordt beschreven hoe een effectief adviesproces uitgevoerd moet worden. Achtereenvolgens worden de tien stappen besproken die zijn weergegeven in figuur 2.1.

Eerst wordt de inhoud behandeld: doel, begrippen en aanpak, geïllustreerd met praktische voorbeelden. Vervolgens wordt in een aantal kernvragen samengevat wat bekend en gerealiseerd moet zijn als de betreffende stap is afgerond. Aanbevolen wordt om in een stage deze vragen te hanteren als check op de kwaliteit van de activiteiten binnen het proces. Om te laten zien hoezeer het beantwoorden van deze vragen helpt om de weg te vinden en ervoor te zorgen dat er geen belangrijke elementen worden overgeslagen, geven wij in elk hoofdstuk voor een willekeurig geval aan hoe deze vragen praktisch gehanteerd kunnen worden. De tien lijsten met checkvragen zijn vervolgens bijeengebracht in een *Logboek* (zie katern). Elk hoofdstuk wordt afgesloten met een opsomming van de processtappen die binnen de betreffende stap uitgevoerd moeten worden en een aantal opgaven voor zelfstudie.

Ten aanzien van de te besteden tijd, gaan wij per fase uit van respectievelijk 15%, 50% en 35% van de beschikbare stagetijd. De duur van een praktijkstage varieert echter per opleiding. Knelpunt is altijd of er voldoende tijd is voor een implementatiefase. De algemene gedragslijn voor het toepassen van het TSP is dat stagiair, opdrachtgever en begeleiders zich bij de start van het project expliciet moeten afvragen wat wel en niet mogelijk is binnen de te besteden tijd. Naarmate de te besteden tijd voor de stage korter is, zullen de stagiair, opdrachtgever en begeleiders nadrukkelijker moeten nadenken over mogelijkheden om de opdracht in omvang zodanig te beperken, dat alle elementen van een volwaardige stage daarin tot hun recht komen. Bij het bespreken van de tien stappen zal het probleem van de juiste maatvoering regelmatig aan de orde komen.

Het Tien Stappen Plan is een standaardaanpak. We gaan ervan uit dat er een aantal algemeen toepasbare principes kan worden aangereikt voor het uitvoeren van een effectieve praktijkstage. Natuurlijk vraagt de praktijk om flexibiliteit. Soms blijken stappen niet geheel volgens het plan te kunnen worden uitgevoerd. In praktijkvoorbeeld 2.7 beschreven wij hoe de situatie tussentijds veranderde en daarmee ook de wijze waarop het project afgerond moest worden. Men moet dan in nauw overleg met het bedrijf en de stagedocent naar bevind van zaken verstandig op deze nieuwe situatie inspelen. Daarbij dient de vraag 'Hoe kan ik weer op het spoor van het Tien Stappen Plan komen?' richtsnoer te zijn. Laat men de grote lijn los, dan kan het project gemakkelijk afglijden naar een niet-effectief niveau, met alle teleurstellingen vandien. In deel 3 zullen we apart ingaan op een aantal uitzonderingen op de regel.

Ter wille van de overzichtelijkheid zullen wij bij elk hoofdstuk van dit deel 2 afsluiten met een opsomming van de belangrijkste actiepunten die uit dat hoofdstuk voortvloeien.

3
Vooraf Verwerving van een stageopdracht

Hoewel de opdrachtverwerving strikt genomen niet tot het TSP behoort, is de invloed op het stageproject van zo groot belang dat een behandeling niet gemist kan worden. Om dat te verduidelijken, grijpen wij terug op één van de ontwerpcriteria van het TSP, namelijk de open contractering. Dit criterium staat voor het in dialoog met de organisatie formuleren van de meest wenselijke opdracht. Impliciet betekent het dat de stagiair de speelruimte moet hebben om deze taak te vervullen.

Nu bestaan er zeer uiteenlopende manieren bij de onderwijsinstellingen om aan stage-plaatsen en -opdrachten te komen. Sommige daarvan kunnen de contractvrijheid van de student meer aantasten dan wenselijk is voor een succesvol TSP-gebruik.

In de praktijk zien wij de volgende hoofdvormen van stageplaatsverwerving:

• de student verwerft in overleg met zijn stagedocent geheel zelfstandig een stageplaats en formuleert de opdracht;
• de instelling verwerft de stageplaats, formuleert de opdracht en wijst deze toe aan de student.

Het zal duidelijk zijn dat deze twee extreme mogelijkheden ook wel mengvormen kennen. Bij de vormkeuze is het van belang dat er enige contractvrijheid voor de student overblijft. Daaronder verstaan wij de vrijheid om in de oriëntatiefase de concept-opdrachtformuleringfase te toetsen op validiteit en in overleg met de opdrachtgever tot wijzigingen en/of nadere specificaties te komen.

De vrijheid van bedrijf- en opdrachtkeuze zal doorgaans en met goede redenen ingeperkt worden door eisen vanuit de opleiding. Als men bijvoorbeeld een opleiding in Facilitaire Dienstverlening volgt, dan zullen bij voorkeur stageplaatsen gezocht moeten worden die in het verlengde van die opleiding liggen. Bij een opleiding Bedrijfskunde is de stagefocus al weer wat breder. Universitair onderwijs is vaak gekoppeld aan de onderzoeksactiviteiten van de wetenschappelijke staf. Daarom worden stageopdrachten in dat geval wel eens gezocht in het betreffende onderzoeksgebied.

Op zich zijn deze beperkingen in de keuzevrijheid niet belemmerend voor het toepassen van de TSP-benadering. Essentieel is dat de vrijheid van de stagiair niet wezenlijk aangetast wordt om op grond van bevindingen in de oriëntatiefase tot overeengekomen aanpassingen van de opdracht te komen. Immers, de startsituatie is vrijwel altijd dat de gekozen stageopdracht een eerste vraagstelling kent die nog vrij oppervlakkig geformuleerd is, zoals:

- een businessplan maken voor een nieuwe activiteit;
- een marktonderzoek doen naar expansiemogelijkheden;
- inspelen op nieuwe concurrentievormen;
- de leveringsbetrouwbaarheid verbeteren.

Ervaren adviseurs hebben geleerd dat de opdrachtgever zijn werkelijke probleem niet altijd goed verwoordt. Zij weten ook hoe belangrijk het is om de urgentie van het probleem te kennen en hoe belangrijk het draagvlak om er aan te werken, is. En zo'n globale opdrachtformulering is ook ontoereikend om goed in te kunnen schatten wat het eindresultaat van hun werk en daarmee hun budget moet zijn. Allemaal redenen om zo'n opdracht niet voetstoots aan te nemen, maar door oriënterende interviews de vraagstelling te toetsen en te specificeren.

De oriëntatiefase in het TSP heeft voor de stageopdracht hetzelfde doel. Voor stagiairs is het leerzaam en noodzakelijk voor een succesvol stageverloop om deze vraagtoetsing zelfstandig te verrichten. Zo'n leerzame professionele vrijheid wordt door stagedocenten en acquisiteurs soms echter gezien als een ongepaste vrijmoedigheid die wijst op gebrek aan vertrouwen in hun keuze en aanwijzingen. Dat doet zich in versterkte mate voor als de acquisiteur zich niet beperkt heeft tot een overeengekomen probleemindicatie, maar reeds de diepgang van een intakegesprek heeft nagestreefd. Voor acquisiteurs en stagedocenten is het een belangrijk signaal dat zij door deze handelwijze onbedoeld bijdragen aan een verhoogde faalkans en de student belangrijke leerstof onthouden.

Ongetwijfeld zal elke onderwijsinstelling goede redenen hebben voor de huidige acquisitiewijze van stageplaatsen. Soms zijn de aantallen zo groot dat een zekere massieve aanpak van het wervingsproces nodig is. De vrijwel onvermijdelijke oppervlakkigheid van het selecteren wordt voor lief genomen. Men put dan uit een vast netwerk van meestal grote organisaties die zich bijvoorbeeld garant stellen voor tien stageplaatsen die later gespecificeerd worden. De urgentie van de later te formuleren opdrachten en de veranderkundige gerichtheid zijn van latere zorg.

Begrijpelijk, maar meestal kan het beter. Reden waarom wij hier een voorkeursvariant voor het acquisitieproces beschrijven. De beschrijving is gebaseerd op onze eigen ervaringen als stagedocent en onze waarnemingen bij andere instellingen. Deze aanpak bespaart de instelling veel werk en daarnaast varen de kwaliteit van het leerproces en de toepasbaarheid van TSP er wel bij.

Het uitgangspunt is dat elke student in beginsel zijn eigen afstudeerstage verwerft. Om hem daarbij te ondersteunen, is er een lijst met eisen die de onderwijsinstelling aan stageplaatsen stelt. Zo'n lijst kan de volgende punten bevatten:

- passend bij de opleiding (nader te specificeren) en de student;
- binnen een bepaalde regiogrens, gezien de begeleidbaarheid;
- gezien omvang en complexiteit haalbaar in de beschikbare stagetijd;
- gericht op een in de stageperiode te starten organisatieverandering;
- met TSP mogen en kunnen werken;
- gericht op een urgent probleem;
- goedgekeurd door de stagebegeleider.

Om aan zo'n stageopdracht te komen selecteert de student 10 à 25 organisaties waar vermoedelijk de gewenste problematiek speelt. Als hij bijvoorbeeld aan klantvriendelijkheid wil werken, liggen de beste kansen bij privatiserende overheids- en non profit organisaties (PTT, NS, ziekenhuizen) en bij interne diensten die verzelfstandigd worden.

Voor een opdracht, gericht op het verbeteren van de logistieke prestaties, moet vooral gezocht worden bij bedrijven met een grote goederenstroom, waar scherpe concurrentie dwingt tot efficiëntere productie- en distributiemethoden, zoals bijvoorbeeld bij supermarkten en industriële bedrijven. Dat noopt immers tot verlaging van de logistieke kosten.

De student stemt zijn selectie af met de stagedocent en stelt de volgende wervende sollicitatiebrief op.

Na eerst bij de organisaties telefonisch de naam van de stagebehandelaar opgevraagd te hebben, worden de brieven op naam verstuurd. In de brief is aangekondigd dat de student binnen 1 à 2 weken zelf zal bellen om van de mogelijkheden te vernemen.

De positieve respons ligt gemiddeld rond de 10%, waarbij het verwerven van twee à drie gegadigden (vandaar de 25 brieven) meer zekerheid geeft dat de goede erbij zit.

De student bezoekt elk van de aangemelde organisaties, bespreekt in dat acquisitiegesprek de globale inhoud van de opdracht en de urgentie ervan en vraagt wat bedrijfsdocumentatie. Hij vermeldt dat er meer gegadigden zijn, die hij eveneens eerst wil bezoeken om daarna in overleg met de stagedocent te beslissen. Er wordt een termijn afgesproken waarop de organisatie nader verneemt van de keuze.

Aan Kaarsenfabriek De Sfeermaker
T.a.v. de heer Pieter Tombaar

Groningen, 5 september 1999

Geachte heer Tombaar,

U ontvangt van mij deze brief, omdat ik op zoek ben naar een stageplaats voor mijn afstudeerstage.
Momenteel studeer ik Bedrijfskunde aan de Hanzehogeschool te Groningen. Binnenkort vangt mijn vierde studiejaar aan. Een belangrijk deel van dat jaar, namelijk 5 maanden, wordt besteed aan de afstudeerstage.

In overleg met mijn stagedocent mevrouw drs. M. de Vreeze, heb ik besloten te zoeken naar een stage waarbij ik me kan verdiepen in het klanttevredenheidsvraagstuk. De colleges over marketing waarin de klanttevredenheid aan de orde kwam heb ik met grote interesse gevolgd. Het spreekt me erg aan dat het Nederlandse bedrijfsleven in de weer is met deze vorm van kwaliteitsverbetering .
Bij toeval vernam ik dat in uw sector ook stappen overwogen worden om tot meting van de klanttevredenheid over te gaan. Kennelijk wordt dat ook steeds meer door uw afnemers geëist.
Dat bracht mij op het idee om na te gaan of er soms bij u voornemens bestaan om aan de klanttevredenheid te gaan werken. En zo ja, of ik u daarbij middels mijn afstudeerstage van dienst zou kunnen zijn.

In de bijlage treft u mijn C.V. aan. Het zou heel goed uitkomen als u daarin bevestigd zou zien dat ik voor een eventuele stageplaats de geschikte persoon ben.
Voor u is nog van belang te weten dat mijn stageduur 5 maanden is, te rekenen vanaf januari 2000. De stage moet ruimte bieden aan een onderzoek gericht op een concrete organisatieverandering. Het lijkt mij dat meting en verbetering van de klanttevredenheid daartoe ruim voldoende kansen biedt.

Graag verneem ik van uw mogelijke interesse. Daartoe zal ik in de week van 13 september a.s. (week 37) telefonisch contact met u opnemen.

Met vriendelijke groeten,

Frits Jongstra

Bijlage: Curriculum Vitae

Samen met de begeleider wordt de eindbeslissing genomen, mede op basis van de lijst met criteria. Een lastig beoordelingspunt daarbij is de haalbaarheid van de opdracht in de beschikbare stagetijd. Zeker als men, bezien door de TSP-bril, de implementatiefase wil bereiken, mogen de opdrachten niet te omvangrijk zijn. Het blijft natuurlijk een moeilijk in te schatten punt, maar er zijn wel wat indicatoren voor de bewerkelijkheid van de opdracht te bedenken. Wij noemen hier:

- het aantal werknemers in de betreffende organisatorische eenheid;
- het aantal direct betrokkenen in het onderzoeksgebied;
- de beschikbare informatie en de hoeveelheid en moeilijkheidsgraad van nog te verzamelen gegevens;
- de uitstraling naar andere deelorganisaties;
- de uitstraling naar de externe omgeving;
- de afhankelijkheid van anderen bij de uitvoering van de opdracht;
- de expertise van de student inzake het onderzoeksdomein;
- de concreetheid en zichtbaarheid van de betrokken werkprocessen;
- de beschikbare mogelijkheden voor prestatiemeting;
- de communicatieafstand van de student naar de beslissers over zijn voorstellen;
- de accuratesse en besluitvaardigheid in de opdrachtgevende organisatie.

Meestal heeft de student al een voorkeur. Wij volgen als begeleiders veelal die voorkeur, tenzij er gegronde bezwaren zijn. Een aardig extra is nog dat de student probeert bij het afzeggen van de niet gekozen maar op zich bruikbare opdrachten, deze voor de onderwijsinstelling te behouden. Als de betrokken bedrijven zich laten doorleiden naar de stagecoördinator of het stagebureau, dan ontstaat er ook een voorraad gekwalificeerde opdrachten voor studenten die pech hebben gehad bij hun wervingsinspanningen. En organisaties vinden het vaak prettig om voor een herkansing in aanmerking te komen.

De voordelen van deze aanpak springen in het oog. De student leert solliciteren, hij behoudt maximale onderhandelingsvrijheid voor latere toetsing en specificatie van de opdracht en de stagewerver is van een belangrijke zorg bevrijd. Daarnaast geeft het vast meer variatie in stagebedrijven en een rijker netwerk voor de onderwijsinstelling.

Actiepunten

Uit dit hoofdstuk vloeien de volgende actiepunten voort:
1 Sollicitatiebrief schrijven en afstemmen met de stagedocent.
2 10 à 25 relevante bedrijven selecteren.
3 Brieven versturen en nabellen.
4 Gegadigden bezoeken.
5 Eindkeuze maken in overleg met stagedocent.
6 Overgebleven stagebedrijven doorleiden naar stagecoördinator/bureau.

4
Stap 1 Externe oriëntatie

De externe oriëntatie houdt een beperkte voorstudie in over de organisatie waar de stage zal worden uitgevoerd en over de sector waarin de organisatie opereert. Deze studie vindt plaats *nadat* bekend is geworden middels een succesvol acquisitiegesprek waar de stageopdracht gaat plaatsvinden, maar *voordat* de stagiair z'n eerste formele adviesgesprek (intake) met de opdrachtgever heeft. De externe oriëntatie is bedoeld om informatie en inzichten op te leveren die nodig zijn om een succesvolle intake te kunnen hebben.

Professionele adviseurs verkeren vaak bij het verwerven van adviesopdrachten in een concurrentiesituatie. Door van tevoren informatie te verzamelen over de organisatie en de sector, verwerven zij zich een betere uitgangspositie. Zij kunnen zo vaststellen of er een verband bestaat tussen het door het opdrachtgevende bedrijf geïndiceerde vraagstuk en de brancheontwikkelingen en hoe dat verband eruit ziet.

Dat verband bestaat heel vaak en daarin inzicht hebben is heel belangrijk. Als een non-profitorganisatie hulp zoekt bij het vercommercialiseren van een interne dienst, dan springt zo'n verband met externe ontwikkelingen niet in het oog. Inzicht in de teruglopende subsidiebereidheid van de overheid werpt een nieuw licht op deze actie. Als men dat verband in het intakegesprek dan aan de orde kan stellen, dan helpt dat om een scherper inzicht in de budgettaire nood en in de urgentie van de voorgenomen actie te krijgen. Bovendien helpt dat inzicht om op het geschikte moment in het adviesproces over alternatieve ingrepen na te denken. Het doel van de opdracht is dan immers niet de commercialiseringsactie, maar het oplossen van de budgettaire nood. En wellicht kan dat beter en sneller op een andere manier.

Voor stagiairs ligt de situatie vaak iets anders. Meestal heeft er voor het intakegesprek al een acquisitiegesprek plaatsgevonden, soms door de stagiair zelf, soms door iemand namens de oplei-

ding. Onvermijdelijk ligt er dan meestal al een globale opdracht-formulering. Ook dan is het verstandig ruimte te creëren voor een externe oriëntatie. In de praktijk lukt dat door in het contact met het bedrijf onderscheid te maken tussen het acquisitiegesprek en het formele intakegesprek. De acquisiteur – een medewerker van de onderwijsinstelling of de student zelf – meldt dan dat na een eventueel beginselakkoord over de stage het vaktechnische in-takegesprek met de student en zijn studiebegeleider nog moet ko-men. In het intakegesprek wordt veel dieper ingegaan op de be-doelingen en wensen van beide partijen.

Tussen deze beide contacten kan de externe oriëntatie uitgevoerd worden, met overigens dezelfde doelstellingen als die van de pro-fessionele adviseur. Want, ook al is de formele acquisitie achter de rug, over de inhoud van de opdracht, over de aanleiding tot de op-dracht en over de mogelijkheden en onmogelijkheden van de sta-giair om de opdracht uit te voeren, vallen nog veel vragen te stel-len en te beantwoorden voordat het project daadwerkelijk kan beginnen. Een stagiair die zich goed heeft voorbereid op dit in-takegesprek en zo een goede gesprekspartner kan zijn van de op-drachtgever legt de basis voor een effectief adviestraject.

Sommigen vragen in het acquisitiecontact aan het bedrijf zelf om informatie over bedrijf en sector. Dat is verstandig maar niet vol-doende. De kans is groot dat de stagiair enigszins gekleurde infor-matie krijgt. Je krijgt namelijk slechts dat wat het bedrijf *zelf* weet en vindt van zichzelf en de branche. Externe bronnen kunnen be-langrijke aanvullingen opleveren. Praktijkvoorbeeld 4.1 beschrijft zo'n verrassende uitkomst.

Praktijkvoorbeeld 4.1

Een adviseur bezocht een bedrijf, dat ver-plaatsbare houten woonunits produceerde, om te praten over het helpen opstellen van een strategisch plan om de stagnatie in de omzet tegen te gaan. In het eerste gesprek vroeg de adviseur onder andere naar het aantal concurrenten van dit bedrijf. De di-recteur schatte het aantal concurrenten op vijf tot tien. De adviseur had zich in zijn ex-terne oriëntatie ook op de concurrentie ge-richt door in advertenties in vakbladen te kij-ken welke bedrijven verplaatsbare woon-units aanboden. Hij had er ten minste 50 geteld, en hij had ook gezien dat deze be-drijven bijna allemaal units van kunststof aanboden. De concurrentie was dus veel groter dan gedacht en de marktvraag was waarschijnlijk verschoven van houten naar kunststof units.

De externe oriëntatie kan worden uitgevoerd aan de hand van en-kele hulpvragen. In de checklist (zie figuur 4.1) staan deze vragen weergegeven. De antwoorden in de checklist zijn ontleend aan het praktijkgeval van een woningbouwcorporatie die ondersteu-ning vroeg bij het ontwikkelen en invoeren van een strategisch plan.

Checklist Stap 1 Externe oriëntatie

Vragen	Antwoorden
1 Tot welke branche behoort het bedrijf?	Volkshuisvesting sociale sector
2 Wat zijn de belangrijkste brancheontwikkelingen?	Leegstand – daling subsidies – toename overheidstoezicht vanuit ministerie
3 Welke positie heeft het bedrijf in de branche?	• Omvang: 3500 woningen (klein) • Personeel: 35 • Grootste van 4 regionale woningcorporaties
4 Wat zijn de recente bedrijfsontwikkelingen?	• Bestuurscrisis • Fusiegeruchten • Verliessituatie
5 Wat is de invloed van de ontwikkelingen in de branche en de recente bedrijfsontwikkelingen op de vermoedelijke opdracht?	Strategisch plan nodig voor: • Resultaatverbetering • Meer marktgericht denken • Bestuurscrisis beslechten
6 Overige opmerkingen	

Bron: plaatselijke pers via internet

Uit de oriëntatie bleek dat woningcorporaties in het algemeen worden geconfronteerd met leegstand en met de gevolgen van dalende huursubsidies. Bovendien is het toezicht vanuit het ministerie toegenomen. In Nederland kennen wij ruim 700 woningcorporaties met een totaal woningbezit van ongeveer 2,3 mln eenheden. Deze specifieke woningcorporatie behoort tot de kleine. In de grote steden hebben woningcorporaties vaak wel meer dan 20 000 eenheden. Deze corporatie kent al enkele jaren een leegstand van rond de 15%, hetgeen een structureel verliesgevende exploitatie oplevert. Een fusie met één of enkele van de kleinere corporaties uit dezelfde regio zou belangrijke schaalvoordelen kunnen opleveren. Echter, het bestuur is daarover niet eenstemmig. Dat heeft tot een ernstige crisis in de bestuurlijke besluitvorming geleid. Omdat de gemeente voortgang wil, heeft de corporatie besloten externe ondersteuning te zoeken voor het ontwerpen van een strategisch plan.

Uiteraard zijn er bij zo'n onderzoek veel meer vragen te stellen dan de genoemde in de checklist. De checklist geeft aan wat in ieder geval minimaal aan de orde moet komen, als basisagenda voor de externe oriëntatie in de eigen stageopdracht.

Door het invullen van de checklist is een aantal interessante gegevens gevonden voor de woningcorporatie. Het is duidelijk dat de adviseur die deze gegevens kent een beter intakegesprek kan voeren dan degene die zich niet heeft georiënteerd en alles nog moet vragen. De laatste loopt de kans dat hij een aantal zaken niet meteen te horen krijgt.

Waar vind je zulke informatie? Wat zijn voor zo'n zelfstandig extern onderzoek de best bereikbare bronnen?

Een belangrijke eerste stap in het zoekproces is het vaststellen tot welke bedrijfscategorie het opdrachtgevende bedrijf behoort. Heel veel statistische bedrijfsgegevens zijn namelijk per bedrijfsgroep vastgesteld en opgeslagen. Daartoe is in ons land een Standaard Bedrijfsindeling (SBI) ontwikkeld, waarvan een voorbeeld is weergegeven in figuur 4.2. Vrijwel alle hierna te noemen informatiebronnen maken gebruik van de SBI-codering. Een juiste codebepaling van het stagebedrijf opent een wereld van bijpassende statistische gegevens. Uiteraard wil daarmee niet gezegd zijn dat enige klakkeloos overgenomen statistieken toereikend zijn voor een gedegen externe oriëntatie. De gegevens moeten geanalyseerd en geïnterpreteerd worden, zodat trends zichtbaar worden die de probleemstelling van de stageopdracht kunnen verhelderen. Want de hamvraag bij deze exercitie is natuurlijk: Wat is het verband tussen de sectorontwikkelingen en de probleemstelling (vraag 1.5 van het *Logboek)*. Een bedrijfsspecifieke probleemsituatie, bijvoorbeeld een opvolgingsvraagstuk, vraagt vaak andere interventies dan een vraagstuk waarmee iedereen in de sector worstelt.

De ervaring leert dat studenten veel informatie weten te vinden via internet. Dit medium biedt ongekende mogelijkheden. Echter, een waarschuwing is op zijn plaats. Indien men zich alleen zou oriënteren op de website van het bedrijf waarover informatie wordt gezocht, moet men zich realiseren dat men informatie vergaart die het bedrijf bewust over zichzelf naar buiten heeft gebracht. Een volwaardige externe oriëntatie moet verder reiken.

Na het oplossen van de coderingsvraag is aan de orde welke gegevensbronnen beschikbaar zijn. Wij noemen enkele algemene bronnen. Dit is geen limitatieve opsomming. Voor elk afzonderlijk geval zijn vaak ook nog aanvullende specifieke informatiebronnen te vinden.[1]

6165	GH	Badkuipen
9611	CD	Badmintonclubs
6283-1	GH	Badmutsen (zwemsportartikelen)
2972	IN	Badoliën
2972	IN	Badpreparaten
2225	IN	Badstofweverijen
6263	GH	Badzout
2972	IN	Badzouten
3763	IN	Bagagedragers
8221	VN	Bagageverzekering
3721-2	IN	Bagagewagens (toeristische; excl. interne transportmiddelen)
5124	BN	Baggerbedrijven (geen grind- en zandwinning)
1911	DN	Baggerbedrijven (grind- en zand-winning)
6189-1	GH	Baggermachines (varend, drij-vend)
6189-1	GH	Baggermateriaal (varend, drij-vend)
3743	IN	Baggermolens (drijvende)
3542	IN	Baggermolens (excl. drijvende baggermolens)
1991	DW	Baggerturfmakerijen
3743	IN	Baggervaartuigen (grijper-, hop-per-, lepel-)
3131	IN	Bakelietartikelen
3761	IN	Bakfietsen (met en zonder hulp-motor)
6831-1	RG	Bakfietsreparatiebedrijven
8599	VH	Bakfietsverhuur
9251	OD	Bakkerij- en hotelpersoneel (scholen voor)
2135	IN	Bakkerijcreme
2083	IN	Bakkerijen (banket-) met detail-handel in zelf- en niet zelfver-vaardigde producten

3742	Dekschuiten
	Dortmunder
	Douaneboten (binnenvaart)
	Duwbakken
	Duwboten (binnenvaart)
	Kempenaars
	Lichters (binnenvaart)
	Motorschepen (binnenvaart)
	Motorsleep- en duwboten (binnenvaart)
	Motortankschepen (binnenvaart))
	Passagiersschepen (binnenvaart)
	Politieboten (binnenvaart)
	Reparatie van binnenvaartschepen
	Rijnaken
	Rivier- en havensleep- en -duwboten
	Rondvaartboten
	Scheepsbouw (binnenvaartschepen)
	Sleep- en kanaalschepen
	Sleep- en duwboten (binnenvaart)
	Sleepboten (binnenvaart)
	Sleepvletten
	Sloepen
	Tanklichters (binnenvaart)
	Tankschepen (binnenvaart)
	Veerboten (binnenvaart)
	Veerponten (binnenvaart)
	Vletten (binnenvaart)
	Vrachtschepen (binnenvaart)
	Woonarken
	Woonschepen
	Zolderbakken
	Zolderschuiten
3743	Nieuwbouw- en reparatiewerven van vissersvaartuigen, zeesleepboten, baggermaterieel, booreilanden, e.d.
	Anchor-handling tugs
	Ankerbakken
	Baggermolens (drijvende)
	Baggervaartuigen (grijper-, hopper-, lepel-)
	Bergingsvaartuigen
	Bevoorradingsschepen
	Booreilanden (hef- en drijvende eilanden incl. diepdrijvende booreilanden)
	Boorplatforms (drijvende)
	Boorschepen
	Brandspuiten (drijvende)
	Cutterzuigers
	Deck-cargo barges
	Droogdokken (drijvende)
	Elevatoren (drijvende)
	Emmerbaggermolens (drijvende)
	Grijperbaggervaartuigen
	Hef- en transportinrichtingen (drijvende)

Kamer van Koophandel (KvK)

Elk bedrijf van enige omvang is verplicht zijn jaarstukken – de balans en resultatenrekening met toelichting – te deponeren bij de KvK in de eigen regio. Al deze gegevens zijn tevens opgeslagen bij de Centrale Databank van de Kamers van Koophandel te Woerden, tel. (0348) 426911.

De beste aanpak is naar de dichtstbijzijnde Kamer van Koophandel te gaan en daar de gegevens te vragen over het betreffende bedrijf. Tegen betaling kan een uitdraai gevraagd worden van de branchegenoten met een aantal gegevens (omzet, personeel, vestigingsplaats enzovoort) waardoor snel inzicht in markt en concurrentie wordt verkregen. Veel Kamers van Koophandel beschikken ook over aansluitingen op internationale databases.

Handboeken over het bedrijfsleven

Er bestaan verschillende handboeken, jaarboeken, adresgidsen, vademecums, almanakken en dergelijke, waarin gegevens over alle bedrijven in Nederland zijn vastgelegd. De bekendste zijn:

- ABC voor Handel en Industrie, waarin adressen te vinden zijn van producenten, importeurs en groothandelsbedrijven per artikel(groep) en nadere bijzonderheden per bedrijf, zoals personeelssterkte, gefabriceerde /verhandelde producten of import- en exportlanden. Er is ook een ABC-editie voor de Dienstverleningssector. Het ABC is te vinden in iedere Kamer van Koophandel en in de meeste grote Nederlandse bibliotheken.
- D&B 25000, de belangrijkste ondernemingen in Nederland (uitgave van Dun & Bradstreet). Dit handboek bevat van de geselecteerde ondernemingen gegevens over de bedrijfsactiviteiten, omzet, resultaat, bedrijfsleiding, aantal werknemers, enzovoort.

In de meeste bedrijfskundig georiënteerde bibliotheken (universiteiten, hbo, KvK's) zijn deze handboeken voorhanden.

Centraal Bureau voor de Statistiek (CBS)

Door het CBS in Den Haag worden talloze gegevens over het Nederlandse bedrijfsleven geregistreerd en via handboeken gepubliceerd. Deze gegevens zijn meer gericht op de branche- en sectorontwikkeling dan op individuele bedrijven.

Een aantal van de meest gebruikte publicaties is vaak in bedrijfskundige bibliotheken beschikbaar. Een directe benadering van het CBS is ook mogelijk en levert vaak wat meer actuele gegevens op.

Banken

Banken volgen de ontwikkelingen in het bedrijfsleven nauwlettend. Een aantal grote banken publiceert ook periodiek over de ontwikkelingen in sectoren van het bedrijfsleven. Deze publicaties zijn doorgaans op aanvraag verkrijgbaar.

Bibliotheken

Er zijn veel algemene en specifieke bibliotheken waar men nuttige informatie kan vinden. Wij noemen enkele relevante namen en adressen:

- Bibliotheek Economisch Instituut voor het Midden- en Kleinbedrijf. De bibliotheek leent niet uit, maar kan wel worden bezocht (op afspraak).
  Adres: EIM, Italiëlaan 33, 2711 CA Zoetermeer,
  tel. (079) 3413634, internet: www.eim.nl
- Bibliotheek NIVE (Nederlandse Vereniging voor Management), heeft een database met informatie over managementboeken en tijdschriftartikelen. Aan het opvragen van informatie of het raadplegen van boeken of tijdschriften zijn enige kosten verbonden.
  Adres: NIVE, Burgemeester Feithplein 100, 2273 BW Voorburg, tel. (070) 3001500, e-mail: info@nive.org
- Bibliotheek CBS heeft behalve de bekende statistieken een grote collectie boeken, rapporten, jaarverslagen en dergelijke over het Nederlandse bedrijfsleven. De bibliotheek is vrij toegankelijk. Voor het inzien van niet-CBS-publicaties is een legitimatie verplicht. Tijdschriften worden niet uitgeleend.
  Adres: CBS, Prinses Beatrixlaan 428, 2273 XZ Voorburg, tel. (070) 3375151; Kloosterweg 1, Heerlen, tel. (045) 5707187/88, e-mail: bibliotheek@cbs.nl
- EVD is een onderdeel van het ministerie van Economische Zaken en heeft het Export Informatie Centrum (EIC) met een grote collectie bedrijfskundige literatuur. Inzage daarvan is kosteloos. Studenten moeten voor bezoek vooraf een afspraak maken.
  Adres: EVD/EIC, Bezuidenhoutseweg 181, 2594 AH Den Haag, tel. (070) 3798811, internet: www.evd.nl.

Naast deze gespecialiseerde bibliotheken kan men ook te rade gaan bij de universiteitsbibliotheken en de WSF-bibliotheken (openbare bibliotheken met een wetenschappelijke steunfunctie). De WSF-bibliotheken hebben alle rapporten van het EIM in hun collectie en zijn aangesloten op een totaal dekkend bibliotheeknetwerk en op online-databanken, waaronder Marketing Data.
Het verdient aanbeveling deze bibliotheken eerst te bellen om te

weten te komen of zij de gezochte informatie hebben. WSF-bibliotheken zijn te vinden op de volgende locaties:

- Openbare bibliotheken van Amsterdam, Groningen, Tilburg, Eindhoven, Den Haag, Utrecht;
- Stadsbibliotheken van Haarlem en Maastricht;
- Gemeentebibliotheek Rotterdam;
- Zeeuwse Bibliotheek (Middelburg);
- Provinciale Bibliotheek Friesland (Leeuwarden);
- Atheneumbibliotheek Deventer;
- Bibliotheek Arnhem.

Dagblad en Vakpers
Over bedrijven en/of branches die publicitair interessant zijn, verschijnen vaak berichten in dag- en weekbladen. Publicitair interessant zijn onder meer:

- grote ondernemingen;
- beursgenoteerde ondernemingen;
- openbare nutsbedrijven;
- succesvolle of falende bedrijven;
- bedrijven met spraakmakende bestuurders.

Het doorlopen van een jaargang van een landelijk of regionaal dagblad kan snel enig inzicht opleveren. In bibliotheken kan steeds vaker via CD-ROM-systemen zeer snel een overzicht worden verkregen van wat er in een bepaalde periode over een bedrijf is gepubliceerd.

Soms schiet de tijd voor uitvoerige bronnenstudie te kort en wil men toch snel enige oriëntatie over een bedrijf. Praktijkvoorbeeld 4.2 biedt hiervoor een uitweg.

Praktijkvoorbeeld 4.2

Een van ons werd door een energiebedrijf uitgenodigd om op korte termijn langs te komen om te praten over een mogelijke adviesopdracht. De voorbereidingstijd was te kort voor grondige documentatie. Wat te doen? Om toch enigszins geprepareerd te zijn voor het gesprek, ontstond het idee om enkele kennissen die in de betreffende regio woonden te bellen en te vragen of zij enige bijzonderheden over het energiebedrijf in hun regio konden melden. Uit de brokstuk-ken die voornamelijk bestonden uit wat mensen nog wisten van wat zij in hun krant hadden gelezen, ontstond toch een beeld van het reilen en zeilen van het energiebedrijf. Het bedrijf had in het recente verleden een paar keer geprobeerd tot een fusie te komen met andere energiebedrijven. Steeds waren die pogingen gestrand. In het intakegesprek bleek de directie juist daarmee te zitten en de opdracht betrof het vinden van alternatieve oplossingen voor de behoefte aan schaalvergroting.

De vakpers is vooral geschikt om wat meer geconcentreerd inzicht in de branche te krijgen. Er staan branchegerichte artikelen in en branchegenoten vullen dikwijls de advertentiekolommen. Eén of enkele jaargangen doorbladeren is doorgaans zeer informatief. Het kost soms moeite het vakblad van de branche te ontdekken. De bibliotheek van het EIM houdt een groot aantal vakbladen bij en publiceert ook zogenaamde brancheschetsen.

Veel titels van vakbladen zijn te vinden in het Handboek van de Nederlandse Pers. Soms hebben die bladen een lezersservice en kan een kopie worden opgevraagd van een branchegericht artikel. Lukt dat niet, dan kan men een bibliotheek bellen waarvan men mag aannemen dat zij het blad heeft. Daartoe kan men de Nederlandse Bibliotheek- en Documentatiegids raadplegen. Elke bibliotheek heeft dit naslagwerk in de kast staan.

Brancheorganisaties

Veel branches en sectoren kennen een branche- of sectorvereniging met een relatief hoge participatiegraad. Het doel van die organisaties is een belangenvereniging te zijn voor de leden. Het is een ontmoetingspunt voor overleg en themabehandeling; er worden vaak statistische gegevens verzameld en doorgegeven; er worden officiële standpunten vastgesteld over overheidsbeleid en andere belangrijke ontwikkelingen. Meestal is er een branchesecretaris die via een branchebureau de activiteiten organiseert en uitvoert. Zo'n branchebureau is doorgaans een rijke bron van informatie voor een externe oriëntatie. De namen en adressen van branchebureaus zijn te vinden in Pyttersen's Almanak. Vele bibliotheken en de Kamers van Koophandel hebben dit nuttige naslagwerk in huis.

Experts

Soms zijn er in een branche personen of instanties bekend die door contacten of ervaring veel van de branche afweten. Dat kunnen gespecialiseerde adviesbureaus zijn, bekende commissarissen of topmanagers, gespecialiseerde ambtenaren bij ministeries, hoogleraren of docenten. Deze personen of instanties zijn niet altijd eenvoudig op te sporen. Navraag op verschillende plaatsen is een goede methode. Ook de vakbladen en de branchevereniging kunnen je op het spoor brengen van dit soort experts.

De voorgaande opsomming van informatiebronnen voor de externe oriëntatie is ruim voldoende om aan het benodigde inzicht te komen. Professionele adviesbureaus van enige omvang beschikken vaak over een documentatieafdeling waar de adviseurs met hun informatiewensen terecht kunnen. Studenten moeten

Figuur 4.3 **Presentatie van externe oriëntatie inzake de NV Baggerindustrie, naar aanleiding van een voorgenomen opdracht om de verkoopkosten te reduceren**

Inhoud	1
	Sheet
Branchetypering	2
Brancheontwikkelingen	3–9
Relatie met opdracht	10
Positie in de branche	11
Recente bedrijfs-	12
ontwikkelingen	
Gebruikte bronnen	13

Branchetypering 2

Nieuwbouw en reparatiewerken van vissersvaartuigen, zeesleep- boten, baggermateriaal, boor- eilanden enzovoort.

CBS-code 3743

Brancheontwikkelingen 3

Product
3 types baggerschepen
• Snijkopzuigers
• Hopperzuigers
• Baggermolens

Brancheontwikkelingen 4

Historie
1850 – Stoom
1890 – Europese en wereldmarkt
1930 – Recessie
1953 – Watersnoodramp
1970 – Olieproducerende landen
1980 – Teruggang

Brancheontwikkelingen 5
Bedrijfsresultaat in de bedrijfstak (in € mln)

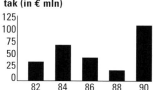

Brancheontwikkelingen 6
Werknemers in bedrijfstak
(× 1000)

Brancheontwikkelingen 7

Kenmerken branche
Produceren op klantorder
Grote omzet per order
Afgeleide vraag
Politiek speelt grote rol
Lang verkoopproces
Global competition

Brancheontwikkelingen 8

Economische ontwikkelingen
Toenemende concurrentie
Terugloop markt
Wereldrecessie
Dus:
Overcapaciteit
Stagnatie winst en omzet

Brancheontwikkelingen 9
Technologische ontwikkelingen
Demontabele schepen
Grote baggerschepen
Verlies Ned. techn. voorsprong
Toekomst:
Milieubewust baggeren
Stabilisatoren
Snijkopzuiger

Relatie met opdracht 10

Kostenreductie

Vooral:
Overheadkosten
Verkoopkosten

Positie in de branche 11

Aantal werknemers	Aantal bedrijven
> 500	2
200–500	2
100–200	3
100– 50	6
< 50	59

NV Baggerindustrie: 800 werkn.

Recente 12
bedrijfsontwikkelingen

Commercieel directeur van buitenaf
Verdubbelen verkoopprognose

Gebruikte bronnen 13

ABC: 9 producenten van baggermaterieel
Jaarverslag NV Baggerindustrie
NV Databank branche-
omschrijving en tabel werkzame personen

het van hun eigen vindingrijkheid hebben om een weg te vinden in de vele mogelijkheden.

Hoe rijk het materiaal kan zijn dat een student vergaart, blijkt uit figuur 4.3 waarin de presentatie is samengevat van informatie, verzameld over een bedrijf en de ontwikkelingen daaromheen in de baggerindustrie.

Actiepunten

Tot slot vatten we de zes processtappen samen die doorlopen moeten worden bij het het uitvoeren van de externe oriëntatie:

1 Benoemen van het probleem voorzover het in dit stadium bekend is.
2 Bepalen welke informatie, gegeven het probleem, gewenst is.
3 Zoeken van de bronnen waarin de gezochte informatie kan worden gevonden, gebruikmakend van de SBI-codering.
4 Vergaren van de informatie.
5 Samenvatten van de gevonden gegevens in een samenhangend verhaal.
6 Logboekpagina invullen.

Opgaven voor zelfstudie bij Stap 1

4.1 Metaalwaren BV

Metaalwaren BV is een middelgrote producent van hang- en sluitwerk in het noorden van het land. Er werken ongeveer 300 mensen, merendeels goed geschoold op het terrein van de metaalbewerking.

De omzet ligt op het niveau van € 35 mln per jaar en wordt voornamelijk gerealiseerd in het betere hang- en sluitwerk voor de utiliteitsbouw en de woningbouw. Het grootste deel van de verkochte producten wordt door het bedrijf zelf geproduceerd. Een deel wordt ingekocht en zonder bewerking doorgeleverd aan de eigen afnemers. Dit handelsassortiment bedraagt circa € 7.5 mln van de totale omzet.

De verkoop vindt grotendeels plaats aan bouwmaterialenhandels die weer doorleveren aan aannemers. Een klein maar snel groeiend deel van de omzet wordt behaald bij ijzerwarenwinkels die rechtstreeks aan de eindgebruikers – voornamelijk eigenwoningbezitters – leveren. Hier is vooral het assortiment hang- en sluitwerk voor beveiliging tegen inbraak in trek.

1 Voer een externe oriëntatie uit over Metaalwaren BV. Ga ervan uit dat de beoogde stageopdracht gericht is op de vraag of men nog concurrerend is met de kostprijs van het zelfgeproduceerde hang- en sluitwerk en of er redenen zijn om verder te verschuiven van eigen productie naar inkoop.
2 Maak van de uitkomsten een presentatie volgens het in figuur 4.3 weergegeven voorbeeld en vul de betreffende logboekpagina in.
3 Beschrijf welke gegevens je wel gezocht, maar niet gevonden hebt.

4.2 Electricon

Electricon is een elektriciteit-productiemaatschappij in Nederland. Gezien de toenemende concurrentie in de energiesector ben je met het bedrijf in gesprek over een stageopdracht. De vraag is hoe de hoogte van de kWh-prijs van Electricon zich verhoudt tot de prijzen van binnenlandse collega-bedrijven.

1 Voer een externe oriëntatie uit ter voorbereiding van het intakegesprek en leg de uitkomst vast in een gedocumenteerd verslag.
2 Is de beschreven opdracht omvangrijk genoeg om je beschikbare
   stagetijd te vullen?
3 Wat is bekend over de import/export van elektriciteit?
4 Wat is het perspectief van nucleaire energieopwekking in Europa?

4.3 CBS

Ga via een bezoek bij het CBS na wat men daar aan documentatie
heeft over de omvang van de markt in lease-(markt voor kunst-
stof-)kamerplanten in Nederland.

5
Stap 2 Intakegesprek

Het eerste gesprek met de potentiële opdrachtgever wordt door professionals doorgaans de *intake* genoemd. In feite is het meestal een kennismakingsgesprek, tenzij de adviseur al eerder voor dezelfde opdrachtgever gewerkt heeft. In dat geval zal de inhoud van het gesprek zich sneller richten op het tweede gespreksthema, de te vergeven opdracht.

Voor stagiairs is de intake vaak al voorafgegaan door een acquisitiegesprek. Doordat een stageplaats verworven moet worden, ontstaat zo'n opdracht meestal vanuit een *aanbod* van de onderwijsinstelling of de stagiair zelf; een adviseur wordt meestal door de opdrachtgever *gevraagd.*

Deze afwijkende gang van zaken bij het verwerven van een stageopdracht vraagt enige aandacht. Het *doel* van de intake is na te gaan of er een basis is voor een succesvolle opdrachtuitvoering. De eindbeslissing over de aard en aanpak van het project dient pas in stap 5 te worden genomen, na een grondig oriënterend onderzoek. Voorkomen moet worden dat de opdracht tijdens de acquisitie en intake te veel met afspraken wordt dichtgetimmerd.[1] Er is enige ruimte nodig om op basis van het oriënterend onderzoek vast te kunnen stellen wat bereikbaar is tijdens de stage en op welke wijze en onder welke condities dat gerealiseerd kan worden. Op deze wijze kunnen wensen en mogelijkheden grondiger op elkaar afgestemd worden en teleurstellingen worden voorkomen. Om die speelruimte te krijgen, is het van groot belang steeds het einddoel van het overleg waarin je zit scherp in het oog te houden:

- Einddoel van het acquisitiegesprek: vaststellen dat er een stageplaats beschikbaar is om aan een globaal afgesproken thema te werken.
- Einddoel van het intakegesprek: afspreken dat student X op een afgesproken datum begint met een oriënterend onderzoek teneinde het afgesproken thema nader te definiëren en om te zetten in een concrete opdrachtformulering en een plan van aanpak.

Consequentie van het zo omschrijven van het doel van de intake is dat de stagiair zelf het intakegesprek voert. Om ervoor te zorgen dat de conceptopdracht voldoet aan de eisen die de opleiding stelt, is de stagedocent bij voorkeur aanwezig.

Het is een belangrijke leerervaring als student zelf verantwoordelijk te zijn voor het definiëren van de opdracht. Het is duidelijk dat een student anders in zijn project staat en anders gemotiveerd is wanneer hij zelf verantwoordelijk is voor de gemaakte afspraken dan wanneer die afspraken buiten hem om gemaakt zijn door docent en stagebedrijf. Dat het intakegesprek een belangrijk gesprek is, blijkt wanneer we kijken naar de informatie die na afloop in de checklist van het logboek moet kunnen worden ingevuld. In de checklist bij deze stap (figuur 5.1) is weergegeven wat de uitkomsten zijn van een intake bij de verffabriek genoemd in praktijkvoorbeeld 2.4, die niet in staat was de bij het fabrieksontwerp beoogde productiecapaciteit in de praktijk te verwezenlijken. De antwoorden zijn ontleend aan het verslag dat de stagiair maakte

Figuur 5.1 **Voorbeeld van ingevulde logboekpagina voor Stap 2**

Checklist Stap 2 Intakegesprek

Vragen	Antwoorden
1 Wat is volgens de opdrachtgever het probleem?	De nieuwe fabriek werkt niet op de beoogde capaciteit
2 Wat is de urgentie om het probleem op te lossen?	Zeer urgent; door marktgroei ontstaan leveringsproblemen; kost marktaandeel
3 Waardoor is het probleem ontstaan?	Vermoedelijk door misfit tussen bij fabrieksontwerp geplande en door de markt gevraagde containermaten
4 Wat is er intern al aan gedaan?	Werkgroep uit engineering en marketing: is vastgelopen
5 Wie zijn de meest betrokkenen?	Hoofd engineering, productiechef, hoofd marketing, hoofd bedrijfsbureau, hoofd verkoop
6 Wie wordt opdrachtgever c.q. begeleider?	Productiechef
7 Wat ziet de opdrachtgever als het gewenste eindresultaat van deze stage?	Een uitvoerbaar plan voor aanpassing van productielijnen en begin van implementatie
8 Hoe vindt de introductie plaats?	• Voorstellen in managementteamvergadering • Aankondiging in personeelsblad 'De verdunner'
9 Wat zijn de vervolgafspraken inzake: • oriënterende interviews • datum terugkoppelingsbijeenkomst?	Direct betrokkenen (zie boven bij 5) Afspraak wordt voor start van interviews gemaakt
10 Overige opmerkingen	

van het intakegesprek dat hij samen met zijn stagedocent had met de beoogde opdrachtgever.

Omdat je als stagiair in een betrekkelijk korte tijd (circa 1,5 uur) veel informatie moet zien te vergaren, is een goede agenda een absolute vereiste. Professionele adviseurs kunnen door hun ervaring zo'n agenda nog wel ter plekke en in overleg vaststellen. Elke stagiair zou daaraan vooraf aandacht moeten besteden en een voorbereide conceptagenda uitreiken. Uiteraard moet de gesprekspartner de mogelijkheid hebben om daar nog gesprekspunten aan toe te voegen.
Het is verstandig om je conceptagenda tevoren met de stagedocent door te nemen, die immers ook geacht wordt bij de intake aanwezig te zijn. Mogelijke verbeterideeën van zijn of haar kant kunnen dan tevoren verwerkt worden, waarmee mogelijke discussies bij het intakegesprek voorkomen worden. Van die gelegenheid kun je ook gebruik maken om een afspraak te maken over de rol van de stagedocent bij het intakegesprek. Hoewel het de bedoeling is dat de stagiair, gezien zijn eigen verantwoordelijkheid, daarbij de leiding heeft, wil dat zonder goede afspraken niet altijd lukken. Een directeur richt zich van nature tot de meest seniore bezoeker. Als de docent dat accepteert, komt de stagiair moeilijk in zijn rol van gespreksleider en verliest hij het initiatief. Daarom is het goed als de docent zich vooral in het begin van de intake zeer terughoudend opstelt. Wij kiezen er zelf als stagedocent voor om bij aanvang van het gesprek expliciet te vermelden dat wij slechts flankerend werken en het primair een overleg is tussen student en bedrijf.
Hierna is een voorbeeld van een agenda voor het intakegesprek opgenomen.

Conceptagenda intakegesprek d.d. ... van 09.00–10.30 uur

1 Kennismaking
2 Doelstelling
3 Ontvangen van informatie over bedrijf en stageopdracht
4 Geven van informatie over opleiding en doel stageproject
5 Vaststellen begeleiders en wijze van begeleiding
6 Geven van informatie over opdrachtuitvoering volgens TSP
7 Vervolgafspraken inzake:
   • startdatum;
   • te houden oriënterende interviews en respondenten;
   • inhoud en datum terugkoppelingssessie (Stap 5);
   • wijze van introductie stagiair in het bedrijf;
   • beloning van de stagiair.
8 Wandeling door het bedrijf

Uit deze agenda blijkt dat er heel wat zaken zijn die aandacht vragen. We zullen nu de belangrijkste agendapunten nader toelichten.

Bij de *kennismaking* is het belangrijk inzicht te krijgen in de functie van de gesprekspartner(s). Beslissingen over het inschakelen van een adviseur of stagiair zijn namelijk meestal voorbehouden aan een beperkt aantal mensen in de top van de organisatie. Indien de gesprekspartner daartoe behoort, kunnen in het gesprek beslissingen genomen worden. Anders kan dat pas na intern overleg met de beslisser. Daarom is een intakegesprek met een beslisser te prefereren.[2]

Voor professionele adviseurs is het directe contact met de topmanagers om nog andere redenen belangrijk. Vaak gaat het om grote adviesbedragen, waarover alleen de 'very top' mag beslissen. Maar zeker zo belangrijk is dat een adviseur graag in direct contact met de topmanager zijn advieswerk wil uitvoeren. Door een goed contact vergroot hij de kans dat zijn adviezen ook opgevolgd worden. Daarom komt de adviseur graag binnen via het topmanagement en dat speelt al bij het eerste gesprek.

Ook de topmanager zelf heeft er belang bij zijn adviseurs persoonlijk te selecteren en hen goed te leren kennen. Hij legt vaak precaire vraagstukken in handen van de adviseur en maakt daarmee zijn eigen ondernemingssucces voor een deel afhankelijk van de adviseur. Daarom is de manager op zoek naar een adviseur in wie hij vertrouwen stelt. Het eerste gesprek – dat vaak ook als selectiemiddel gebruikt wordt – speelt in het ontstaan van zo'n vertrouwensrelatie een belangrijke rol. Om al deze redenen zal de professionele adviseur meestal mensen uit de top tegenover zich vinden. Een voorbeeld van hoe dat in de praktijk soms mis kan lopen is beschreven in praktijkvoorbeeld 5.1.

Bij stageopdrachten ligt het vaak anders. Het belang daarvan voor het bedrijf wordt doorgaans wat lager ingeschat, hetgeen tot uiting komt in de lagere functie van de gesprekspartner. Toch heeft ook de stagiair voor een succesvolle opdrachtuitvoering belang bij een goed contact met de beslissers. Daarom verdient het aanbeveling bij de intake al de wenselijkheid van dat contact aan de orde te stellen. Wanneer de gesprekspartner zelf niet tot het topmanagement behoort, kan in ieder geval bij de vervolggesprekken gestreefd worden naar een interview met de directie.

Een veel voorkomende onhandigheid bij intakegesprekken is dat de adviseur of stagiair, gedreven door de gedachte dat hij zich moet 'verkopen' zelf honderduit praat. Uiteraard geldt dat verkoopargument ten dele. De ervaring leert echter dat men z'n eigen kansen meer dient door goed te luisteren en de juiste vragen te

Praktijkvoorbeeld 5.1

Een adviseur werd uitgenodigd voor een adviesopdracht bij een instelling voor wetenschappelijk onderwijs. Het intakegesprek vond plaats met de voorzitter van de Dienstcommissie (DC), die in zijn dagelijkse leven medewerker was van de Technische Dienst. De voorzitter legde uit dat het probleem de invulling van de personeelsreductie betrof. Er was onenigheid ontstaan tussen de DC en het bestuur over het aandeel van de Technische Dienst in de bezuinigingsplannen. Aangezien de DC het recht had om een onafhankelijk onderzoek te laten instellen, had de voorzitter dit gesprek gearrangeerd.

Nauwelijks was het gesprek op gang gekomen, toen een enigszins verhitte man de kamer binnenkwam. Hij bleek de secretaris van het bestuur te zijn, en begon ter plekke een twistgesprek met de DC-voorzitter over de vraag of de voorzitter wel mandaat had om een onderzoeksopdracht te verstrekken. De adviseur probeerde een bijdrage te leveren aan het oplossen van het verschil van mening, maar dat had geen effect. Er restte de adviseur niets anders dan te zeggen dat hij de opdracht met genoegen zou willen uitvoeren maar dat men het intern eerst maar met elkaar eens moest worden.

stellen dan door zich in dit stadium al te nadrukkelijk te presenteren. Men moet de gastheer of -vrouw vooral de gelegenheid geven om veel over agendapunt 3 – *het bedrijf en de stageopdracht* – te vertellen.[3] De intaker krijgt dan een meer gedetailleerd beeld van wat hem te wachten staat.

Het is van belang als intaker veel op te schrijven. Zelfs iemand met een goed geheugen verliest veel details en valt uiteindelijk terug op een beperkt aantal hoofdzaken. Er zijn uiteraard ook zaken die al op schrift staan en zo meegevraagd kunnen worden zoals:

- organisatieschema's;
- bedrijfsbrochures;
- jaarverslagen;
- interne nota's over het te bespreken organisatievraagstuk;
- het personeelsorgaan;
- notulen van relevante besprekingen rond het vraagstuk;
- marktonderzoek- en adviesrapporten.

Het is goed om dit soort documentatie mee te nemen of, indien dat niet direct mogelijk is, deze na te laten sturen.

Van de genoemde documentatie is vooral het organisatieschema van belang, voorzien van de namen van de managers en het aantal medewerkers waaraan zij leiding geven. Dat schema geeft inzicht in de wijze waarop de bedrijfsactiviteiten in hoofdlijnen zijn georganiseerd, in welk deel van de organisatie het vraagstuk speelt en wie daar de belangrijkste managers zijn. Ook wordt daarmee de organisatorische plaats van de gesprekspartner verduidelijkt.

In de praktijk doet zich vaak het probleem voor – vooral bij kleinere bedrijven – dat er geen organisatieschema voorhanden is. In kleinere bedrijven kent men elkaar nog en is het niet nodig de inrichting van de organisatie op papier te zetten. Een goede oplossing is in dit geval om de gesprekspartner te vragen het schema tijdens het gesprek te tekenen en toe te lichten.

Het spreekt voor zich dat ook de probleem- en opdrachtbeschrijving intensief aan de orde moeten komen. Eigenlijk moet de intaker in het gesprek minstens zover komen dat hij of zij begrijpt waarom men dat probleem heeft en waarom het oplossen ervan belangrijk is. Dat betekent dat het nodig is als intaker dóór te vragen. De checklist in figuur 5.1 biedt daarbij een nuttige handreiking. Als we deze checklist wat nader beschouwen, dan valt op dat er geen voor de hand liggende vragen in staan als:
• Hoe groot is uw bedrijf?
• Welke producten worden er gemaakt?
• Hoe ziet de organisatie eruit?
• Hoe is het productieproces precies georganiseerd?
• Wordt er veel uitbesteed?
• Voor welke doelgroep werkt men?
• Hoe groot is het marktaandeel?
• Hoe is de verkoop en distributie geregeld?
• Hoe groot is de klanttevredenheid?

Wij noemen deze soort vragen in navolging van Rubenstein *organisatiekundige* vragen, in tegenstelling tot de meer *veranderkundige* vragen in de checklist van figuur 4.1. Organisatiekundige vragen zijn vooral gericht op de beschrijving en de werking van het bedrijf en de verbetermogelijkheden. Enig inzicht daarin is al nodig bij de intake om het vraagstuk te kunnen plaatsen, maar de oriënterende interviews zullen nog in ruime mate aan dit inzicht kunnen bijdragen. De veranderkundige vragen richten zich meer op het veranderkundige aspect van de adviesopdracht. Een adviesopdracht heeft net als een stageopdracht als doel om een organisatieverandering tot stand te brengen in het geïndiceerde probleemveld. Een vroegtijdig inzicht in de mogelijkheid daartoe bepaalt – soms meer dan de organisatiekundige aspecten – of de adviseur/stagiair wel in die opdracht zal stappen.
De ervaring leert dat de organisatiekundige aspecten van nature de veranderkundige aspecten in een intakegesprek domineren. Dat is te verklaren door de primaire interesse van de gesprekspartners. Een directeur praat graag over zijn trots, het bedrijf, en hoe hij dat heeft opgezet. De student is leergierig en wil daar alles van weten. Bovendien zoekt de student vooral een 'leuk' stagebedrijf en dat blijkt uit de bedrijfspresentatie. Het gevolg van deze steeds dreigende eenzijdigheid kan zijn dat de stagiair na afloop van de intake nog steeds geen flauw benul heeft van de kansen en de risico's om in dat bedrijf een organisatieverandering van de grond

te krijgen. Om dat risico van gebrekkig veranderkundig inzicht te verminderen zijn in checklist 5.1 voornamelijk veranderkundige vragen opgenomen. De organisatiekundige vragen komen vanzelf wel aan bod.

Een ander fenomeen waar de intaker attent op moet zijn is de mogelijke samenloop van zijn onderzoek met onderzoeken van andere stagiairs en/of adviesbureaus. Onlangs kreeg één van ons te maken met een stageopdracht die samenviel met twee reeds eerder gestarte adviesopdrachten op de gebieden Business Process Redesign – een klantgerichte ombouw van de organisatie – en ERP, een informatiesysteem voor productiebeheersing. De student die zelf aan het werk zou gaan op het gebied van de beheersing van onderdelenvoorraden, had wel vernomen van die activiteiten maar geen coördinatie gezocht. Later bleken er in zijn werk activiteiten te overlappen met die van de adviesbureaus.

Organisaties kunnen er echt schade van ondervinden als meerdere veranderingsprocessen ongecoördineerd plaatsvinden. Er kunnen voor individuen of afdelingen tegenstrijdige veranderacties uit voortvloeien. Het gevolg kan zijn dat geen van de organisatieveranderingen volledig tot ontplooiing komt. Onze ervaring is dat managers, die immers zelf al die veranderaars gelijktijdig aan het werk zetten, zich niet altijd voldoende bewust zijn van die coördinatienoodzaak. Daarom is het goed om als stagiair zelf maar te vragen naar met de stage samenlopende andere adviesprojecten. Als je ze op het spoor komt, streef dan ook maar zelf naar afstemmingsgesprekken met de betrokkenen.

Op de agenda komt onder de punten 4 en 6 ook aan de orde het geven van *informatie* over de plaats van de *stageopdracht* in de opleiding en de aanpak volgens het *TSP*. Dat is zeker belangrijk omdat daarmee ook de verantwoordelijkheid van het bedrijf voor het welslagen van het stageproject aan de orde komt. Mogelijke beperkingen of bezwaren van de kant van het bedrijf kunnen beter in de intake geregeld worden dan dat men er later op een onaangename manier mee wordt geconfronteerd. Bij het intakegesprek verkeert men nog in de positie om als vrienden uit elkaar te gaan als wensen en mogelijkheden niet op elkaar aansluiten. Blijkt een aangeboden stageopdracht niet voldoende ruimte te bieden voor een succesvolle uitkomst en een goed leerproces, dan kan men beter stoppen en een andere plek zoeken. Toch doorgaan in zo'n situatie leidt vrijwel zeker tot grote problemen verderop in het stagetraject. Uit praktijkvoorbeeld 5.2 blijkt hoe een stage kan mislukken.

Onder agendapunt 5 komt ook *de bedrijfsbegeleider* aan de orde.
Een goede bedrijfsbegeleider is essentieel voor de kwaliteit van
een stage. De bedrijfsbegeleider vervult een aantal taken:
- fungeren als dagelijkse leiding voor de stagiair;
- verzorgen van de introductie van de stagiair;
- regelen van afspraken, deuren open maken;
- toestaan van budgetten, bijvoorbeeld voor marktonderzoek of
  het bezoeken van bedrijvenbeurzen;
- adviseren en voortgang bewaken;
- beoordelen van de stagiair en zijn werk;
- fungeren als schakel naar het topmanagement.

Soms vallen de functies van de opdrachtgever en de bedrijfsbegeleider samen. Dat is nogal eens het geval in een wat kleiner bedrijf.
Dat is dan mooi meegenomen.

Uiteraard werkt een stagiair zeer zelfstandig, zodat de begeleiding
extensief kan zijn. Maar op beslissende momenten is de begeleider hard nodig. Daarom is het verstandig in de intake ook te praten over eisen die gesteld moeten worden aan de bedrijfsbegeleider.[4] Gezien de genoemde taken van een begeleider kunnen de
eisen als volgt geformuleerd worden:
- top- of subtoppositie in het bedrijf;
- minstens enige jaren aldaar werkzaam;
- minstens van het opleidingsniveau van de stagiair;
- brede kennis van en toegang tot alle bedrijfsdelen;
- belanghebbend bij het project;
- beschikbaar tijdens de stageperiode;
- algemeen geaccepteerd in het bedrijf;
- positief-kritische werkhouding;
- goede werkrelatie met de stagiair.

De stagiair is niet altijd in de positie om alle wensen vervuld te krijgen. Dat is echter geen reden om ze niet aan de orde te stellen. Aangezien er in het begin van de opdracht meer ruimte is om zaken te regelen dan onderweg, wanneer problemen ten gevolge van zwakke begeleiding eenmaal zichtbaar zijn geworden, is de intake het juiste moment daarvoor.

Blijkt de gesprekspartner tevens de beoogde bedrijfsbegeleider te zijn en blijkt hij – getoetst aan de opgesomde criteria – ongeschikt te zijn, dan zit je als stagiair in een lastig parket. Bij het acquisitiecontact zou daar al op gelet moeten worden om een pijnlijke situatie bij de intake te voorkomen. Loopt men toch in deze val dan is wellicht de meest elegante uitweg om voorlopig met deze begeleider op pad te gaan en af te spreken later nog eens op het geschiktheidsprobleem terug te komen. Na de volgende stap in het adviestraject – de oriënterende interviews – kent men wat meer mensen en is een mogelijke wisseling van bedrijfsbegeleider gemakkelijker bespreekbaar te maken.

Ten slotte willen we nog enige aandacht schenken aan het agendapunt *vervolgafspraken.* Daarmee lopen we onvermijdelijk vooruit op een aantal stappen die nog moeten volgen in het stagetraject. De eerste vervolgstap – Stap 3 – in het TSP betreft de oriënterende interviews om beter thuis te raken in het bedrijf en in de vraagstelling. Doorgaans gaat het om vijf à tien personen die in het onderzoeksgebied verantwoordelijkheid dragen. De selectie kan het beste tijdens de intake, mede aan de hand van het organisatieschema worden vastgesteld. Dit dient met de nodige zorgvuldigheid te geschieden. Het doel van de oriënterende interviews is om voldoende informatie te verkrijgen voor het opstellen van een voor iedereen bevredigend stagecontract. In praktijkvoorbeeld 5.3 wordt gewezen op het risico dat er een niet-effectief contract wordt afgesloten, indien niet met de juiste personen gesproken wordt.

Praktijkvoorbeeld 5.3

Een sales-manager schakelde eens een stagiair in voor een opdracht om de klantgerichtheid van de organisatie te verbeteren. Geen van beiden besefte aanvankelijk dat deze opdracht het verantwoordelijkheidsgebied van het hele managementteam raakte en niet alleen dat van de sales-manager. Pas toen tijdens een gesprek met de studiebegeleider daarop werd gewezen, werd besloten het hele managementteam via oriënterende interviews te betrekken bij de opdracht.

Om tot de juiste selectie van te interviewen personen te komen, kan men het best eerst een voorstel vragen aan de gesprekspartner uit het bedrijf. Aan de hand van het organisatieschema kan het voorstel besproken en eventueel aangepast worden. Kernwoord daarbij is steeds de mate waarin de personen betrokken zijn bij het onderzoeksgebied. Deze betrokkenheid kan van verschillende aard zijn:

- medeverantwoordelijk zijn voor het veld van onderzoek, bijvoorbeeld als manager;
- probleemhebber zijn, bijvoorbeeld een magazijnmeester ten aanzien van een uit de hand gelopen voorraadbeheer;
- slachtoffer zijn, bijvoorbeeld bij een vermoedelijk pijnlijke maar noodzakelijke positieverandering;
- adviesgerechtigd zijn ten aanzien van het onderzoekveld, bijvoorbeeld de personeelschef ten aanzien van een beloningsvraagstuk of – wat heel vaak speelt – het adviesrecht van de Ondernemingsraad ten aanzien van een organisatieonderzoek.

Vooral dat laatste – het adviesrecht van de Ondernemingsraad – wordt vaak over het hoofd gezien. Een oriënterend interview met de voorzitter van de Ondernemingsraad kan zeer verhelderend en ondersteunend werken en weerstanden in latere adviesfasen voorkomen.[5]

De rapportage over de bevindingen van de interviews vindt plaats tijdens de *terugkoppelingssessie* (Stap 5). Daar horen zo mogelijk alle geïnterviewden bij aanwezig te zijn, omdat verslag wordt gedaan van de bevindingen en mede op grond van hun inbreng de definitieve opdracht en het plan van aanpak worden vastgesteld. Met de opdrachtgever moet tijdens het intakegesprek worden afgesproken dat alle geïnterviewden naast de aankondiging van het interview tevens een uitnodiging voor de terugkoppeling ontvangen. Aangezien de oriënterende interviews inclusief de analyse (Stap 4), doorgaans niet meer dan een maand (max. 15% van de stagetijd) in beslag nemen, moet de afspraak voor de terugkoppelingssessie reeds tijdens het intakegesprek worden gemaakt. Daarmee wordt voorkomen dat voor het project belangrijke personen vanwege volle agenda's niet bij de sessie aanwezig kunnen zijn. Ook de stagedocent, van wie wij aannemen dat hij bij de intake aanwezig is, kan deze datum noteren. Want bij de terugkoppeling is zijn aanwezigheid zeer gewenst.

Er is een goede *introductie* van de stagiair in het bedrijf nodig om het onderzoek het nodige aanzien te geven. Effectieve organisatieverandering eist geconcentreerde aandacht van het bedrijf voor

het probleem en de oplossing. Door de stagiair, die daaraan gaat werken, met de nodige publiciteit aan te kondigen, wordt de ook door beroepsadviseurs steeds nagestreefde aandacht verkregen.
De wijze van introduceren hangt enigszins af van de concreet aanwezige mogelijkheden in het bedrijf. Zeer effectief is een artikel met foto in het personeelsorgaan. Maar ook een mededeling op het publicatiebord of een brief aan alle leidinggevenden ter be-

handeling in hun werkoverleg, kan voldoende zijn. Daarnaast is een persoonlijke introductie in het managementteam, gearrangeerd door de bedrijfsbegeleider, een belangrijk hulpmiddel om voldoende aandacht en acceptatie te krijgen. Soms lukt het een stagiair om zo'n gelegenheid aan te grijpen om meteen in alle agenda's een interviewafspraak vast te leggen. Dat is natuurlijk heel handig.

De ervaring leert dat bedrijven nogal eens andere accenten in een introductiebericht leggen dan de adviseur of stagiair gewenst vindt. Dat kan worden voorkomen door aan te bieden zelf een concept te maken. Om de gedachte te bepalen is het volgende voorbeeld opgenomen.

Als afsluiting van het intakegesprek is *een wandeling door het bedrijf* (agendapunt 8) zeer aan te bevelen. Veel van wat tijdens het gesprek aan de orde is geweest, wordt concreet als je de bedrijfsprocessen zelf ziet en daarbij een toelichting krijgt. Door onderweg veel vragen te stellen kan dit het inzicht in het bedrijf en het probleem waarover is gesproken nog ten goede komen.

De mensen in het bedrijf ervaren het vrijwel altijd als heel positief wanneer een adviseur of stagiair interesse toont voor de concrete bedrijfsprocessen.

Soms is zo'n bedrijfsbezoek in aansluiting op het intakegesprek niet mogelijk of zinvol, vanwege tijdgebrek of te grote afstand tussen de plaats waar het gesprek gehouden is en de fabriek. Of het moment van de dag is niet zo geschikt, bijvoorbeeld omdat de fabriek al stil ligt. Dan kan worden afgesproken dat tijdens een volgend bezoek een rondgang wordt gemaakt.

Actiepunten

Ten behoeve van het intakegesprek dienen de volgende zeven processtappen achtereenvolgens te worden doorlopen:

1 Agenda opstellen.
2 Afstemmen agenda en rolverdeling met stagedocent.
3 Intakegesprek voeren in aanwezigheid van stagedocent.
4 Gespreksverslag maken.
5 Gespreksverslag opsturen naar bedrijf.
6 Vervolgafspraken uitvoeren.
7 Logboekpagina invullen.

Opgave voor zelfstudie bij Stap 2

5.1 De Klinker BV

Steenfabriek De Klinker is gevestigd in een enigszins als probleemgebied bekend staande streek langs de Duitse grens. Het werkloosheidspercentage in deze regio is 12.

De steenfabriek produceert bouwstenen en klinkers voor onder andere woningen, bestrating en speelplaatsen. Tevens wordt gehandeld in vuurvaste stenen.

Een structuuronderzoek met betrekking tot de branche waarin de fabriek actief is, bracht aan het licht dat er zo'n 30 à 40% overcapaciteit is. De winstmarges zijn laag en er is een sterke druk op de prijzen.

Het bedrijf is dicht bij het centrum van het dorp Leuten gevestigd. De zware vrachtwagens die niet anders dan door de dorpskern het terrein kunnen bereiken, veroorzaken overlast waartegen protesten naar voren gekomen zijn.

Vanwege het problematische karakter van zowel de regio als de branche kent men een sterke overheidsbemoeienis in de vorm van subsidie. Tot nu toe heeft het bedrijf daar geen gebruik van hoeven te maken.

De markt waarin men opereert is sterk gesegmenteerd, hetgeen erop neerkomt dat de gefabriceerde stenen nauwelijks onderling uitwisselbaar zijn.

De Klinker is een familiebedrijf dat geleid wordt door de broers Bert en Cornelis Pietersen. Ze zijn belast met respectievelijk de productie en de verkoop. Als adjunct-directeur is sinds anderhalf jaar de van buiten het bedrijf gekomen heer Jansen in dienst, belast met de productontwikkeling. De vader van beide directeuren heeft zich goeddeels teruggetrokken. Hij is 60 jaar en verzorgt alleen nog de contacten met een aantal grote afnemers. Hij is nog veel op het fabrieksterrein te vinden maar bemoeit zich niet daadwerkelijk met de dagelijkse gang van zaken. Wel is op zijn advies destijds de heer Jansen aangetrokken. Het kostte hem de nodige overtuigingskracht om zijn zoons daarmee te doen instemmen.

Van de twee broers is Bert het meest dominant. Hij heeft zijn productieorganisatie goed in de hand. Cornelis vindt planning en organisatie in beperkte mate noodzakelijk. Zijn vuistregel is dat je in de handel op het juiste moment je slag moet durven slaan en dat je daarbij niet alles van tevoren kunt bedenken en organiseren. Qua werkbelasting heeft het aantrekken van de derde man in de directie weinig gevolgen gehad; voor alle drie geldt een gemiddelde werkweek van 60 à 70 uur.

In totaal zijn er 58 mensen in het bedrijf werkzaam. Onder de directie ressorteren de afdelingen: magazijn, productie, administratie, verkoop, productontwikkeling en de technische dienst.

Hoewel iedereen in de organisatie globaal gezien wel een verantwoordelijkheidsgebied heeft aangewezen gekregen, doet zich in de taakuitvoering nog wel eens overlap voor. Daarbij komt dat de leidinggevende functionarissen (directie + afdelingshoofden) vaak moeite hebben met het delegeren van taken.

Binnen de directie is de sfeer redelijk maar lager in de hiërarchie is de sfeer minder goed. Binnen het bedrijf heeft iedereen veel informele contacten, hetgeen roddel in de hand werkt die dan bovendien nog gevoed wordt vanuit de omstandigheid dat men elkaars huiselijke wel en wee, gegeven het kleine plaatsje, erg goed kent en bekritiseert.

De aanleiding om een stagiair in te schakelen is het plan om het bedrijf te verplaatsen. De gemeente wil het bedrijf uit het dorpscentrum weg hebben en verplaatst zien naar een aan de rand van het dorp gelegen industrieterrein. Daarbij komen veel vragen naar voren.

Pietersen sr. heeft met jouw onderwijsinstelling contact opgenomen om een stageplaats aan te bieden. Via het stagebureau ben jij op het spoor van deze opdracht gekomen. Een door jou uitgevoerde externe oriëntatie en een gesprek met Pietersen sr. hebben vorenstaand beeld van het bedrijf opgeleverd. Jij bereidt je nu voor op het intakegesprek dat je in het bijzijn van je stagebegeleider zult gaan voeren met de drie heren Pietersen.

1 Ontwerp de agenda voor het intakegesprek en geef een gemotiveerde tijdschatting per agendapunt.
2 Maak een vragenlijst met tien punten om aan te geven wat jij tijdens het gesprek te weten wilt komen over het bedrijf en de stageopdracht.
3 Welke rol verwacht je tijdens het gesprek van je stagebegeleider en hoe bereid je hem daarop voor?
4 Ontwerp je eigen introductiebericht, dat je als concept kunt opsturen naar De Klinker.
5 Wie heb je bij voorkeur als bedrijfsbegeleider gedurende de stage en waarom?
6 Wat zijn de vijf belangrijkste vraagstukken bij de verhuizing en nieuwbouw van een heel bedrijf?

7 Welke kennis moet je van tevoren verwerven om deze opdracht aan te kunnen?

8 Uit je contacten met De Klinker is gebleken dat men niet erg nauwkeurig is in het nakomen van afspraken. Hoe kun je bevorderen dat de afspraak van het intakegesprek niet 'vergeten' wordt?

9 Maak het onderscheid duidelijk tussen het acquisitie/kennismakingsgesprek en het intakegesprek, door de beide agenda's te vergelijken.

10 Aan welke eisen moet een bedrijfsbegeleider voldoen en hoe toets je dat tijdens het intakegesprek?

6
Stap 3 Oriënterende interviews

In de oriëntatiefase zijn we nu zover gekomen dat de relevante externe ontwikkelingen bekend zijn en er zicht is op de wensen en verwachtingen van de opdrachtgever. Velen zijn geneigd nu aan de contractering en opdrachtuitvoering te beginnen. Als stagiair mis je op dit moment nog een aantal belangrijke gegevens. Je hebt nog niet of nauwelijks inzicht in:
- de primaire processen van het bedrijf;
- de visie van de andere betrokkenen;
- de bedrijfscultuur;
- de overeenkomsten en verschillen in opvatting over de vraagstelling en de bereidheid om aan de oplossing te werken;
- de mate waarin intern al aan het vraagstuk gewerkt is en waarom dat niet geslaagd is;
- de beschikbare onderzoekgegevens;
- de aard en omvang van het advieswerk om het gestelde probleem op te lossen;
- het draagvlak voor de opdrachtverstrekking en de probleemaanpak.

Uiteraard kan men het standpunt innemen dat deze zaken tijdens de opdrachtuitvoering wel zichtbaar worden. Dat is ook zo, maar dan zit men als adviseur of stagiair vaak al in een spanningsveld en is de manoeuvreerruimte om misverstanden of verschillen in verwachtingen op te heffen aanmerkelijk geringer dan op dit moment tijdens de oriëntatiefase. Een voorbeeld is beschreven in praktijkvoorbeeld 6.1.

Een adviseur werd voor een opdracht gevraagd door een conservenindustrie. Hij ont-
moette bij het intakegesprek de directeur. Deze maakte hem duidelijk dat het bedrijf al
jaren een dalende lijn in de bedrijfsresultaten
kende. Na het zoveelste verliesjaar is hij tot de
conclusie gekomen dat er externe hulp nodig
is. Hij had publicaties van de betrokken adviseur gelezen over een 'Profit-Improvement
Program' en die spraken hem aan.
De adviseur accepteerde de opdracht en ging
zonder omhaal aan het werk. Al spoedig ont-
moette hij een aantal andere leden van het
managementteam, die hem zeer onvriendelijk
bejegenden en niet van plan leken om met
hem samen te werken.

Het werd de adviseur toen pas duidelijk dat er
een diepgaand meningsverschil bestond tussen de directeur en de andere managers over
de te volgen weg naar herstel van de bedrijfsresultaten. De directeur werd verweten zijn
zin door te drijven door zonder overleg een
adviseur in te schakelen. Daarom werd de adviseur gezien als een man uit het 'vijandelijke
kamp'. De adviseur stuitte louter op wantrouwen. Hem stond niets anders te doen dan zijn
opdracht terug te geven.
Een aantal oriënterende interviews met de andere leden van het managementteam vóór de
opdrachtaanvaarding zou hem eerder inzicht
gegeven hebben in de conflictsituatie. Wellicht had hij dan nog een brug kunnen slaan
tussen de partijen en een werkbare opdracht
kunnen verwerven.

Er zijn altijd vragen die bij de intake nog onvoldoende beantwoord zijn en feiten en omstandigheden waar nog helemaal geen
zicht op is. Een verkennend onderzoek vóór de opdrachtaanvaarding is zeer gewenst. Het is een perspectief- en risicoanalyse op een
moment dat de risico's en mogelijkheden die aan het licht komen
nog beïnvloed kunnen worden. Een organisatie is een samenwer-
kingsverband van groepen en individuen, die het op sommige
punten met elkaar eens zijn maar op andere heel tegenstrijdige
doelstellingen kunnen hebben. Als stagiair kun je in een wirwar
van tegenstrijdige belangen terechtkomen. Om effectief te kunnen helpen is het gewenst zo vroeg mogelijk in het proces een zo
goed mogelijk inzicht te krijgen in de verhoudingen. Je kunt er
dan je verder te volgen aanpak op afstemmen.[1]
Het gaat hier om een kort en bondig onderzoek. Deze stap – oriënterende interviews – moet niet ongemerkt overgaan in een diepteonderzoek. Het is van belang een voor het bedrijf zichtbaar onderscheid te maken tussen enerzijds oriënterende interviews als
bijdrage aan een zorgvuldige *contractering,* en anderzijds het diepteonderzoek als onderdeel van de *opdrachtuitvoering.*
Er kunnen over wat wel en wat niet meer oriënterende interviews
zijn gemakkelijk misverstanden ontstaan (zie praktijkvoorbeeld
6.2).

Onze ervaring is dat een aantal van vijf à tien oriënterende interviews, waarover uiterlijk één maand na de start wordt gerapporteerd, een redelijk uitgangspunt biedt. Om ook dan nog mogelijke misverstanden te voorkomen moet men bij elk gesprek vermelden dat het interview verkennend is en bijdraagt aan de definitieve contractering.

Deze opstelling heeft invloed op de aard van de vraagstelling bij de oriënterende interviews. De vragen moeten *verkennend en inventariserend* van aard zijn, in tegenstelling tot de vragen bij het diepteonderzoek; daarbij moet men het naadje van de kous weten om *probleem- en oplossingsgerichte* informatie te verkrijgen.

Wat we bedoelen met verkennend en inventariserend wordt duidelijk wanneer we kijken naar het voorbeeld van een ingevulde checklist (figuur 6.1) over een aantal oriënterende interviews die werden gehouden in een machinefabriek. De betreffende machinefabriek draaide slecht, maar over de oorzaak daarvan werd verschillend gedacht. Daardoor kwam men ook niet tot een gemeenschappelijk gedragen aanpak. Bovendien bleek de verhouding tussen de directeur en de overige leden van het managementteam niet al te best.

Uit deze situatiebeschrijving blijkt wel hoezeer het mis kan gaan als de stagiair of adviseur zich na het intakegesprek onmiddellijk op het diepteonderzoek gestort zou hebben. Weliswaar is het niet gemakkelijk om in zo'n probleemsituatie tot een gedragen aanpak te komen. Maar nu kan men er tenminste rekening mee houden en desnoods uitstappen op een moment dat het tijdverlies nog beperkt is.

Maar primair moet men bij de oriënterende interviews de onderlinge verhoudingen en visies leren kennen.

Diepgaande analyses van het probleem blijven zoveel mogelijk achterwege. In een later stadium, nadat met de opdrachtgever overeenstemming is bereikt over de definitieve opdrachtgeving, zullen de betrokkenen over de details van het probleem en over de mogelijke oplossingen nogmaals worden geïnterviewd.

Checklist Stap 3 Externe oriëntatie

Vragen	Antwoorden
1 *Welke verschillende probleemomschrijvingen* komen er uit de interviews naar voren?	• Krimpende markt • Te dure machines • Zwak projectmanagement
2 *Welke verschillende opdrachtformuleringen* komen er uit de interviews naar voren?	• Ontwikkelen brochure • Efficiencyverbetering • Trainen projectmanagers
3 Aan welke oplossingsrichtingen wordt gedacht?	Ontwikkelen brochure, efficiencyverbetering, trainen projectmanagers
4 Welke voorwaarden voor de probleemoplossing zijn genoemd?	• Vervangen huidige directeur • Claim op leveranties aan zusterbedrijven binnen concern
5 Welke gegevens zijn benodigd en niet beschikbaar?	• Omzet per product/marktcombinatie • Inzicht in concurrentie
6 Is elke respondent uitgenodigd voor de terugkoppeling?	Ja, behalve de administrateur vanwege verbod van de directie
7 Wat leverde het afrondende interview met de opdrachtgever op?	• Zie 6 • Begrip voor verschillende visies • Eigen positie van de directeur niet bespreekbaar
8 Op welke gegevens kan de projectplanning worden gebaseerd?	• Aantal interviews • Aantal concurrenten • Aantal te benaderen (potentiële) klanten
9 Welke documentatie is nu beschikbaar?	• Strategisch plan, organisatieschema, projectmanagementsysteem • 4 jaarrekeningen, fabrieks-layout
10 Overige opmerkingen	

De vragen die in de oriënterende interviews worden gesteld, zijn verkennend en inventariserend van aard, maar hebben ook duidelijk een veranderingsgericht aspect. Het houden van interviews met een aantal mensen die betrokken zijn bij een probleemsituatie in een bedrijf werkt activerend en mobiliserend. Het mes snijdt aan twee kanten: de adviseur of stagiair krijgt informatie die onmisbaar is om een effectief adviesproces te kunnen uitvoeren en de geïnterviewde medewerkers van het bedrijf kunnen hun zorgen en opvattingen uitspreken en ervaren dat er niet buiten hen om gedacht en gehandeld gaat worden.

Mits goed uitgevoerd, helpen deze oriënterende interviews bij het op gang brengen van het veranderingsproces in de organisatie en ontstaat de benodigde vertrouwensband tussen de betrokkenen en de adviseur of stagiair. Dat lukt het beste in een individueel interview. In de vertrouwelijkheid van zo'n gesprek is de respondent ook vaak bereid om wat opener te spreken over de sfeer in het bedrijf, van de samenwerking met collega's, de goede punten maar ook de onhebbelijkheden van de baas, de secretaresse of van zichzelf. Voor het begrijpen van de achtergronden van het vraagstuk is dit vaak van essentieel belang. Hoewel met dit soort gevoelige informatie zeer vertrouwelijk moet worden omgesprongen, kan men er op een verantwoorde manier rekening mee houden. Zo moet goed nagedacht worden voordat je besluit twee rivaliserende personen in dezelfde werkgroep te zetten.

Het aspect van de vertrouwensband die je kunt smeden door middel van individuele interviews wordt door stagiairs nogal eens over het hoofd gezien. Het is ons als stagedocenten wel overkomen dat stagiairs in hun ijver om (te) veel mensen bij de oriëntatie te raadplegen, gebruik maakten van een schriftelijke enquête of van groepsinterviews. Na de voorgaande uiteenzetting zal duidelijk zijn dat zo'n werkwijze in dit stadium van het onderzoek ongewenst is, omdat de beoogde neveneffecten daarmee verloren gaan.

Gesprekspunten

Om de juiste wijze van vragen stellen te ondersteunen volgt hierna een lijst van gesprekspunten die doorgaans in deze interviews aan de orde komen. Wij zullen de daarin genoemde onderwerpen beknopt bespreken.

De belangrijkste gesprekspunten voor de oriënterende interviews zijn:
• verificatie/bijstelling van de introductie;
• inhoud functie; carrièrepatroon;
• processchema's: productiestroom, organogram, samenhang en samenwerking tussen de voor de opdracht belangrijke afdelingen, eenheden en functies;
• aard probleembetrokkenheid;
• visie op het probleem en achtergronden/oorzaken;
• visie op rol van andere betrokkenen;
• visie op en bijdrage aan probleemoplossing;
• waarom is oplossing niet gevonden/gerealiseerd;
• hoe kan adviseur/stagiair helpen;
• wat zijn benodigde gegevens; waar beschikbaar; in welke vorm;
• documentatie vragen;
• verifiëren uitnodiging voor terugkoppelingssessie.

Verificatie/bijstelling van de introductie

Wanneer de introductie van de stagiair goed heeft plaatsgevonden, zijn degenen die geïnterviewd worden reeds op de hoogte van zijn komst. Toch is het goed als de stagiair bij de start verifieert of de betrokkenen voldoende op de hoogte zijn. Zo nodig moet de informatie worden aangevuld of verkeerde beelden bijgesteld.

De interne communicatie in een bedrijf is niet altijd perfect. Mensen kunnen afwezig zijn geweest toen het bericht werd verstuurd, het bericht kan op de hoop onverwerkte post liggen, er kunnen vergissingen gemaakt zijn bij de adressering. Ook wanneer het bericht wel is overgekomen, is het goed te beginnen met dat wat daarin staat. Je zorgt zo voor een gemeenschappelijk startpunt en de eigen aanvullende persoonlijke introductie werkt vaak als een goede 'ijsbreker'.

Inhoud functie; carrièrepatroon

Het vragen naar functie en carrièrepatroon geeft de geïnterviewde de gelegenheid zichzelf te introduceren. Van belang is daarbij om extra aandacht te besteden aan de aspecten die het probleemgebied raken zoals (deel)verantwoordelijkheden, speciale ervaring of kennis, inzicht vanuit vroegere functies, relaties met andere verantwoordelijke managers.

Verificatie en verfijning van processchema's

In het intakegesprek heeft de opdrachtgever veelal reeds een beschrijving gegeven van de processen in de organisatie (productiestroom, organogram etc). Ook zal de stagiair op het moment dat hij bezig is met de oriënterende interviews al wel documenten hebben waarin de verschillende processen en organisatorische verbanden worden beschreven.

Toch is het om drie redenen bijzonder nuttig ook in de oriënterende interviews te vragen hoe relevante bedrijfsprocessen zijn georganiseerd:

1 In opvolgende interviews krijg je een steeds completer beeld van de relevante processen.
2 Je kunt individuen koppelen aan taken en verantwoordelijkheden.
3 Je krijgt gevoel voor de verschillen die zich vrijwel altijd voordoen tussen de officiële en de feitelijke relaties.

Aard probleembetrokkenheid

Het dóórvragen op de probleembetrokkenheid moet inzicht geven in het belang dat de geïnterviewde hecht aan de aanpak van het probleem door de stagiair. Tevens moet blijken in hoeverre het vraagstuk voor de geïnterviewde zo belangrijk is dat hij ook zelf desgevraagd mee wil werken aan het oplossen ervan. Hoe groter het persoonlijk belang is bij een goede oplossing, hoe groter doorgaans de persoonlijke inzet van de betrokkene.

Visie op het probleem en achtergronden/oorzaken
Zelden hebben alle betrokkenen dezelfde kijk op wat er aan de hand is. Juist het ontbreken van een gemeenschappelijke mening over aard en oorzaken van problemen werkt stagnerend op het vinden van een oplossing. Daarom is het voor de stagiair van belang met name scherp te letten op de nuances in de verschillende visies op het probleem en de achterliggende oorzaken. Door middel van dóórvragen moet getracht worden de weergegeven beelden zo scherp mogelijk te krijgen.

Visie op de rol van andere betrokkenen
De meeste vraagstukken die om een oplossing vragen behoren tot de competentie van verschillende functionarissen. Dat schept een zekere onderlinge afhankelijkheid bij het vinden van een oplossing. Neemt de één initiatief en doet de ander niet goed mee, dan stagneert de aanpak. Soms zit men op elkaar te wachten zodat er geen beweging op gang komt. Om als stagiair een goede aanpak te kunnen ontwikkelen, heb je inzicht nodig in deze onderlinge afhankelijkheden. Dat beeld wordt duidelijk door iedere geïnterviewde te vragen naar zijn kijk op de rol van de andere betrokkenen.

Visie op en bijdrage aan de probleemoplossing
Meestal is al geprobeerd een oplossing te vinden. Een knellend vraagstuk maakt mensen actief. Dat is te zien aan:
- agendering en bespreking in het managementteam;
- instelling van een werkgroep;
- interne nota's en correspondentie;
- eerdere inschakeling van buitenstaanders (adviseurs, marktonderzoekbureaus, experts);
- onderling overleg tussen betrokkenen;
- genomen beslissingen;
- gegeven instructies;
- overwerk om de gevolgen van het knelpunt te bestrijden.

Door te vragen wat er aan het knelpunt is gedaan en eventueel de beschikbare documentatie te vragen, krijgt men het gewenste inzicht. Deze vraag kan verrassingen opleveren. Het overkwam een van ons dat een geïnterviewde een compleet rapport van eigen hand uit de kast haalde. Daarin stond overzichtelijk aangegeven wat er naar zijn mening aan schortte en wat er moest gebeuren. Op onze vraag waarom deze voorstellen niet waren ingevoerd, antwoordde de medewerker dat de directie zijn visie niet deelde en daarmee zijn aanpak niet had willen accepteren. Het probleem was onopgelost blijven liggen.

Waarom is de oplossing niet gevonden/gerealiseerd?
Antwoorden op deze vraag moeten duidelijk maken waarop het oplossen van het probleem blijft hangen. Ook daarover bestaan vaak verschillende meningen. Gewapend met dit inzicht staat de stagiair voor de uitdaging een eventueel bestaand dilemma te doorbreken met een nieuwe benadering. Zorgvuldig vragen stellen en nauwkeurig vastleggen van de uiteenlopende verklaringen is dan ook vereist.

Hoe kan de stagiair helpen?
Wij gaan ervan uit dat de stagiair de ambitie heeft om het bedrijf te ondersteunen bij de aanpak van het onderhanden vraagstuk. Uiteraard moet hij zijn eigen onafhankelijke adviespositie bepalen. Het kennen van de verschillende verwachtingen kan daarbij helpen. Wanneer bijvoorbeeld uit interviews blijkt dat er al een aantal rapporten geschreven is zonder dat daar iets mee is gebeurd, zal het volgende rapport vrijwel zeker de nodige scepsis ontmoeten. Zo'n situatie vraagt dus om een originele, afwijkende benadering.

Wat zijn benodigde gegevens; waar beschikbaar; in welke vorm?
Deze vraag is erop gericht een inschatting te kunnen maken van de omvang van het onderzoek. Wanneer voor de aanpak markt-informatie nodig is die niet (in de juiste vorm) beschikbaar is, moet er wellicht een marktonderzoek in het plan van aanpak worden opgenomen.
Het ontbreken van noodzakelijke gegevens levert meestal tijdverlies op. Het is een van de meest voorkomende reden voor het overschrijden van stageplanningen. Daarom moet een oriënterende interviewronde helderheid verschaffen op dit punt. Daarmee zijn weliswaar de planningsproblemen niet opgelost, maar als men tijdig onderkent dat hier een bottleneck zit, kan bekeken worden of het bedrijf misschien nog maatregelen kan treffen om aan de benodigde gegevens te komen. In ieder geval kunnen de verwachtingen van het bedrijf over de in de stageperiode haalbare resultaten worden bijgesteld.
Op dit punt doet zich overigens vaak een merkwaardig misverstand voor. Als stagiairs op een gebrek aan gegevens in het probleemgebied stuiten, willen zij nogal eens het standpunt innemen

dat zij dus voor een niet oplosbaar probleem staan. Er zijn geen gegevens over de markt, de klantsatisfactie, het voorraadverloop; dus menen ze niet verder te kunnen. Wat men zich onvoldoende realiseert is dat zij met het gebrek aan data juist een belangrijke aanwijzing van het probleem blootleggen. Veel activiteiten lopen in een organisatie uit de hand, omdat ze niet voldoende gemanaged worden. En managen houdt in: meetpunten hebben over het verloop van een activiteit, een norm vaststellen, meetgegevens over het werkelijke verloop registreren en bijsturen op de afwijkingen ten opzichte van de norm. De constatering van gegevensgebrek wijst op het niet of slechts gebrekkig bestaan van deze stuurcyclus.

Juist op zo'n moment moet de stagiair zich realiseren dat het ontwerpen en inbouwen van de stuurcyclus een belangrijke bijdrage van hem zou kunnen zijn aan de probleemoplossing. In dit besef is het verstandig geen doorlooptijd te verliezen door gebrek aan meetgegevens, maar het verzamelen daarvan zo mogelijk onmiddellijk in gang te zetten. Meestal zijn de medewerkers wel bereid om op grond van een heldere aanwijzing nu reeds de dagelijkse voorraadcijfers, uitvalpercentages e.d. bij te gaan houden. Als je als stagiair dan een tijdje later deze gegevens nodig hebt, dan kun je daar al gebruik van maken.

Documentatie vragen

Tijdens de interviews zal regelmatig blijken dat relevante gegevens zijn vastgelegd. Bij het punt 'visie op en bijdrage aan de probleemoplossing' is al een opsomming gegeven van mogelijke informatiebronnen. Nu werkt het over het algemeen storend wanneer het interview voortdurend moet worden onderbroken omdat degene die geïnterviewd wordt iets moet opzoeken. Het werkt beter om tijdens het interview wel de mogelijkheid tot inzage te regelen, maar het verstrekken van de stukken uit te stellen tot het einde van het interview. Als de stagiair tijdens het interview beknopt aantekening houdt van de stukken waarover gesproken is, worden er geen belangrijke bronnen vergeten.

Verifiëren uitnodiging voor terugkoppelingssessie

Bij de intake met de opdrachtgever is al geregeld dat alle geïnterviewden bij de terugkoppelingssessie – Stap 5 – aanwezig zullen zijn. Het is van belang te verifiëren of deze uitnodiging inderdaad de geïnterviewde bereikt heeft en of hij de datum in zijn agenda heeft genoteerd. Eventueel kan hij alsnog uitgenodigd worden. Tevens kan de belangstelling aangewakkerd worden door hem op het belang van de bijeenkomst te wijzen.

Verwerking en afronding interviews

Nu de belangrijkste gesprekpunten voor de oriënterende interviews zijn besproken, richten wij ons op de vraag hoe de resultaten verwerkt kunnen worden.

Om de interviews goed te kunnen verwerken in Stap 4, Analyse, is een adequate vastlegging van het besprokene vereist. Dat is een lastige opgave voor een niet geroutineerde interviewer. Men moet de respondent aankijken en zo goed luisteren dat men op zijn antwoord zo nodig kan doorvragen, en tegelijkertijd moeten er aantekeningen worden gemaakt. Meestal lost men dit probleem op door tijdens het interview alleen kernwoorden of korte zinnen op te schrijven en op basis daarvan onmiddellijk na afloop van het gesprek een uitwerking te maken. De context waarin de korte notities staan, ligt dan nog vers in het geheugen.

Het is zeker niet altijd nodig om de geïnterviewde een kopie van het gespreksverslag te verstrekken. De geïnterviewde krijgt bij de terugkoppelingssessie wel te zien wat de totale interviewronde heeft opgeleverd. De individuele inbreng van de respondenten zal daarin gedeeltelijk onzichtbaar en in ieder geval geanonimiseerd verwerkt zijn. De gespreksdeelnemers zijn dan vrij om een open gesprek met elkaar te hebben over de opdracht zonder vastgenageld te zitten aan aan hun uitspraken.

Om de interviewverslagen efficiënt te kunnen verwerken is het handig elk nieuw interviewthema op een nieuwe blocnotepagina te beginnen. Zo kan men gemakkelijker sorteren: het zogenaamde 'stapelen' (zie Stap 4).

Tot dusver zijn wij ervan uitgegaan dat de respondentengroep tijdens het intakegesprek is gekozen. In de praktijk komt het nogal eens voor dat gaandeweg de interviews namen worden genoemd van betrokkenen die niet op het lijstje staan dat eerder was vastgesteld. Dat kan ertoe leiden dat dit lijstje nog wordt bijgesteld. De beste weg om daarmee om te gaan, is aan de opdrachtgever beargumenteerd voor te stellen ook deze personen te interviewen, mits het totaal aantal niet te groot wordt. Tenzij er zwaarwegende bezwaren zijn zal hierin meestal worden toegestemd.

De werkzaamheden in het adviesproject zijn door middel van intake begonnen bij de opdrachtgever. Aan het eind van de reeks van interviews is het verstandig nog een afsluitend interview met de opdrachtgever te hebben. Men kan dan vragen die nog onbeantwoord zijn gebleven stellen en een globale indruk geven van de eerste bevindingen. Bovendien kunnen de afspraken ten aanzien van de terugkoppelingssessie nog eens worden doorgenomen.

Interviewtechniek

Tot slot staan we nog even stil bij de interviewtechniek. In de meeste opleidingen is wel de een of andere vorm van interview-training ingebouwd. Wij volstaan hier dan ook met een enkele kanttekening ten aanzien van de waarde van de antwoorden die in interviews worden verkregen.[2]

De interviewer heeft bepaalde bedoelingen met het interview: hij wil begrijpen wat er feitelijk aan de hand is in het bedrijf, hij wil begrijpen wat de persoon tegenover hem denkt van het probleem enzovoort. Elke interviewer heeft daarbij ten minste twee basis-problemen: begrijpt hij wat de respondent zegt en kan hij erop vertrouwen dat wat de respondent zegt waar is?

Als interviewer moet je in je interviewstrategie met deze beide problemen rekening houden. Je moet je van tevoren afvragen hoe je zodanig kunt interviewen dat je uiteindelijk voldoende valide en betrouwbare resultaten krijgt.

Niet begrijpen wat de respondent zegt, kan het gevolg zijn van het verschil in kennis over de materie waarover het gaat in het inter-view. De respondent geeft z'n antwoorden op de verkennende vragen van de interviewer. De interviewer is bezig te verkennen wat in menig opzicht voor de respondent gesneden koek is. Voor-al stagiairs hebben in het begin vaak moeite om door te vragen wanneer zij niet helemaal of soms helemaal niet begrijpen wat de respondent vertelt. Zij zijn ten onrechte al gauw bang dat hun 'doorvragen' gezien zal worden als onkunde. Feitelijk is het zo dat niet iedere gesprekspartner zich er even sterk van bewust is dat de stagiair de 'bedrijfstaal' nog niet verstaat. Als adviseur of stagiair hoef je dat niet slechts als een nadeel te zien. Het biedt je de le-gitimatie om vragen te stellen die de betrokkenen zichzelf mis-schien al lang niet meer stellen. Dat betekent dat het raadzaam is tijdens het gesprek met betrekking tot zaken die de respondent vertelt en die je niet begrijpt meteen nadere uitleg te vragen. Wie denkt dat hij het wel zal begrijpen als hij later z'n aantekeningen zit uit te werken, komt bijna altijd bedrogen uit. Een neutrale ma-nier om zonder veel gezichtsverlies toch een gemist punt alsnog te vatten, is het samenvatten van wat je als interviewer wel hebt begrepen: 'Als ik u goed begrijp, bedoelt u ...' Vrijwel elke respon-dent zal lacunes die dan blijken zonder mankeren invullen. Ont-staat er naderhand toch nog onzekerheid over wat de respondent bedoeld heeft dan is het verstandig de betrokkene nog eens te be-naderen en alsnog een toelichting op dat specifieke punt te vra-gen.

Het waarheidsgehalte van wat de respondent zegt, betreft de vraag of de respondent zegt wat hij denkt zonder verdraaiing of ver-fraaiing. Als interviewer kun je vrijwel nooit echt controleren of de respondent 'de waarheid' spreekt. Respondenten kunnen verschillende motieven hebben om de feiten enigszins te vervormen:

- Vriendelijkheidsoverwegingen. De geïnterviewde wil de interviewer niet voor het hoofd stoten. Hij wil bijvoorbeeld niet laten uitkomen dat die vraag eigenlijk helemaal niet op zijn situatie slaat of hij geeft wel een antwoord terwijl hij eigenlijk niet over de feiten beschikt om een antwoord te geven.
- Sociaal wenselijk gedrag. De geïnterviewde wil er zo goed mogelijk uitkomen en kleurt zijn antwoorden iets bij zodat ze passen bij wat hij denkt dat van hem – bijvoorbeeld door zijn baas of collega's – wordt verwacht.
- Tijdsvertekening. Bij vragen naar feiten uit het verleden treden dikwijls vertekeningen op. De volgorde wordt veranderd of de eigen rol en die van anderen in het geheel worden anders ingekleurd dan feitelijk gerechtvaardigd is.
- Verdringing. Respondenten hebben altijd thema's die bij hen gevoelig liggen, waar zij liever niet (nog eens) over praten. Het kan pijnlijke herinneringen betreffen over verantwoordelijkheden die niet waargemaakt konden worden, gemiste promotiekansen of conflicten.

Op dit soort neigingen van respondenten moet de interviewer bedacht zijn. Zodra de interviewer het gevoel krijgt dat de respondent de feiten onvolledig, verdraaid of verfraaid presenteert is het zaak door te vragen. Een simpele maar vaak wel effectieve manier om door te vragen, is om te vragen naar concretisering: 'Kunt u een voorbeeld geven?'; 'Als u zegt dat die fout vaak gemaakt wordt, hoeveel keer bedoelt u dan?'; 'Als u zegt dat die klanten al zo vaak geklaagd hebben, waar is dat dan vastgelegd of wie heeft dat dan ook gehoord?'

Dat brengt ons ook op het punt van het belang van de kwantificering van uitspraken. In elk interview doen zich doorgaans momenten voor waarbij kwantificeringsvragen als hoe vaak, hoeveel, hoe dikwijls, hoe groot, gesteld kunnen worden. Voorbeelden te over:

- De machines vallen nogal eens uit – hoe vaak?
- De baas moet niet lopen zeuren – hoe vaak doet hij dat?
- Het regent klachten – hoeveel gemiddeld per dag/week?
- Er is veel breuk bij de koekproductie – hoeveel procent van de productie?
- We werken ons te pletter – hoe weinig rusttijden, hoeveel overuren?

Vaak liggen deze kwantificeringsmogelijkheden verborgen achter zijdelingse opmerkingen. Je moet er dus erg attent op zijn om zo'n opmerking middels doorvragen te benutten om kwantitatieve gegevens te krijgen. Gezien de moeite die stagiairs hebben om zo te werken, raden wij aan om jezelf te beoordelen op het aantal kwantitatieve gegevens per interview. Tevens kun je jezelf aanwennen om bij de voorbereiding van een interview achter elke vraag de wenselijke kwantitatieve gegevens te noteren.

Waarom is cijfermatig inzicht zo belangrijk? Het verscherpt het beeld van de werkelijkheid aanmerkelijk. De uitspraak: 'De machines vallen elke dag minstens één keer uit', geeft een veel dramatischer beeld dan: 'De machines vallen zeker elke maand één keer uit.' Beide beelden kunnen schuil gaan achter de hierboven beschreven opmerking: 'De machines vallen nogal eens uit.'

Een andere reden voor het streven naar cijfermatig inzicht is de mogelijkheid om de eenheid van opvattingen en visies te verifiëren door de verschillende uitspraken te vergelijken. Veel organisatieproblemen blijven liggen, omdat mensen afwijkende inzichten hebben in een probleem. Dat veroorzaakt gemakkelijk verschillen in urgentie en daarmee in veranderbereidheid.

Ten slotte noemen wij de belevingswereld van managers als pleidooi voor cijfermatige onderbouwing van uitspraken. Managen is sturen op meetbare grootheden. We kennen de onderdelen van elk bestuurd proces: meetpuntbepaling, nulmeting, taakstelling, meting van uitvoeringsresultaten, vergelijking met taakstelling en zonodig bijsturing. Iemand die in zo'n meetwereld leeft en werkt hecht meer waarde aan uitspraken als: 'We moeten het aantal klachten van klanten terugbrengen van 10 naar 2 per maand' dan: 'Het aantal klachten van klanten moet naar beneden.'

Op grond van al deze overwegingen zal het duidelijk zijn dat een terugkoppelingspresentatie met de nodige cijfermatige onderbouwing aanmerkelijk aan kracht wint en de geloofwaardigheid voor de aanpak van het vervolgtraject vergroot.

Actiepunten

Wij sluiten ook deze stap af met het opsommen van de zes activiteiten die achtereenvolgens in deze stap moeten worden uitgevoerd:
1 Lijst met aandachtspunten voor interviews maken.
2 Afspraken verifiëren.
3 'Stapelen' van de uitkomsten voorbereiden.
4 Interviews houden en daarbij werken aan kwantitatief inzicht.
5 Gespreksverslagen maken.
6 Logboek invullen.

Opgave voor zelfstudie bij Stap 3

6.1 Herziening budgetteringssysteem bij autorecyclingbedrijf

1 Geef in het organisatieschema van een autorecyclingbedrijf (figuur 6.2) aan met welke (maximaal 10) functionarissen jij in ieder geval een oriënterend interview wilt hebben, als de opdracht de herziening van het budgetteringssysteem betreft.
2 Wie verwacht je aan tafel bij het intakegesprek (maximaal 2)?
3 Stel de vragenlijst op (maximaal 20 vragen) voor de oriënterende interviews.
4 Geef aan welke kennis jij mist om deze opdracht te kunnen uitvoeren.

Figuur 6.2 **Organisatieschema bij autorecyclingbedrijf**

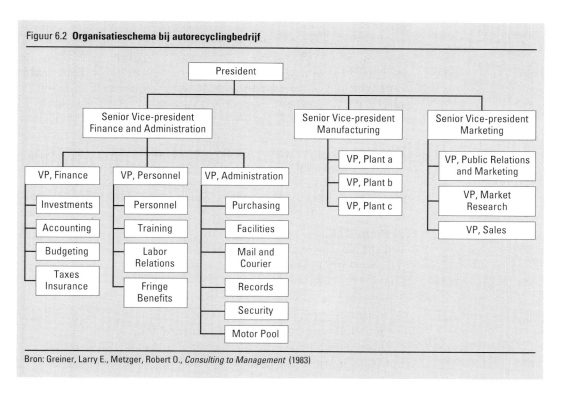

Bron: Greiner, Larry E., Metzger, Robert O., *Consulting to Management* (1983)

5 Bij de uitvoering van de oriënterende interviews blijkt dat een viertal afgesproken respondenten niet beschikbaar is voor jouw interview. Nieuwe afspraken vóór de afgesproken terugkoppelingsdatum blijken niet mogelijk. Hoe los je dit probleem op?

6 Tijdens de oriënterende interviews laat een aantal respondenten zich zeer negatief uit over de Vice-president Finance en over de aan jou te verstrekken opdracht. Hoe ga je daarmee om?

7
Stap 4 Analyse

In de analyse wordt de informatie die is verkregen uit de externe oriëntatie, het intakegesprek, de documentatiestudie en de oriënterende interviews geordend en geïnterpreteerd met het oog op het maken van de definitieve afspraken over de probleemstelling, de opdrachtformulering en de aanpak van het adviesproject. Deze afspraken worden gemaakt in Stap 5: terugkoppeling. De hoofdpunten in de terugkoppelingspresentatie fungeren als kapstok voor de analyse. Hoofdpunten in die presentatie zijn:

- Relevante bevindingen: gezichtspunten en procesbeschrijvingen.
- Voorstel voor definitieve probleem- en opdrachtformulering.
- Indicatie van het belang dat gehecht wordt aan het oplossen van het probleem.
- Invulling van de wijze waarop de stagiair kan helpen.
- Plan van aanpak.

Uiteraard zijn er veel meer gegevens beschikbaar gekomen dan door deze punten kan worden afgedekt. Maar om overdaad in de presentatie te voorkomen kan men het beste vanuit deze kernpunten werken. De presentatie zelf biedt altijd de mogelijkheid om de kernvragen mondeling wat 'aan te kleden'.

Om uit de stapel interviewverslagen tot een goed overzicht te komen is het zogenaamde 'stapelen' een goede methode.[1] In figuur 7.1 is weergegeven wat deze methode inhoudt. Daartoe dienen de interviewverslagen en samenvattingen van de documentatiestudie per thema gecodeerd (naar thema en respondent) en gesorteerd te worden. Zo krijgt men per thema inzicht in de beschikbare gegevens. Op basis daarvan kunnen de zaken die men wil presenteren op sheets worden vastgelegd.

We onderstrepen nogmaals dat je als stagiair bij het maken van een puntenlijst voor de interviews die je gaat houden (zie Stap 3)

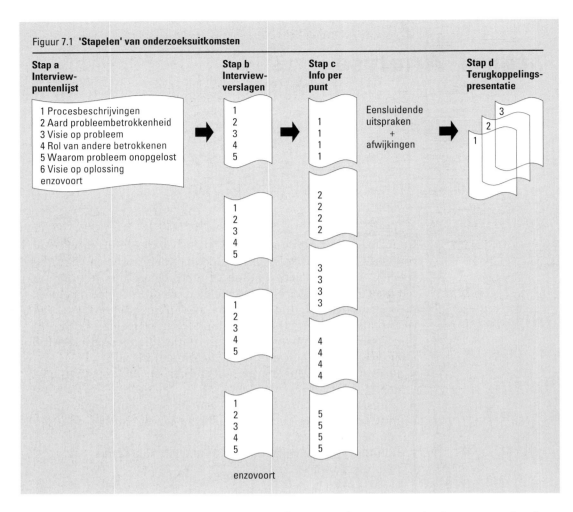

Figuur 7.1 **'Stapelen' van onderzoeksuitkomsten**

Stap a
Interview-
puntenlijst

1 Procesbeschrijvingen
2 Aard probleembetrokkenheid
3 Visie op probleem
4 Rol van andere betrokkenen
5 Waarom probleem onopgelost
6 Visie op oplossing
enzovoort

Stap b
Interview-
verslagen

Stap c
Info per
punt

Eensluidende
uitspraken
+
afwijkingen

Stap d
Terugkoppelings-
presentatie

enzovoort

moet anticiperen op het verwerkingsproces dat later nog volgt. In de praktijk hebben wij stagiairs dikwijls veel tijd zien verliezen omdat zij nogal ongestructureerd data waren gaan verzamelen en vervolgens dreigden door de bomen het bos niet meer te zien.

Werkwijze bij het 'stapelen':
a Stel een lijst op met hoofdvragen voor de interviews; dit zijn vragen die in ieder interview aan de orde komen.
b Maak voor elke respondent een interviewverslag waarin de antwoorden op de hoofdvragen in dezelfde volgorde worden verwerkt.
c Haal de antwoorden op de gestelde hoofdvragen bij elkaar.
d Analyseer per hoofdvraag: Waarin komen de antwoorden overeen en waarin verschillen ze van elkaar? Dit zijn de bouwstenen voor de terugkoppelingspresentatie.

Ter verduidelijking van wat aan het eind van de analyse bereikt moet zijn, hebben wij de checkvragen voor deze stap ingevuld voor een zuivelfabriek die te kampen had met een relatief hoog ziekteverzuim. De antwoorden op de vragen zijn ontleend aan de analyse van de informatie die over en in het bedrijf was verzameld. De invulling is weergegeven in figuur 7.2.

Figuur 7.2 **Voorbeeld van een ingevulde logboekpagina voor Stap 4**

Checklist Stap 4 Analyse

Vragen	Antwoorden
1 Hoe ziet in schema het primaire proces eruit van het bedrijf of bedrijfsonderdeel waarbinnen de stage plaatsvindt?	Flow chart van de relevante processen
2 Op welke punten verschillen geïnterviewden van mening? Beschrijf die verschillen.	Verzuim door werkomstandigheden versus verzuim door fusieproblematiek
3 Welke analysemethoden heb je gebruikt?	Procesanalyse en statistische cijferanalyse
4 Wat moet de terugkoppeling opleveren?	• Consensus over probleem • Akkoord over afspraak
5 Welk voorstel voor een definitieve opdrachtformulering vloeit voort uit de tot dusver uitgevoerde oriëntatie?	Vermindering van verzuim van 10% naar 7% in één jaar
6 Wie zouden gevraagd moeten worden in de platformgroep?	Algemeen directeur, bedrijfsleider en chef personeelszaken
7 Hoe zou de verdere aanpak voor het onderzoek eruit moeten zien?	• Analyse van verzuimbeheersingsproces • Arbeidssatisfactieonderzoek • Vergelijking met soortgelijke bedrijven
8 Hoe ziet de terugkoppelingspresentatie eruit?	Zie presentatie
9 Welke specifieke problemen met betrekking tot de opdrachtuitvoering moeten tijdens de terugkoppelingssessie worden opgelost?	Verkrijgen van medewerking van de OR
10 Overige opmerkingen	

Aan de hand van een aantal vragen uit de checklist zullen we wat dieper op de analysewerkzaamheden ingaan.

Procesbeschrijvingen
Een belangrijk onderdeel van de analyse is het maken van een systematische beschrijving van de relevante bedrijfsprocessen. Als stagiair moet je snel overzicht krijgen over deze processen en daar-

mee samenhangende taken en verantwoordelijkheden om een serieuze gesprekspartner te kunnen zijn van degenen die gewend zijn over vragen en knelpunten in het bedrijf te praten in termen die direct verband houden met deze processen. Wij stellen voor om altijd een zogenaamde 'flow chart' te maken.[2]

Verschillen van inzicht

In de oriënterende interviews is aan de respondenten gevraagd hoe zij het probleem omschrijven, wat zij zien als oorzaken van het probleem, enzovoort. In de analyse gaat het erom de overeenkomsten en verschillen tussen de respondenten bloot te leggen. Dat is nodig omdat het voor de voortgang van het adviesproject noodzakelijk is dat er eenstemmigheid wordt bereikt over wat het probleem is, wat de opdracht aan de stagiair moet worden en over de aanpak. De stagiair levert de input voor dit gesprekspunt. In het geval van de zuivelfabriek bleek iedereen het erover eens dat het ziekteverzuim te hoog was maar over de oorzaak van het hoge verzuim liepen de meningen uiteen, evenals over de urgentie van het onderzoek.

Wat moet de terugkoppeling opleveren?

Bij vraag 4 speelt een aantal zaken. Allereerst stelt de stagiair voor zichzelf vast of er een aanvaardbare opdracht geformuleerd kan worden. Belangrijke criteria in dat verband zijn of je als stagiair voldoende waarde kunt toevoegen aan de oplossing van het vraagstuk en of de uitvoering van deze opdracht van voldoende niveau is. Bestaan er op een van beide criteria aanzienlijke aarzelingen, dan kan beter van de opdracht worden afgezien. Overwegingen kunnen zijn: missen van de nodige materiekennis, onvoldoende managementondersteuning van buitenaf (bijvoorbeeld van een buitenlands moederbedrijf), onvoldoende speelruimte voor de stagiair om het onderzoek naar behoren uit te voeren, onvoldoende begeleiding vanuit het bedrijf of dreigende continuïteitsproblemen bij het bedrijf, onvoldoende zekerheid dat het leerproces voldoet aan de vereisten van de opleiding.

Bij het analyseren van de resultaten van de verschillende verkenningen moet je als stagiair op dit punt kritisch naar het project kijken en bij twijfel ruggespraak houden met je stagedocent, voordat de terugkoppelingssessie plaatsvindt.

In praktijkvoorbeeld 7.1 wordt een situatie beschreven waarin besloten werd om te stoppen.

Het tweede punt dat de terugkoppeling moet opleveren is een goede uitgangspositie voor de opdrachtuitvoering. Randvoorwaarden zijn in ieder geval:
• eenheid van opvattingen over de probleemstelling;
• geaccepteerde opdrachtformulering en plan van aanpak (projectvoorstel).

Er wordt vaak te vanzelfsprekend aangenomen dat dit allemaal in orde is. Het is beter dit expliciet in de terugkoppelingssessie af te stemmen, zodat latere teleurstellingen of misverstanden voorkomen worden. Bij Stap 5 wordt daarop teruggekomen.

Platformgroep
In vraag 6 van de checklist wordt over een platformgroep gesproken. Dit begrip vraagt enige toelichting. Tijdens de opdrachtuitvoering heeft de adviseur of stagiair af en toe behoefte aan enig vertrouwelijk intern overleg naast de formele afstemmingen met de opdrachtgever of het managementteam. Deze behoefte aan overleg doet zich vooral voor wanneer er problemen zijn om aan de juiste gegevens te komen, bij het maken van belangrijke keuzen over de opdrachtuitvoering en bij het toetsen van de eerste ideeën over oplossingsrichtingen. Uiteraard is de bedrijfsbegeleider de eerste met wie wordt overlegd. Maar een kleine platform- of klankbordgroep, bestaande uit de belangrijkste sponsors van het project – inclusief de bedrijfsbegeleider – geeft meer breedte aan het overleg en meer draagvlak om later de gekozen weg aanvaard en uitgevoerd te krijgen.

Het ligt voor de hand om tijdens de analyse in overleg met de bedrijfsbegeleider te beslissen of zo'n platformgroep van nut kan zijn en zo ja, hoe deze groep dan moet worden samengesteld. De interviews vormen een uitstekende basis om te bepalen wie zich het meest sterk willen maken voor een succesvolle opdrachtuitvoering. Tijdens de terugkoppelingssessie kan het voorstel voor een platformgroep worden ingebracht en goedgekeurd.[3]

De verdere aanpak van het onderzoek

Om vraag 7 van het Logboek: 'Hoe zou de verdere aanpak van het onderzoek eruit moeten zien?' te kunnen beantwoorden, moeten conclusies bereikt worden. De belangrijkste is wat de diagnose is van het aangeboden vraagstuk. Er is in de intake een opdracht geformuleerd en er zijn 5 à 10 interviews gehouden om de vraagstelling te toetsen op juistheid, zingeving en draagvlak. Er is documentatie bestudeerd. Al deze werkzaamheden zijn er mede op gericht om een eigen mening te vormen over het vraagstuk waaraan je denkt het beste te kunnen gaan werken. Dat is lang niet altijd gelijk aan de oorspronkelijke vraagstelling uit het intakegesprek. De afwijkingen kunnen verschillende oorzaken hebben, zoals uit de volgende voorbeelden kan blijken.

- 'Het doorlichten en verbeteren van de bedrijfsprocessen' wordt omgebouwd tot 'het voorbereiden van het bedrijf op ISO-certificatie', omdat dat de achterliggende doelstelling was.
- 'Het verlagen van de kosten met 10%' wordt om tijdsredenen beperkt tot 'het verlagen van de kosten met 5% middels uitbesteding van activiteiten'.
- 'Het verbeteren van de organisatiestructuur' wordt gericht op 'het verbeteren van de samenwerking tussen de verschillende afdelingen om de klanttevredenheid minimaal op 8 te krijgen'. Dat bleek immers het dieperliggende probleem. Waarvoor meer draagvlak was dan voor de ingreep in de structuur.
- 'Het uitvoeren van een marktonderzoek' resulteert na de oriënterende interviews in 'het verhogen van het marktaandeel met 10% in één jaar'. Daarvoor was het marktonderzoek ook bedoeld.

Al deze voorbeelden tonen aan dat het kritisch beoordelen van de oorspronkelijke vraagstelling vaak een beter passende eindopdracht oplevert. De verschillen kunnen liggen in de sfeer van:

- verbreding of versmalling van de opdracht (marktonderzoek, uitbesteding);
- concretere en meetbaardere doelstelling (ISO);
- een andere ingang om het probleem aan te pakken, omdat daar meer draagvlak voor is (communicatie).

Dit laatste voorbeeld legt nog een interessant aspect van het stagewerk bloot, namelijk dat er vaak verschillende wegen zijn om hetzelfde effect te bereiken. In dit geval is kennelijk het algemeen erkende probleem dat de klanttevredenheid lijdt onder het ongecoördineerd werken van de afdelingen die daarop van invloed zijn. Het beoogde effect van de opdracht is een hogere klanttevredenheid, het middel is de betere samenwerking. Maar kennelijk meent de directeur bij de intake dat die samenwerking het beste verbeterd kan worden door een structuuraanpassing en dus geeft hij die opdracht mee. Maar samenwerking tussen afdelingen kan ook verbeterd worden door training, door een klantsatisfactie-afhankelijke bonus voor ieder in te stellen, door mutaties in de leiding, enzovoort. Bij de oriënterende interviews was er eenstemmigheid over het probleem (te lage klanttevredenheid) en de oorzaak (meer samenwerking), maar de respondenten wilden zich niet laten vastleggen op de structuurverandering als aangrijpingspunt voor verbetering. Ook adviseurs en stagiairs kunnen zich in de oriëntatiefase het beste concentreren op het probleem en de oorzaken. Door voldoende afstand te houden van allerlei oplossingsideeën houdt men ruimte voor eigen, onafhankelijke meningsvorming. In het diepteonderzoek is plaats voor het verdiepen van de diagnose en daarmee voor het vinden van de meest kansrijke oplossingsrichtingen.

Bij de verdere aanpak van het onderzoek behoort, behalve het bepalen van de probleemdiagnose en de opdracht, ook het globale plan van aanpak. In de terugkoppelingspresentatie kan de trits probleem – oorzaak – plan van aanpak het beste in onderling verband gepresenteerd en besproken worden. Bij overeenstemming geeft dat in één keer ruim baan voor de aanpak van het diepte-onderzoek.

Dat brengt ons op het vraagstuk van het onderzoekbaar maken van organisatievraagstukken. Een organisatieprobleem zoals 'een hoog verzuim' is op zich te abstract geformuleerd om er onderzoekactiviteiten aan te ontlenen. Daartoe moet nog een slag gemaakt worden die bestaat uit het opsplitsen van het probleem in deelproblemen, die elk te vertalen zijn naar uit te voeren onderzoekwerk. De vraag is nu hoe te komen aan die opsplitsing naar deelproblemen/deelvragen/ onderzoekswerk.

Wij zien het als een uitdaging om in dit boek toch wat ervaringen te verwerken, waar de stagiair wat mee kan doen bij het ombouwen van de probleemstelling naar een werkbaar plan van aanpak. Wij kiezen daarvoor één opdracht en geven een zestal mogelijke analysemethoden aan om tot een plan van aanpak te komen. Dan komen de overeenkomsten en verschillen het beste tot hun recht. De meest voor de hand liggende ingang voor een stagiair is het activeren van de eigen vakkennis. Het valt ons op hoe vaak stagiairs in deze analysefase lijken te zijn vergeten wat zij al die tijd tijdens hun studie hebben geleerd over het onderwerp waarop hun stage betrekking heeft. Het blijkt keer op keer heel moeilijk te zijn om generieke kennis toe te passen op een concreet geval dat altijd weer net iets anders is dan in de literatuur is omschreven. Toch is deze vertaalslag noodzakelijk om tot voldoende inhoudelijke diepgang te komen. Vragen die men zichzelf in dit verband kan stellen:

- Met welke trefwoorden is het specifieke van de probleemformulering te benoemen? Probeer deze trefwoorden uit in indexen van leerboeken en in literatuurzoeksystemen.
- Als er verwijzingen worden gevonden, let dan met name op definities die men hanteert, oorzaken die men aanwijst voor het betreffende probleem, oplossingen die men voorstelt en specifieke omstandigheden die van belang kunnen zijn bij het vinden van een passende oplossing.
- Hoe hebben anderen hetzelfde probleem aangepakt? Kijk daarvoor bijvoorbeeld in het archief van de eigen opleiding naar rapporten van eerdere stagiairs.

Een dergelijke verkenning geeft een basis voor het ontwikkelen van verschillende scenario's waarvan wij er enkele laten zien voor een opdracht om het ziekteverzuim te helpen verlagen.

De opdracht luidt: het verlagen van het verzuim van 12% tot het branchegemiddelde van 5%. Wij demonstreren de uitwerking bij de volgende benaderingen.

---

1 Oorzaak en gevolg-analyse (OGA)
Bij deze benadering is de startvraag: Wat zijn de mogelijke oorzaken van verzuim? Al brainstormend kunnen bijvoorbeeld de volgende mogelijke oorzaken bedacht worden:
- gebrekkige controle op verzuim;
- slechte werkomstandigheden;
- lage arbeidsmotivatie;
- geen medische keuring bij aanname;
- verkeerd meetsysteem waardoor vergelijking met branchegegevens onjuist is.

Vervolgens bestaat het plan van aanpak uit het onderzoeken van deze mogelijke verbanden en op basis van de uitkomsten tot oplossing te komen.[4]

2 Procesanalyse
Bij procesanalyse is de startvraag: Hoe werkt het proces waarvan het verzuimcijfer een uitkomst is? De procesbeschrijving zou de volgende inhoud kunnen hebben:
- afdelingschefs houden een absentielijst bij;
- ziekmelding door de verzuimer bij Personeelszaken, die een daglijst bijhoudt en deze dagelijks doorgeeft aan de arbo-dienst;
- bij werkhervatting binnen een week geen actie;
- na een week verzoek bezoek aan huis door de arbo-arts;

- bezoek van de arbo-arts binnen 2 dagen bij Personeelszaken;
- enzovoort.

Op basis van deze analyse ontstaat een eerste zicht op de punten van verder onderzoek/aanpak. Opvallend is bijvoorbeeld de week wachttijd, wat gemakkelijk aanleiding geeft tot veel onterecht kort verzuim.

3 Ontwikkelen van een meet- en regelsysteem

Het ankerpunt voor deze benadering is: Hoe maakt je het te verbeteren aspect meetbaar en regelbaar? Daaruit kan de volgende soort activiteiten voortvloeien:
- definiëren van het begrip ziekteverzuim volgens gebruik in de sector;
- vaststellen meetmoment, meetpunt, meetgrootheid en begin en eind verzuim.

4 Statistische cijferanalyse

Als er veel data beschikbaar zijn, kunnen deze gegevens geanalyseerd worden. De kerngedachte is dat zo'n aanpak inzicht geeft in de zoekrichtingen. De analyse kan omvatten:
- periodepatronen: dag, week, maand jaar;
- verzuimduur en -oorzaak en het verband daartussen;
- leeftijd, geslacht, anciënniteit, bevolkingsgroep;
- verzuim naar functies, afdelingen, locaties;
- verband met keuringsrapporten;
- verband met behandelende arbo-artsen.

Op grond van deze analyses kan het onderzoek leiden naar vermoedelijke brandhaarden.

5 Standaard checklist of -werkmethode

Het uitgangspunt bij deze benadering is dat succesvolle benaderingen die elders ontwikkeld zijn ook bij het stagebedrijf toepasbaar zijn. Dat levert het volgende actieplan op:
- onderzoek naar toepasbare checklists/werkmethoden voor verzuimbestrijding in literatuur, in andere stagerapporten, bij andere bedrijven en bij arbo-diensten;
- diagnose met behulp van de gekozen checklist;
- de gebleken verschillen tussen checklist en bestaande aanpak analyseren;
- verbeteringen bedenken of aan de standaard ontlenen.

De rest van het plan van aanpak wordt in grote mate bepaald door de aard en omvang van de gebleken verschillen.

6 Algemene doorlichting

Een algemene doorlichting heeft zin als bij de oriënterende interviews blijkt dat verzuim slechts een symptoom is van een meer omvattend vraagstuk. De activiteiten kunnen er als volgt uitzien:

- selectie van een brede bedrijfsdiagnose waarvan verzuim een onderdeelt uitmaakt;
- brede bedrijfsdoorlichting met de gekozen methode;
- op grond van de uitkomsten verdere acties met een verstandige prioriteitstelling.

Uiteindelijk zal het verzuim vanuit een onverwachte invalshoek bestreden worden, bijvoorbeeld door een onrustverwekkende discussie over een verzelfstandigingsvoornemen te beslechten.

De beste benadering is om voor de opdracht een specifieke aanpak te ontwikkelen, afgeleid en onderbouwd vanuit de generieke kennis over het betreffende probleemdomein. Als dat dan ook nog een originele verwerking of aanpak oplevert, kan het onderzoek behalve tot de beoogde oplossing van de opdracht ook bijdragen aan vergroting van de kennis op dit gebied. Om te laten zien hoe (elementen van) de hiervoor beschreven benaderingen in stageopdrachten kunnen voorkomen, beschrijven we een drietal voorbeelden die aan de stagepraktijk ontleend zijn.

Stagevoorbeelden

1 Verzelfstandiging van een Facilitaire Dienst

Activiteiten:

a Beschrijven van het dienstenpakket
b Vaststellen van de doelgroepen.
c Vaststellen van de concurrerende leveranciers.
d Marktonderzoek onder doelgroepen en concurrenten.
e Herdefiniëren van het dienstenaanbod in gebruikerstermen.
f Ontwerpen van een marketingplan en een exploitatiebegroting.
g Bewerken van een beperkte proefmarkt.
h Vaststellen organisatorische, juridische en financiële eisen voor zelfstandig functioneren.
i Evalueren marktproef en implementeren organisatorische, juridische en financiële eisen.
j Starten zelfstandige ondernemingsstatus.

Dit voorbeeld doet sterk denken aan de procesanalyse van een verzelfstandigingsproces.

2 *Klanttevredenheid verhogen in een fijnmechanische industrie*
Activiteiten:
a Ontwikkelen van een meetsysteem voor klanttevredenheid.
b Uitvoeren van een nulmeting bij klanten.
c Bepalen van de taakstellingen op de meetpunten (normen).
d Vaststellen van verbeteracties.
e Adresseren (toewijzen) van de verbeteracties aan de verantwoordelijke mensen.
f Periodiek meten van de vooruitgang.
g Bijsturen (versnellen, vertragen, veranderen, stabiliseren) van
de verbeteracties.

Bij deze aanpak wordt duidelijk gebruikgemaakt van de meet- en
regelsysteembenadering.

3 *Vertraging van verbeterprojecten opheffen in een grafische machine-*
industrie
Activiteiten:
a Vaststellen van de vertraging door trendanalyse van doorlooptijden.
b Vaststellen van denkbare vertragingsoorzaken.
c Analyseren van de invloed van die oorzaken op de gemeten
vertraging.
d Voorstellen voor direct implementeerbare verbeteringen.
e Implementeren van de verbeteringen.

In dit voorbeeld zijn bij activiteit a sporen waarneembaar van de
benadering middels cijferanalyse. In de overige activiteiten is de
OGA-methode te herkennen.

Overigens spreekt uit deze voorbeelden nog eens dat in Stap 4 nog
slechts sprake kan zijn van een globaal werkplan. Maar dat is voldoende om bij de terugkoppeling aan te geven tot welk soort onderzoeksactiviteiten het aanvaarden van de voorgestelde opdrachtformulering zal leiden. De gedetailleerde werkplanning
komt daarna pas in stap 6 aan de orde.

Stagiairs hebben nogal eens de neiging om een enigszins bij het
onderwerp passend onderzoeksmodel uit de literatuur te nemen,
en in hun plan van aanpak blindelings de activiteiten te volgen
die het model aangeeft. Soms stimuleren docenten deze benadering onder het motto 'theorie in praktijk leren brengen', maar deze aanpak is weinig klantgericht. Vanuit de opdrachtgever gezien
is het onbegrijpelijk dat na een brede veldverkenning als hiervoor
beschreven een standaardaanpak wordt voorgesteld, die ook meteen had kunnen worden bedacht.

Werkmodellen uit de literatuur kunnen zeer wel bruikbaar zijn, maar het gaat om de manier waarop ze worden gebruikt. Eerst moet een op maat ontwikkeld plan van aanpak worden opgesteld, dat voor de opdrachtgever herkenbaar gebaseerd is op de conclusies die in het voortraject zijn getrokken. Vervolgens kan per activiteit of groep van activiteiten bezien worden of een passende werkmethode uit de literatuur bij de uitvoering toegepast kan worden.

Overigens is een zekere oriëntatie op de relevante literatuur in dit stadium vaak geen overbodige luxe. Soms is het zelfs een onderdeel van de eindbeoordeling of er naar behoren literatuurstudie gepleegd is. Deze studie kan verschillende dimensies hebben. Eén ervan is de sector waarin het opdrachtgevende bedrijf opereert. Als je iets in de sanitairindustrie gaat doen is – wellicht in aanvulling op de externe oriëntatie – bestudering van de productietechnologie van harte aan te bevelen.

Een andere ingang voor literatuurstudie kan zijn de aard van het aangeboden vraagstuk. Als je moet gaan werken aan een businessplan voor een nieuw product, dan is er in de literatuur veel te halen over businessplanning, als je het al niet in je studieboeken bent tegengekomen.

Definitieve opdrachtformulering

Vraag 5 uit de checklist gaat over de definitieve opdrachtformulering. Reeds bij het acquisitie- en/of intakegesprek is een probleemveld gedefinieerd waaraan gewerkt zou moeten worden. De stagiair beschikte op dat moment nog niet over voldoende specifieke bedrijfskennis om op de vraagstelling een eigen visie te hebben. Na de oriënterende interviews is die kennis wel beschikbaar en is een kritische herdefiniëring en concretisering mogelijk. We verduidelijken dit aan de hand van een voorbeeld.

Stel dat de startopdracht luidde: voer een onderzoek uit naar het ziekteverzuim.

Na verkenning van de externe en interne situatie zou de definitieve opdracht kunnen luiden:

• Vaststellen van de oorzaken van de huidige 10% verzuim.
• Nagaan of het gemiddelde verzuimpercentage in de branche van 7% ook voor dit bedrijf haalbaar is.
• Ontwikkelen van een samenhangend systeem om het verzuim te reduceren tot het branchegemiddelde.
• Testen van dit systeem via een proefinvoering in de koelafdeling.
• Overdragen van de verworven kennis aan de andere afdelingen van het bedrijf.

Uit dit voorbeeld blijkt hoe allerlei inmiddels bekende feiten over het bedrijf toegepast kunnen worden in het opstellen van het plan van aanpak:

- Het bedrijf scoort 3% hoger in ziekteverzuim dan z'n branchegenoten.
- Men verschilt van mening over de oorzaken van het hoge verzuim; alleen door uit te zoeken hoe het echt zit kunnen de betrokkenen op een lijn worden gebracht.
- Het bedrijf heeft slechte ervaringen opgedaan met hap-snapmaatregelen; de OR is bang dat zoiets er nu ook weer uitkomt; de algemene opvatting is dat er een samenhangend systeem nodig is.
- In de koelafdeling is het verzuim het hoogst; in de bespreking in het werkoverleg van die afdeling is gebleken dat men zeer bereidwillig is om aan het onderzoek mee te doen; men heeft het gevoel over het hoge verzuim al te vaak onterechte verwijten te krijgen van het management en van collega's uit andere afdelingen.
- Bij eerdere projecten waren eindrapporten opgeleverd zonder dat een brede implementatie van de grond was gekomen; in dit geval wil men zekerheid dat hieraan aandacht wordt besteed.

Ook wordt onze voorkeur duidelijk voor opdrachtformuleringen met een concreet meetbaar eindresultaat. De opdrachtgever wordt aangesproken met een kwaliteitsniveau van het stageproject dat ver uitsteekt boven alleen maar een onderzoeksrapport als eindproduct, en de stagiair toont ambitie voor een zo compleet mogelijk leerproces.

In het voorgaande zijn al verschillende suggesties gegeven voor het uitvoeren van de analyse en het trekken van conclusies uit het beschikbare materiaal. Wij willen daar tot slot nog twee praktische tips aan toevoegen.

1 Probeer waar mogelijk de conclusies in neutrale, constaterende en controleerbare bewoordingen te formuleren. Vermijd uitdrukkingen als: 'ik vind' en 'naar mijn mening' als het gaat over de situatiebeschrijving. Betere zinswendingen zijn: 'uit de interviews blijkt dat...' of: 'de documentatie geeft weer...'. Daarmee voorkom je dat je aangesproken wordt op die constateringen, omdat men denkt dat het jouw eigen mening is. Bij het formuleren van het voorstel voor de probleem- en opdrachtomschrijving en het plan van aanpak ligt dat minder gevoelig. Dat is immers je eigen mening en dat mag gerust blijken.

2 Zorg dat individuele bijdragen van geïnterviewden niet herkenbaar zijn in de constateringen en conclusies. Ongewild kunnen er suggesties van schuld en falen in dergelijke op personen georiënteerde formuleringen binnensluipen, met alle gevolgen van dien voor het beoogde proces van consensusvorming.

Alle hiervoor reeds beschreven werkzaamheden zijn het resultaat van een intensieve analyse en verwerking van de opgedane bedrijfskennis. Een en ander moet worden vastgelegd in een hanteerbare presentatie voor de terugkoppelingssessie. De volgende stap is daaraan gewijd.

Actiepunten
Tot slot vatten we de negen processtappen samen die met betrekking tot de analyse moeten worden uitgevoerd:
1 Stapelen.
2 Analyseren.
3 Literatuur bestuderen.
4 Conclusies trekken.
5 Voorstel voor definitieve opdrachtformulering opstellen.
6 Globaal werkplan ontwerpen.
7 Terugkoppelingspresentatie voorbereiden.
8 Logboek invullen.
9 Overleggen met stagedocent.

Opgave voor zelfstudie bij Stap 4

7.1 Productinnovatieproject van Koffiezetapparaten BV

Marianne de Groot – op zoek naar een interessante afstudeerop-dracht – legde contact met Koffiezetapparaten BV. Zij belde op een gunstig moment want het managementteam had juist een dag eerder besloten dat een bijna afgesloten productinnovatie-project geëvalueerd zou moeten worden. Het project was op ver-schillende manieren onbevredigend verlopen: het duurde alle-maal veel te lang, het was te duur geworden en toen het product eindelijk klaar was, bleken de commerciële kansen een stuk min-der gunstig dan eerst was gedacht. Kortom: een belangrijk project leek goeddeels mislukt. Een goede evaluatie door een buiten-staander zou leerpunten moeten opleveren zodat het bedrijf in de toekomst beter zou gaan presteren in innovatieprojecten. Aan de chef van de afdeling personeelszaken was gevraagd uit te zien naar een geschikte stagiair. Marianne voerde een externe oriëntatie uit en had vervolgens in aanwezigheid van haar studiebegeleider een intakegesprek met de betrokken personeelschef.

Zij werden het eens over een eerste opdrachtformulering: Evalu-eer het verloop van het 'mini-automaatproject'; formuleer aanbe-velingen ter verbetering van de werkwijze in het productcreatie-proces en ondersteun het invoeren van die maatregelen.

Afgesproken werd dat Marianne zou beginnen met enkele oriën-terende interviews.

Hierna staan gespreksverslagen weergegeven van een aantal inter-views die Marianne achtereenvolgens heeft gehad.

Selectie uit de lijst met aandachtspunten die Marianne heeft ge-hanteerd:
- kennismaking;
- aanleiding tot het innovatieproject;
- relatie van betrokkene tot het project;
- hoe kijkt de betrokkene terug op het project: wat ging er mis?
- redenen voor het ontstaan van de problemen die zijn voorge-komen;
- verbeteringssuggesties.

Gesprek 1: Algemeen directeur, de heer Van Dijk

Het 'mini-automaatproject' was gestart nadat de directeur een beurs voor huishoudelijke producten had bezocht in het buitenland. Daar had hij een nieuw type koffiezetapparaat gezien: fraai uiterlijk, snel werkend. Je kon het apparaat op twee manieren gebruiken: je kon een koffiekan vullen en je kon kopje voor kopje vullen. Het gehele apparaat was gemakkelijk in een keuken in te bouwen. De directeur begreep niet waarom hij niet zelf op het idee was gekomen om zo'n mini-automaat voor huishoudelijk gebruik te maken. Er was vast een markt voor: mensen komen moe thuis en willen graag direct een kop koffie. Normaal moet je eerst je apparaat met water vullen, koffie in het filter, het apparaat aanzetten en ... wachten tot het klaar is. Dat moet met dezelfde kwaliteitseisen sneller kunnen. Het apparaat dat hij had gezien kon je via een aantal tiptoetsen zo instellen dat je je 'eigen bakkie koffie' kreeg.

Terug in z'n bedrijf had hij aan de ontwikkelchef gevraagd waarom zij dat idee niet hadden bedacht en gezegd dat het bedrijf om nog enige kans te hebben zo'n apparaat binnen zes maanden op de markt moest hebben. Dat was nu anderhalf jaar geleden.

Het was meteen fout gegaan in het managementteam waar meer dan een half jaar verloren was gegaan met discussies over het project. Het management aarzelde vanwege de investeringen die nodig waren: €1,25 mln totaal vanwege de nieuwe geavanceerde technologie die nodig zou zijn. De productielijn zou ingrijpend gewijzigd moeten worden. En wat te doen met de andere koffiezetapparaten: zou je daar nog wel van verkopen, als je naar deze nieuwe lijn ging? Allemaal bezwaren die maar moeilijk weg te werken waren geweest. De oplossing was gezocht in samenwerking met een grote keukenfabrikant.

De directeur had uiteindelijk doorgezet. Het was nu of nooit! De manager van de ontwikkelafdeling had opdracht gekregen om het project aan te pakken en in zeven maanden af te ronden. Dan wilde de keukenfabrikant het apparaat lanceren.

Er waren al snel problemen gerezen. Het was een nogal ingewikkeld apparaat: klein formaat, moest ingebouwd kunnen worden, ontlucht en ontwasemd, chipstechnologie, qua design passend in allerlei moderne keukens. De projectleider die was aangewezen, werd na een maand ziek. Nieuwe projectleider aangewezen. Deze had achteraf gezien niet echt de persoonlijkheid die nodig was om de mensen uit de verschillende groepen binnen de ontwikkelafdeling bij elkaar te brengen. Hij had ook geen technische knowhow in de chipstechnologie.

Het budget werd meerdere malen overschreden. Dat kwam doordat het computergedeelte aan een bedrijf werd uitbesteed dat van de koffiezetapparatenbranche geen verstand had. Er was op gerekend dat het computergedeelte op de afgesproken tijd zou worden opgeleverd en dat er dan na het maken van enkele proefmodellen hoogstens nog kleine wijzigingen nodig zouden zijn. Dat viel tegen. Ook had de keukenfabrikant nog enkele keren de specificaties gewijzigd.

Met het oog op een belangrijke beurs had de keukenfabrikant gevraagd of het apparaat anderhalve maand eerder klaar kon zijn. De directeur had dit toegezegd. 'Wat moest ik anders?' Deze toezegging was niet op z'n haalbaarheid getoetst.

Het project is op details fout gegaan: planning, kwaliteitscontrole, enzovoort.

Op de vraag naar verbeteringssuggesties antwoordde de directeur dat het eigen personeel niet gewend was aan een nieuwe werkwijze met verschillende partners – toeleverancier en afnemer – en dat het bedrijf dat beter zou moeten leren managen.

Gesprek 2: Projectleider, de heer Dik

Algemene indruk
De heer Dik voelt zich niet 'persoonlijk bedreigd' door deze evaluatie. Hij ziet dit als een goede mogelijkheid om leerpunten aan te dragen, met name ten aanzien van de externe factoren die hij niet in de hand heeft kunnen houden: managementafspraken met afnemer, afspraken met toeleverancier, technische moeilijkheden. Toen hij erin kwam was er al van alles vastgelegd.

Punten uit het gesprek
De heer Dik had het project overgedragen gekregen van een eerdere projectleider. Die was overspannen naar huis gegaan. Dik had geen schriftelijke, maar een korte mondelinge overdracht gehad. Hij had voortdurend moeten improviseren. Er waren veel problemen gerezen: specificaties gewijzigd door de keukenfabrikant en daardoor budgetoverschrijdingen, technische discussies met de toeleverancier van chipstechnologie en veiligheidsproblemen (snelle verhitting van water en afvoer van warmte). De mijlpalen in het project waren van buiten opgelegd; Dik heeft zelf geen mijlpalen en fasering gebruikt. Toen de proefmodellen gemaakt moesten worden en er een productielijn moest worden opgesteld, was productiepersoneel moeilijk te krijgen. Dik voelde zich een bedelaar. Ondanks klachten van zijn kant had de directeur dat capaciteitsprobleem niet opgelost. Extra kosten doordat de klant vervroeging wenste, werden geboekt op de post onvoorzien. Samenwerking intern met de designers verliep moeilijk; was

voor Dik een 'black box'; dus uitbesteding was ook niet mogelijk. Dik had geen vrijgestelde staf; als hij een planner of controller nodig had, moest hij capaciteit elders uit andere projecten zien te krijgen.

Nu is er nog steeds geen vrijgegeven product. Wat de schade bij de keukenfabrikant is, weet Dik niet.

Verbeteringssuggesties

Dik vindt dat de cultuur anders moet: 'Techniek overheerst'. Men roept te gemakkelijk dat wij het wel zelf oplossen. 'Koste wat het kost, wij zullen op tijd klaar zijn.'

Dik had geen zicht op wat concurrenten doen, hoe zij dit soort problemen oplossen.

Er zou veel beter gepland moeten worden en op momenten dat dat nodig is moet capaciteit beschikbaar zijn. De relaties met de toeleverancier waren redelijk ('Zij konden ook niet anders'), maar met de afnemer had een betere contractering moeten plaatsvinden: 'Ik weet niet wie nu betaalt voor de wijzigingen die op aandrang van de keukenfirma nog moesten worden aangebracht.'

Dik hoopt op een betere discipline in het bedrijf via beter projectmanagement.

Gesprek 3: Chef van technische ontwikkelingsafdeling, de heer Vermeer

Algemene indruk

Weinig 'social talk', wil meteen naar het bord (schema tekenen over de organisatie). Hij vindt het project belangrijk, ziet de eigen bijdrage van zijn ontwikkelafdeling als grensverleggend. Verschillende van zijn medewerkers zaten in het projectteam. Hij is meteen bereid om activiteiten te regelen. Hij suggereert dat ik zeker moet gaan praten met de baas van de keukenfabrikant (moet ik eerst afstemmen met de opdrachtgever). Vermeer heeft veel doorlooptijdproblemen in dit project zelf helpen oplossen. Voelde zich eigenlijk ook projectleider.

Punten uit het gesprek

Het mini-automaat-project was nogal onverhoeds begonnen. Enkele maanden voordat het gesprek over dit project begon, was binnen het managementteam afgesproken dat er een 'road-map' voor innovatieprojecten zou worden gehanteerd. Dat wil zeggen, in plaats van spontaan projecten op te pakken waar iemand toevallig iets in ziet, zou veel meer systematisch gekeken moeten worden naar de toekomstige ontwikkelingen in de markt (technologie en klanten). Toen kwam de algemeen directeur met dit idee. 'Zo maar iets oppakken, dat zouden wij nu juist niet meer doen.'

Toch aan begonnen, want het is technisch erg interessant. Er was een probleem met het vinden van een projectleider. De eerste projectleider had eigenlijk te veel projecten tegelijk. Hij moest wat gas terugnemen. Toen was er gelukkig net iemand beschikbaar die in andere projecten goed werk had gedaan. Had even geen klus en kon dit mooi gaan doen.

Er zijn doorlooptijdproblemen ontstaan. Het project duurt veel te lang. Dat kost ook veel geld. Belangrijkste oorzaken liggen in het te laat krijgen van de specificaties van de keukenfabrikant. Die zijn ook nog enkele keren gewijzigd. Op een gegeven moment bleek de projectleider de druk om alsmaar wijzigingen aan te brengen niet te kunnen weerstaan. Toen had de algemeen directeur een gesprek gevoerd met de directeur van de keukenfirma. Dat had veel opgelost. Afspraak was nu dat als de projectleider aan deze kant of de projectleider aan de kant van de keukenfirma een probleem had, dat niet snel werd opgelost, de beide directeuren elkaar zouden bellen.

Ook intern afstemmingsproblemen. De technische ontwikkelafdeling bedenkt en ontwikkelt het technische gedeelte, de designafdeling ontwerpt de buitenkant. Afstemming is nodig: de buitenkant moet 'passen' bij de binnenkant en omgekeerd. De designers vormen een duidelijk eigen groep met uitgesproken opvattingen over wat wel en niet kan; zij hebben een artistieke inslag. Vermeer noemt hen een 'black box'. Er worden beginafspraken gemaakt en vervolgens weet je niet of zij op schema liggen en of zij problemen hebben. Zij zeggen steeds: 'Je hoort van ons als wij klaar zijn.' In het project heb je elkaars specificaties nodig: de designers moeten weten wat de eisen vanuit de techniek zijn en omgekeerd. De designers waren steeds te laat met het aanleveren van hun specificaties. Ook met de productie waren er problemen: de mensen die de productielijn moesten 'bemannen', hadden geen training gehad, ze hadden geen tekeningen en er was nieuw equipment geïnstalleerd waarmee nog geen ervaring was opgedaan.

Vermeer kan over de prognoses van het project niet veel zeggen. De commerciële situatie is onduidelijk.

Verbeteringssuggesties
Interne besluitvorming over het starten van projecten, over de samenwerking tussen de afdelingen techniek en design, over de inzet van afdeling productie en over de samenwerking met de afnemer moet worden verbeterd.

Gesprek 4: Chef van designafdeling, de heer Van Toorn

Algemene indruk

De afspraak was enkele keren door Van Toorn verzet. Uiteindelijk vindt de afspraak op een ochtend om half acht plaats. Van Toorn werkt van 's ochtends vroeg tot 's avonds laat. Door de manier waarop hij over 'mijn mensen' praat, krijg ik de indruk dat hij echt de baas is van zijn afdeling: alle beslissingen over de inhoud en de omvang van de inzet van de medewerkers van zijn afdeling neemt hij zelf. Als projectleider Dik problemen heeft met mensen uit deze afdeling moet hij bij Van Toorn zijn en die zit hiërarchisch een niveau hoger.

Punten uit het gesprek

Problemen in het project liggen op het vlak van kwaliteit: de ideeën over kwaliteit van de ontwikkelingsafdeling, de designafdeling en de keukenfabrikant lopen nogal uiteen. Men legt elkaar onredelijke eisen op. Zoals het nu staat, is er sprake van tegenvallende marktverwachtingen. Van Toorn heeft het gevoel dat ook de keukenfabrikant begint te aarzelen. Hij had zelf van meet af aan al twijfels; hij zou zich liever hebben toegelegd op het overtreffen van de nieuwe Italiaanse designs. 'Kijk eens waar Philips nu mee komt, zij zijn bezig een eigen lijn neer te zetten, dat doen wij onvoldoende.' De discussie in het managementteam was tamelijk moeizaam geweest; de mooie marktverwachtingen hadden de doorslag gegeven.

Wat zich volgens Van Toorn nu wreekt, is dat het bedrijf nog geen echte ervaring heeft met het ontwikkelen van een product voor een grote afnemer als de keukenfabrikant. 'Wij hebben geen duidelijk beeld gekregen hoe de relatie nu echt ligt: zijn wij co-makers of leveranciers? Als dat soort zaken niet duidelijk is, krijg je onzekerheid over de verwachtingen: wie betaalt voor de wijzigingen in de specificaties die tussentijds worden aangebracht? Nu wordt gezegd dat we dat nog wel zien.'

Volgens Van Toorn zit er ook een probleem in de capaciteiten van de projectleider. De ontwikkelafdeling gaat te losjes om met het kiezen van een projectleider. De eerste was eigenlijk al overspannen toen hij begon. De tweede was toevallig op dat moment beschikbaar. 'Ze hadden het die man niet moeten aandoen.' Hij heeft de indruk dat Vermeer inmiddels ook die conclusie heeft getrokken en zelf maar als projectleider is gaan optreden.

Van Toorn vertelt dat hij een keer is gaan eten met degene die bij de keukenfirma verantwoordelijk is voor dit project (adjunct-directeur Knorringa). Hij wil er niet veel over kwijt. Hij vindt dat ik eens een keer met die man moet gaan praten.

Verbeteringssuggesties

Van Toorn vindt dat de organisatie professioneler met z'n productontwikkeling moet omgaan. Hij ziet iets in het werken met een stuurgroep waarin de beslissers van de betrokken afdelingen zitten en misschien ook van de afnemer. Dan kunnen daar de beslissingen worden genomen. Hij wijst ook op suggesties die iemand uit zijn afdeling al een tijd geleden in deze richting heeft gedaan. Dat was misschien niet het goede moment, maar het zou belangrijk zijn nog eens naar dat stuk te kijken (stuk opgevraagd).

Gesprek 5: Adjunct-directeur van keukenfirma Katz, de heer Knorringa

Algemene indruk

Het gesprek is zonder problemen tot stand gekomen. De heer Van Dijk vond het eerst een beetje vreemd dat ik naar de afnemer wilde om over het project te praten, maar toen ik hem vertelde dat enkele andere gesprekspartners het echt wel belangrijk vonden, stemde hij hiermee in. Hij belde daarna zelf om het te regelen. Dat ging vlot. Binnen een week kon ik komen. De heer Knorringa is binnen de firma Katz verantwoordelijk voor de productinnovatie. Hij vertelt dat zij wel vaker met toeleveranciers zaken doen, maar dan gaat het om reeds bestaande producten: afwasmachines, ovens, magnetrons, fornuizen. Dat ligt eenvoudiger: je stelt een programma van eisen op, overlegt met enkele mogelijke toeleveranciers en sluit een contract. Dit is iets nieuws: het product moet zich nog bewijzen. Knorringa geeft aan dat er over en weer missers zijn geweest. De communicatie was niet bepaald optimaal. Op directieniveau zijn enkele noten gekraakt; de lucht is nu opgehelderd. Knorringa is buitengewoon geïnteresseerd in mijn rapport. Hij suggereert dat ik ook een presentatie zou kunnen houden binnen zijn bedrijf.

Punten uit het gesprek

Te weinig geformaliseerd. Er zijn basisafspraken, dat leek voldoende voor zo'n experiment. Er had meer geregeld moeten worden ten aanzien van de financiën. Terugkijkend, vindt Knorringa dat zijn bedrijf zich wat te gemakkelijk heeft laten winnen voor het idee van Van Dijk. Van Dijk had eigenlijk niet meer dan een idee – een uiterst aantrekkelijk idee – dat nog moest worden uitgewerkt. Van Dijk had het over een product dat hij op een beurs had gezien, maar Knorringa had dat product nooit ergens te pakken kunnen krijgen. Maar hij gaat er nog steeds van uit dat het commercieel een succes wordt. De marketing van de mini-automaat is op een laag pitje gezet, omdat eerst de ontwikkelproblemen opgelost moeten worden.

De kwaliteitsdiscussie is moeilijk geweest. Er wordt vanuit verschillende normen gewerkt. De directeuren hebben de impasse doorbroken.

Knorringa heeft de indruk dat er binnen Koffiezetapparaten BV meer gekopieerd of ingekocht zou kunnen worden. De technologische oplossingen die zij nu zelf zoeken, zijn waarschijnlijk wel elders te koop. Alles zelf ontwikkelen kost veel tijd en geld.

Hij kan zich voorstellen dat zij hem zien als de 'opjager', maar hij vindt dat dat zijn rol ook is. Het project duurt al veel langer dan gedacht. Er is straks weer een beurs en daar wil hij bij zijn met iets nieuws. Dit nieuwe product kan altijd nog een succes worden.

Verbeteringssuggesties

Knorringa vindt dat het niet op zijn weg ligt om verbeteringen voor Koffiezetapparaten BV voor te stellen. Hij beperkt zich tot de samenwerking. Die kan beter. Als er nog eens zo'n project komt, dan moet er een gemeenschappelijke projectleiding komen, een gezamenlijke project-start-up, een stuurgroep of iets dergelijks en een aantal duidelijke afspraken over het omgaan met tegenvallers. Knorringa ziet dit project nu ook als een leerproject.

Opdrachten

1 Stapel de uitkomsten van de weergegeven interviewverslagen. Maak daarbij gebruik van de selectie uit de lijst met aandachtspunten die de stagiaire heeft gehanteerd (zie hiervoor).
2 Ontwerp de daarop aansluitende terugkoppelingspresentatie.
3 Kan de opdracht, zoals geformuleerd in het eerste gesprek met Van Dijk, worden gehandhaafd? Indien niet: doe een voorstel voor een nieuwe opdrachtformulering.
4 Wat zijn de hoofdvragen die Marianne in haar diepteonderzoek moet proberen te beantwoorden?
5 Moet er in dit afstudeerproject een platformgroep gevormd worden? Zo ja, wie wil je daarvoor uitnodigen?
6 Ga je in op de suggestie van Knorringa om ook in zijn bedrijf een presentatie te geven? Motiveer je antwoord.

8
Stap 5 Terugkoppeling/ contractering

De terugkoppelingsbijeenkomst is reeds bij de intake afgesproken en in de agenda's van de betrokkenen vastgelegd. Ook zijn alle inmiddels geïnterviewden voor deze bijeenkomst van circa 2,5 uur uitgenodigd.

De terugkoppelingsbijeenkomst is van cruciaal belang voor het welslagen van het adviesproject. Nu moeten de betrokkenen het eens worden over de probleemomschrijving, de opdrachtformulering en het plan van aanpak. Er wordt ook nog eens gekeken naar de voorwaarden voor een succesvol project.[1] Met andere woorden: nu wordt het contract gesloten. Daarom moet ook de stagedocent aanwezig zijn.

De doelstellingen die bereikt moeten worden, kunnen als volgt worden samengevat:

- Verantwoording geven van de verkregen informatie en de daardoor verworven inzichten.
- Eenheid van opvattingen verkrijgen over de voor te stellen stageopdracht.
- Goedkeuring krijgen over het voor te stellen plan van aanpak.
- Werkafspraken maken over de opdrachtuitvoering.

Om te illustreren wat voor soort resultaten wij op het oog hebben, richten we ons op de checklist voor Stap 5, zoals die na afloop van de terugkoppeling zou moeten kunnen worden ingevuld. Zie figuur 8.1. Dit geval betreft een zaadhandel die al langere tijd worstelt met een teruglopende winstmarge. De stagiair kreeg aanvankelijk als opdracht om de tegenstellingen tussen de afdelingen Productie en Inkoop te onderzoeken en door betere communicatie te verbeteren. Uit de oriëntatie is naar voren gekomen dat de tegenstellingen tussen de beide afdelingen terug te voeren zijn op een kernprobleem in de organisatie: moeten Productie en Inkoop centraal worden aangestuurd of is het profijtelijker om interne klant-leverancierverhoudingen te creëren tussen Verkoop, Pro-

Figuur 8.1 **Voorbeeld van een ingevulde logboekpagina voor Stap 5**

Checklist Stap 5 Terugkoppeling

Vragen	Antwoorden
1 Zijn de aanwezigen het eens over de probleemstelling, de opdrachtformulering en de verdere aanpak?	• Probleem: teruglopende winstmarge • Opdracht: advies inzake decentralisatie productie en inkoop • Aanpak: marktonderzoek, concurrentieonderzoek, goederenstroomanalyse, werkgroepen bij uitvoering (zie terugkoppelingspresentatie)
2 Wat is er veranderd aan de opdracht sinds de intake en waarom?	Aanvankelijke opdracht: conflict oplossen tussen productie/inkoop en sales Nu meer inhoudelijke opdracht, omdat het conflict zich concentreert rond decentralisatie als middel tot margeverbetering
3 Wat is het beoogde resultaat van het project?	Begin gemaakt met implementatie van (voor de betrokken acceptabele) aanbevelingen voor decentralisatie van productie en inkoop met het oog op het realiseren van meer omzet
4 Wat zijn de (globale) eisen waaraan de oplossing moet voldoen?	De voorstellen moeten binnen 6 maanden kunnen worden ingevoerd. De oplossing moet acceptabel zijn: geen gedwongen ontslagen, wel eventuele omscholing van medewerkers
5 Waaruit blijkt dat het project belangrijk is voor het bedrijf?	De directeur heeft in bijeenkomst met personeel gemeld dat dit project hoofdpunt is op zijn agenda voor het komende jaar
6 Is er bij de opdrachtgever en de bedrijfsleiding motivatie om de oplossing ook te implementeren?	Zie antwoord op vraag 5
7 Welke informatie is er nog nodig voor het opstellen van de werkplanning?	Marktgegevens en logistieke informatie
8 Wie zitten in de platformgroep?	Directeur, hoofd inkoop, hoofd productie, hoofd verkoop
9 Welke werkafspraken zijn er gemaakt?	• Bedrijf levert binnen twee weken de ontbrekende gegevens • Binnen drie weken presenteer ik het gedetailleerde werkplan in de managementteamvergadering
Overige opmerkingen.	

ductie en Inkoop? Na een discussie met de betrokkenen wordt de opdracht aangepast. Men wordt het ook eens over de aanpak die de stagiair zal volgen. Verder worden er afspraken gemaakt over de informatie die nodig zal zijn en over de termijnen waarbinnen die informatie beschikbaar moet zijn. Omdat het een kernprobleem van het bedrijf betreft, beslist men dat vier leden van het managementteam in de platformgroep gaan zitten.

Het zal duidelijk zijn dat dit type resultaten alleen bereikt wordt als de terugkoppelingssessie grondig wordt voorbereid. Wij bespreken een aantal organisatorische maatregelen waarmee het succes van de bijeenkomst kan worden bevorderd.

Organisatie van de terugkoppelingssessie

Verifieer vóór de terugkoppelingssessie of:
1 er voldoende tijd (1,5 – 2,5 uur) is uitgetrokken voor de bespreking;
2 alle uitgenodigde respondenten op tijd aanwezig zullen zijn;
3 er geen ongeïnterviewde personen aanwezig zullen zijn.

Wanneer niet aan deze drie voorwaarden in belangrijke mate is voldaan, kan men beter in overleg met de opdrachtgever en studiebegeleider een nieuwe bijeenkomst vaststellen dan het risico te nemen van een onvoldoende gedragen contractering. Een professionele adviseur zal zeker om een nieuwe afspraak vragen.
Wellicht dat het tweede en derde punt enige toelichting behoeven. Om te werken aan eenheid van opvattingen over de probleembepaling en om draagvlak te vormen voor de aangescherpte opdracht en het globale plan van aanpak, moeten zoveel mogelijk respondenten aanwezig zijn. Als er enkelen ontbreken, moet de stagiair die later gaan bijpraten en alsnog achter zijn voorstellen krijgen. Dat is meer werk en je mist de open discussie die soms nodig is. Dus zoveel mogelijk aandringen op aanwezigheid door de bijeenkomst ook door de secretaressen tijdig (direct na de intake) in de agenda's te laten zetten.
Maar waarom moeten, conform punt 3, niet geïnterviewden geweerd worden? Omdat zij niet bijgedragen hebben aan de beeldvorming welke gepresenteerd wordt en daarover onterecht lastig kunnen gaan doen. Elke direct betrokkene bij het adviestraject moet participeren in de interviewronde en dus ook in de terugkoppelingsbijeenkomst. Anderen, meer indirect betrokkenen, worden later indirect, bijvoorbeeld door een beknopt verslag indirect geïnformeerd. Wij zijn diverse malen getuige geweest van onverkwikkelijke discussies, veroorzaakt door buitenstaanders waarbij wij als stagedocenten stevig moesten ingrijpen om de bijeenkomst in goede banen te leiden. Het kan een stagiair overkomen dat op het laatste moment een direct betrokkene bij de interviews 'vergeten' blijkt te zijn. Dan is de beste remedie deze alsnog te interviewen, zijn mening in de presentatie te verwerken en hem uit te nodigen voor de terugkoppeling.
Is de bijeenkomst goed geregeld, let dan nog op de volgende punten:

- Streef ernaar dat de voorzitter van de bijeenkomst (bij voorkeur de algemeen directeur) je met een korte inleiding introduceert, daarmee het belang van de bespreking onderstrepend.
- Begin met een conceptagenda voor de bijeenkomst en ga na of ieder zich daarin kan vinden. Een voorbeeld van een goede agenda is hierna weergegeven.

Agenda voor de bespreking op ... over stageopdracht

15.00	1	Opening	(algemeen directeur)
15.10	2	Presentatie bevindingen uit interviews	(stagiair)
15.40	3	Discussie	(allen)
16.00	4	Presentatie opdracht- formulering en globaal plan van aanpak	(stagiair)
16.30	5	Discussie en besluitvorming	(allen)
17.00	6	Voorstel communicatieplan	(bedrijfsbegeleider)
17.15	7	Vervolgafspraken	(allen)
17.30	8	Rondvraag en sluiting	(algemeen directeur)

In de agenda zijn de bespreking van de bevindingen en de bespreking van de opdrachtformulering en het plan van aanpak van elkaar gescheiden. De reden daarvoor is het verschil in doelstelling van beide punten. Bij de bespreking van de bevindingen is de vraag aan de orde of de betrokkenen het weergegeven beeld herkennen en of de stagiair goed heeft begrepen waar het om draait. De bespreking van opdracht en plan van aanpak heeft als centrale vraag of de betrokkenen akkoord gaan met de voorstellen en bereid zijn daaraan mee te werken. Het is van belang deze uiteenlopende doelstellingen expliciet te benoemen aan het begin van de bijeenkomst bij het doornemen van de agenda, zodat de zaken tijdens de bespreking niet te veel door elkaar gaan lopen.
- Zorg voor professionele sheets en ga tevoren na of er een goed werkende overheadprojector (met scherm en aanwijsstok) in de vergaderruimte aanwezig is.
- Breng voor ieder een kopie van de sheets mee, maar deel die pas uit na de presentatie van het betreffende onderwerp. Dit om tijdens de presentatie de aandacht vast te kunnen houden en het bladeren in de stukken te voorkomen.
Na de presentatie kunnen de inmiddels uitgereikte sheets nog een keer gemeenschappelijk doorgebladerd worden om de resterende discussiepunten te behandelen.

- Zeg na afloop toe dat alle aanwezigen van de presentatie en de discussie een beknopt verslag zullen ontvangen als afronding van de contractering. Er moeten tijdens de bespreking dus wel aantekeningen worden gemaakt.
- Maak afspraken over de verdere besluitvorming inzake het gepresenteerde plan van aanpak. Meestal wordt tijdens de bijeenkomst groen licht gegeven aan de stagiair om het werk voort te zetten. In grote organisaties moet nog vaak ruggespraak gehouden worden met andere beslissers. Door toch aan te dringen op een snelle besluitvorming wordt een hinderlijke wachttijd voorkomen.

Tijdens de bijeenkomst kunnen zich onverwachte ontwikkelingen voordoen. Het kan immers voorkomen dat sommige bevindingen niet worden begrepen. De beste reactie hierop is om door het stellen van vragen tijdens de discussie tot aanpassing, aanvulling of detaillering te komen. Met behulp van de bedrijfsbegeleider en de stagedocent lukt dat meestal wel.

Ook kunnen er verschillende visies op de inhoud van de beoogde opdracht blijken te bestaan. Het is dan het beste hierover ter plekke te discussiëren. Daarin moet de voorzitter vóórgaan, want strikt genomen is het bedrijf verantwoordelijk voor een eenduidige interpretatie van de opdracht.

Inhoud van de terugkoppelingspresentatie

De stagiair realiseert zich niet altijd dat hij in dit stadium de enige is die met het onderzoek bezig is. De presentatie moet dan ook zo worden opgezet dat iedereen snel de draad weer op kan pakken. Je moet niet al te zeer met de deur in huis vallen, waardoor de toehoorders niet voldoende aangesloten raken om goed mee te kunnen discussiëren. Met het oog daarop is het verstandig het verhaal te beginnen bij de *oorspronkelijke vraagstelling* uit het eerste gesprek. Vervolgens wordt verantwoord welke *onderzoekswerkzaamheden* hebben plaatsgevonden om tot een dieper inzicht te komen. Daarbij hoort in ieder geval de lijst van geïnterviewden, de geraadpleegde documentatie en de specifieke punten waarop gelet is bij deze oriënterende werkzaamheden. In ieder geval moeten de thema's worden genoemd uit de interviewlijst waarover eerder in de stappen 3 en 4 is gesproken.

Door deze wijze van presenteren kan worden bevorderd dat iedereen weer op het goede spoor zit. De opsomming van de verrichte werkzaamheden heeft behalve een 'warming-up'-functie ook de functie om de werkwijze te verantwoorden. Een enkele keer is ons overkomen dat er verwijten werden gemaakt over niet-geraadpleegde documentatie of niet-geïnterviewde personen. Het is belangrijk dergelijke opmerkingen te horen, omdat het in dit stadium nog mogelijk is na de bespreking manco's te repareren. Deze terugkoppelingssessie biedt de gelegenheid om zaken die om de een of andere reden niet tijdens de oriënterende interviews aan de orde zijn gekomen alsnog aangereikt te krijgen en ze te verwerken.

Een volgende stap in de presentatie is het weergeven van de bedrijfsprocessen die met betrekking tot de opdracht van belang zijn: productie flow chart, taak- en verantwoordelijkheidsverdelingen.
Dit punt mag op het eerste gezicht overbodig lijken in een dergelijke presentatie, omdat degenen die vanwege het bedrijf aanwezig zijn verondersteld mogen worden te weten hoe de processen zijn ingericht. Het belang ligt dan ook niet in de nieuwswaarde die deze beschrijving heeft voor de direct betrokkenen maar in de vertrouwenwekkende functie die er vanuit kan gaan: de aanwezigen zien dat de stagiair begrijpt hoe het bedrijf in elkaar zit. Mochten er nog onvolledigheden in de beschrijving zitten, dan komen deze nu aan het licht. Dan is daarop snel correctie mogelijk.

Daarna dient aandacht gegeven te worden aan *de bevindingen* uit de oriëntatieronde. Een centrale plaats daarin verdient de visie van de respondenten op de inhoud van het probleem. Indien daarover verschillen van inzicht bestaan, is de terugkoppelingssessie de gelegenheid bij uitstek om dat zichtbaar te maken en uit te praten.
Het is van belang in de discussie goed te letten op verschillen van opvatting. Managers tillen vaak minder zwaar aan verschillen van mening, adviseurs weten dat hun succes mede afhangt van het kunnen aansluiten bij de dieperliggende wensen en verwachtingen van de groep. Tegenstellingen bieden vaak een buitenkans om beter zicht te krijgen op wat voor het bedrijf van belang is en wat de managers bezighoudt. Helaas is bij veel mensen de neiging sterker om tegenstellingen toe te dekken dan ze te benutten. Zonodig met wat hulp van de stagedocent zal de bespreking ervan wel lukken.
Een aardig voorbeeld van zo'n situatie maakte een van ons mee bij een staalbedrijf. De opdracht betrof het beter inspelen op de klantenwensen met de leveranties. In zijn plan van aanpak had de stagiair terecht opgenomen enkele interviews af te nemen bij een representatief aantal klanten. Hiertegen rees protest van de verkoopmanager, omdat hij klantenverlies vreesde wegens een onhandige aanpak. De discussie – die door de stagiair was voorzien en met zijn stagedocent was besproken – liep hoog op, omdat anderen sterke voorstanders waren van zo'n aanpak. Na enig geharrewar stelde de stagedocent voor om de vragenlijst door de

stagiair in overleg met Verkoop op te laten stellen, de klanten door Verkoop mee te laten selecteren en de interviews in aanwezigheid van een verkoper door de stagiair te laten afnemen. Dit idee gaf de verkoopmanager voldoende waarborg om de risico's te kunnen beheersen, waarna het plan kon worden goedgekeurd.

Na de presentatie van de bevindingen past een uitvoerige discussie. Daarbij staan de volgende vragen centraal: Herkent ieder het weergegeven beeld? Sluit de diagnose aan bij ieders verwachtingen?

Wanneer deze discussie bevredigend is afgerond, kan overgegaan worden tot de presentatie van de opdracht en het *plan van aanpak*, als logisch vervolg op de overeengekomen probleemstelling.

Het plan van aanpak omvat een concrete uitwerking van de overeengekomen probleemstelling. De activiteiten worden gespecificeerd en in een logische volgorde geplaatst. De functie van het presenteren van deze globale werkplanning is: duidelijk maken dat de opdracht uitvoerbaar en het doel haalbaar is.

We hebben er hiervoor reeds op gewezen hoe belangrijk het is dat het onderzoek een goede vakinhoudelijke basis heeft. De terugkoppelingspresentatie is evenwel niet de plaats en het moment om deze basis uitvoerig te presenteren. Het gaat er om dat de stagiair de hoofdactiviteiten benoemt die medegestuurd worden door vakinhoudelijke overwegingen. In de discussie kan, indien daarnaar gevraagd wordt, summier worden uitgelegd met behulp van welke vakinhoudelijke kennis de opdracht uitgevoerd wordt. Het gaat hier om de bagage die de stagiair meebrengt.

In het plan van aanpak zal de geherdefinieerde opdrachtformulering een centrale plaats in moeten nemen.[2] Deze omvat in bondige zinnen wat de klant aan het eind van het project mag verwachten. Naarmate de opdracht meer in meetbare termen is opgezet, is achteraf eenvoudiger vast te stellen of de beloofde prestatie ook geleverd is. Daarbij speelt ook een rol of de stagiair het contract richt op de uitvoering van een onderzoek of op het realiseren van een waarneembare organisatieverbetering, bijvoorbeeld een uitvalvermindering met 20%.

In het organisatieadvieswerk noemen we het eerste – een onderzoek – een *verrichtingencontract*, het tweede – een te realiseren organisatieverandering – een *resultaatcontract*. Het verrichtingencontract is klassiek en is meestal geformuleerd in termen als: 'onderzoek naar ...', 'advies inzake ...', soms ook: 'begeleiding bij de invoering van ...'. Zo'n contract onderstreept dat de stagiair zal helpen zaken duidelijker en inzichtelijker te maken, beslissingsrijpe voorstellen zal doen maar dat de verantwoordelijkheid voor het uiteindelijk effect bij de opdrachtgever ligt. De adviseur is aanspreekbaar op de kwaliteit van het advies, niet op de implementatie. Er is echter een ontwikkeling waarneembaar in de richting van het resultaatcontract. Opdrachtgevers verzetten zich steeds vaker tegen de vrijblijvendheid van adviseurs. Zij schatten in dat de kwaliteit van een advies hoger zal zijn als de adviseur ook verantwoordelijk is voor het realiseren van het beoogde eindresultaat. Steeds meer bureaus spelen in op deze wens van de klant en gaan soms zelfs zover dat ze hun beloning (voor een deel) afhankelijk maken van de uitkomst van hun werk. Uiteraard kan dit alleen op adviesgebieden, waar de uitkomst van het werk goed meetbaar is. Voorbeelden hiervan zijn:

- het vervullen van een vacature;
- het vinden van een fusiepartner;
- het verlagen van het percentage ziekteverzuim;
- het verhogen van de productiviteit van fabrieken;
- het verbeteren van logistieke prestaties.

Deze ontwikkeling ondersteunt de nadruk waarmee wij pleiten voor het leren implementeren tijdens stageprojecten.[3]

Het zal duidelijk zijn dat de adviseur, die zich aan het daadwerkelijk realiseren van verbeteringen in organisatieprestaties bindt, nog zorgvuldiger dan hij anders al zou doen nadenkt over de haalbaarheid van zijn voorstellen.[4] Bovendien zal hij nog meer aandacht moeten besteden aan de veranderingsgerichte kant van de opdrachtuitvoering. Juist omdat kwaliteit en acceptatie daarin de sleutelfactoren zijn, hebben wij de neiging stagiairs aan te moedigen zoveel mogelijk te werken met resultaatgerichte contracten. Ook als stagiair moet men medeverantwoordelijkheid leren dragen in die zin dat men zich oefent in het direct leggen van een verbinding tussen de bijdrage van het eigen stageproject en de bedrijfsresultaten. In de latere werkkring zal dat immers ook en in versterkte mate spelen. Uiteraard moet men niet meer beloven dan men denkt te kunnen waarmaken. Deze aanpak past bij ons uitgangspunt dat een adviesrapport nooit een doel op zich kan zijn.

Een stage kan zelden leiden tot een grootscheepse verbetering van de bedrijfsresultaten. De stagiair kan wel bewust in die richting werken. Er zijn voorbeelden van stagiairs die in bedrijven aanmerkelijke besparingen tot stand wisten te brengen door werkwijzen te verbeteren of door nieuwe methoden en systemen te introduceren.

Men werkt gericht aan een dergelijk succes wanneer men tijdens de terugkoppelingssessie probeert een opdrachtformulering geaccepteerd te krijgen van het volgende type.

- Advies geven over de wijze waarop de omzet van product x met 10% per jaar verhoogd kan worden.
- Ondersteuning bieden bij de invoering van het advies in één van de verkoopkantoren.

Dat klinkt heel anders dan 'onderzoek naar de mogelijkheden van omzetverhoging'. Uit deze formulering blijkt dat versmalling – bijvoorbeeld van de hele organisatie naar één verkoopkantoor – dikwijls het sleutelwoord is om in de beperkte stagetijd ook mee te kunnen doen aan de implementatiefase.

Indien in de terugkoppelingssessie op deze wijze de opdrachtformulering aangescherpt wordt, hoort daar ook een plan van aanpak bij. Het bedrijf kan geen ja zeggen tegen een opdracht zonder inzicht in de inspanningen en kosten die met de opdracht gepaard zullen gaan.

Een plan van aanpak is – zoals reeds eerder aangegeven – een opsomming van de werkzaamheden die de stagiair denkt te moeten (laten) uitvoeren om tot het beoogde advies te komen. In dat plan hoort ook vermeld te worden wie die werkzaamheden moet uitvoeren. Hoewel een stage een project is dat je als stagiair zelfstandig uitvoert, hoef je niet alles zelf te doen. Het is verstandig om anderen in het bedrijf in te schakelen, soms omdat zij daar de expertise voor hebben, maar ook om de betrokkenheid bij het totstandkomen van het advies te versterken. Enkele voorbeelden van 'delegeerbare' werkzaamheden zijn:

- Registreren van uitvoeringsgegevens zoals voorraadniveaus, ordergroottes, klachten van afnemers, verzuimcijfers, doorlooptijden in de fabriek.
- Marktonderzoek door de verkoopstaf, eventueel met (gedeeltelijke) uitbesteding aan een extern marktonderzoekbureau.
- Brainstormsessies onder leiding van de stagiair.
- Onderzoekwerk door werkgroepen die een bepaald aspect uitdiepen, bijvoorbeeld een analyse van de werking van het kwaliteitbeheersingssysteem.

De stagiair die een aantal te delegeren werkzaamheden in zijn plan van aanpak opneemt, zal doorgaans wel de verantwoordelijkheid voor het organiseren en begeleiden van de uitvoering op zich moeten nemen. Vorm, inhoud en kwaliteit van het werk moeten immers passen binnen de gestelde onderzoeksvraag.

Eveneens een belangrijk punt in de presentatie is het *communicatieplan*. Om een goede verankering van het adviesproces in de organisatie te bereiken zal regelmatig overleg met de betrokken partijen noodzakelijk zijn. Daarom dienen aspecten aan de orde te komen als:

- rol van de bedrijfsbegeleider(s);
- samenstelling en rol van de platformgroep;
- periodieke (bijvoorbeeld maandelijkse) interimrapportages, te bespreken in het managementteam;
- overleg met de bij de uitvoering ingeschakelde personen of werkgroepen.

Door deze zaken goed af te spreken, wordt bevorderd dat het onderzoek in het centrum van de belangstelling blijft staan en dat er een hechte grondslag wordt gelegd voor het aanvaarden en invoeren van de adviezen.

Soms moet er tijdens de terugkoppelingssessie ook nog een aantal *facilitaire voorzieningen* worden geregeld. Meestal gaat het om zaken als het beschikken over een – gemakkelijk bereikbare – werkruimte met telefoon, computer, secretariële ondersteuning en eventueel enig budget voor het uit te besteden werk (bijvoorbeeld marktonderzoek).

De terugkoppelingssessie wordt ten slotte door de voorzitter afgesloten met het samenvatten van de belangrijkste conclusies en de belofte van de stagiair om spoedig (zo mogelijk binnen een week) aan ieder een samenvatting van de presentatie, de discussie, de genomen beslissingen en de gemaakte afspraken te doen toekomen. Daaraan kan het best een separaat plan van aanpak worden toegevoegd waarin de laatste wijzigingen zijn opgenomen.

Figuur 8.2 is een voorbeeld van een terugkoppelingspresentatie in het kader van het reeds genoemde project bij een zaadhandel. Uiteraard verdient het aanbeveling aandacht te besteden aan de presentatietechniek. In het voorgaande hebben wij ons met name gericht op de agenda van de terugkoppelingssessie: Wat moet er aan de orde komen? In het organisatieadvieswerk is naast de inhoud van een presentatie ook de vorm waarin een presentatie wordt gehouden belangrijk. De professionele adviseur vraagt zich steeds af: Hoe kan ik mijn boodschap zo brengen dat deze wordt begrepen en opgepakt? Ook een stagiair zou zich van tevoren moeten afvragen: Wat kan ik van mijn kant doen om de terugkoppelingssessie zo effectief mogelijk te laten zijn? Een aantal zaken is al aan de orde geweest: voorbereiding van een agenda voor de bespreking, agenda voor de presentatie, resultaatgerichte opdrachtformulering, vooroverleg met de voorzitter/opdrachtgever en de stagedocent, zorgdragen dat deze laatste ook bij de terugkoppeling aanwezig is, faciliteiten.

Project
Profit improvement
Zaadhandel

Terugkoppelingspresentatie

Karin de Graaf 16-5-2000

Agenda   sheets
1 Opening
2 Verslag oriëntatie   a/h
3 Discussie   i
4 Voorstel opdracht en
  aanpak   j/k/l
5 Discussie en besluitvorming
6 Communicatieplan   m
7 Vervolgafspraken   n
8 Rondvraag en sluiting

Inhoud presentatie
• Verslag oriëntatie   a/h
• Discussiepunten   i
• Voorstel opdracht en
  aanpak   j/k/l
• Voorstel communicatie-
  plan   m
• Vervolgafspraken   n

Verslag oriëntatie   a
Sectorontwikkelingen
• Zaadhandel is wereldbusiness
  geworden
• Zeer grote partijen door fusies
• Noodzaak tot grote investering
  op gebied van research
  (genetische manipulatie) en
  kwaliteitszorg

Eerste probleemstelling   b
• Ambachtelijk bedrijf
• Expansie naar wereldschaal
• 'Global competition'
• Stabiliserende omzet
• Winstdaling door kostenstijging
• Opdracht: advies over winst-
  verbetering

Informatiebronnen   c
• Interview met:
– directeur hr. Jansen
– hoofd Inkoop hr. Zadoli
– hoofd Productie mw. Zwart
– branchemanagers: USA
  hr. Johnson, UK hr. Jansen
– controller hr. Dillen
– voorzitter OR mw. Roorda

Informatiebronnen   d
(vervolg)
• Documentatiestudie
• Brochures
• Strategieplan: Op weg naar
  winst
• Notulen directievergaderingen
• Rapport brancheonderzoek
• Adviesrapport decentralisatie

Bevindingen   g
• Weinig inzicht in markt
• Prognose: volgend jaar verlies
• Algemene visie: er moet wat
  gebeuren voor het te laat is
• Uiteenlopende verbetervisies:
– visie Productie/Inkoop: schaal-
  vergroting door fusie; verbete-
  ring logistiek; Inkoop en
  Productie centraal houden

Bevindingen (vervolg)   h
• Visie Sales: vergroting autono-
  mie landen; meer lokale inkoop;
  centraal alleen inkoop specials
  en ondersteuning landen
• Concurrenten zijn meer gede-
  centraliseerd en logistiek beter
• Behoefte aan onafhankelijke
  visie om winst te verbeteren

Discussiepunten   i
• Herkenbaar beeld?
• Visie op oorzaken?
• Hoe visieverschil te
  doorbreken?
• Draagvlak voor inbreng van
  student?

Voorstel opdracht en   j
aanpak
• Advies inzake winstverbetering
  van > 10%
• Mede op basis van wenselijke
  balans tussen centrale en
  decentrale activiteiten
• Aanzet tot implementatie

Voorstel plan van aanpak k
• Marktonderzoek door extern
  bureau
• Procesanalyse logistieke stro-
  men en vaststellen verbeteringen
  door werkgroep o.l.v. Karin
• Structuuronderzoek o.l.v. Karin
  middels:
– interviews
– brainstormsessies

Voorstel plan van aanpak l
• Platformgroep:
– directeur
– hoofd Inkoop
– hoofd Productie
– twee (landen) salesmanagers
• Proefproject voor implementatie
  nieuwe aanpak in twee
  landenorganisaties

Voorstel communicatieplan m
• Wekelijks overleg platform-
  groep
• Maandelijkse presentatie voor
  managementteam
• Nadere bepaling projectorga-
  nisatie
• Eigen rubriekje in personeelsor-
  gaan voor voortgangsverslagen
• Maandelijks bijpraten OR

Uitvoeringsafspraken   n
• Beslissing over voorstel in
  managementteam van ma. 6-6
• Opstellen verslag op basis van
  sheets en discussie door
  Karin (voor MT/maandag)
• Bureauselectie voor markt-
  onderzoek (Karin + directeur)
• Gedetailleerd werkplan (Karin)

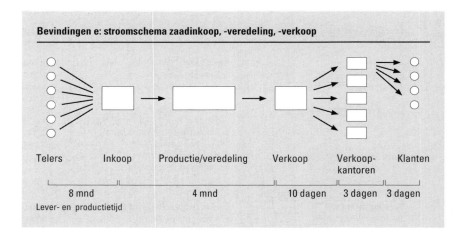

Bevindingen e: stroomschema zaadinkoop, -veredeling, -verkoop

Telers	Inkoop	Productie/veredeling	Verkoop	Verkoop-kantoren	Klanten

8 mnd   4 mnd   10 dagen   3 dagen   3 dagen

Lever- en productietijd

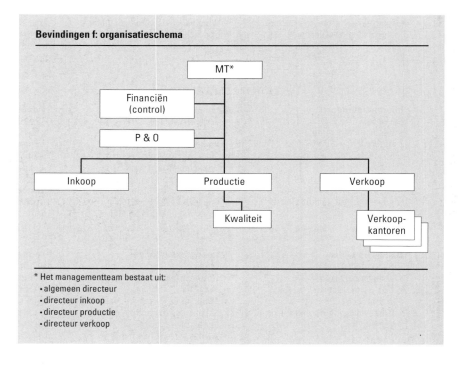

Bevindingen f: organisatieschema

MT*

Financiën (control)

P & O

Inkoop   Productie   Verkoop

Kwaliteit

Verkoop-kantoren

* Het managementteam bestaat uit:
- algemeen directeur
- directeur inkoop
- directeur productie
- directeur verkoop

Er bestaan goede publicaties over het voorbereiden en houden van professionele presentaties en in de meeste opleidingen wordt aan presentatietechniek aandacht besteed. Wij volstaan hier met het noemen van de volgende vuistregels:[5]

- Ken je publiek.

  Stem de presentatie af op het publiek. Dat vraagt aandacht voor het geven van voorbeelden (zijn ze voor iedereen duidelijk en illustratief?) en voor het eventueel vertellen van een anekdote (zal iedereen deze waarderen?). Hanteer als stelregel dat aan de terugkoppelingsbijeenkomst geen personen deelnemen die je als stagiair niet hebt geïnterviewd. Wil er toch iemand bij zijn die het project niet kent en niet geïnterviewd is, dan is het raadzaam om vooraf alsnog een gesprek met de betrokkene te houden. In dit gesprek stel je jezelf voor en informeer je de betrokkene over de aanleiding en doelstelling van het project en over de aanpak die tot op dat moment is gevolgd. Zonder gesprek vooraf is de kans groot dat de betrokkene zich niet gebonden acht aan de meer of minder expliciete afspraken die reeds zijn gemaakt in het intakegesprek en in de toelichting bij de interviews.

- Heldere en concrete boodschap.

Het publiek moet de boodschap zonder moeite kunnen volgen. De kern van de presentatie moet herkenbaar zijn: de voorstellen voor probleem- en opdrachtformulering en voor de aanpak. Deze kern moet op een heldere manier zijn beargumenteerd. Om de rode draad in de presentatie zichtbaar te houden, is het goed overgangen in het betoog aan te geven en af en toe even samen te vatten wat er gezegd is.

- Tijdbewaking.

Houd eraan vast dat de afgesproken duur van de vergadering niet wordt overschreden. Werk daar zelf aan mee door je spreektijd te beperken tot maximaal een half uur. Houd je horloge onopvallend in het oog. In een half uur moet het mogelijk zijn de hoofdzaken over te dragen. Bedenk dat er tijdens de discussie nog gelegenheid is om details toe te lichten. Er moet anderzijds ook vermeden worden dat je in vijf minuten klaar bent met je verhaal. Vooral bij wat bescheiden studenten wil het voorkomen, dat zij zo snel mogelijk van het presenteren afwillen en een zeer summier verhaal in een hoog tempo afraffelen. Dat gaat ten koste van je geloofwaardigheid en autoriteit, ook al omdat het lijkt alsof je het vraagstuk weinig diepgaand hebt bestudeerd. Hulp van de stagedocent en een aantal keren proefpresenteren in vertrouwde kring kunnen je deze valkuil helpen vermijden.

We gaan ervan uit dat alle gespreksdeelnemers de hele bijeenkomst bijwonen. Helaas komt het voor dat drukbezette personen toch eerder de bespreking verlaten. Spreek af dat je hen nog even persoonlijk informeert welke verdere afspraken er nog gemaakt worden.

- Gebruik van visuele en auditieve middelen.

We hebben al eerder aangegeven dat de terugkoppelingspresentatie ondersteund dient te worden met goede sheets die iedereen via een overheadprojector kan zien. Soms is het aardig om de presentatie te verlevendigen, bijvoorbeeld met een stukje van een videoband of ander illustratief materiaal. Stelregel daarbij is dat het materiaal werkelijk ondersteunend moet zijn voor (een onderdeel van) het betoog, bijvoorbeeld een stukje videoband over een bedrijfsproces dat niet iedereen kent. Zo'n videoband moet niet langer dan vijf minuten duren.

Actiepunten
Aan het eind van dit hoofdstuk over de bespreking van de activiteiten in deze terugkoppelingsstap, zetten wij de zeven processtappen op een rij die in deze fase van het adviesproces dienen te worden uitgevoerd:
1 Sessie organiseren.
2 Presentatie houden.
3 Eenheid van opvatting organiseren over de analyse en over het voorstel.
4 Werkafspraken maken.
5 Verslag maken en distribueren.
6 Logboek invullen.
7 Overleggen met stagedocent.

Opgaven voor zelfstudie bij Stap 5

8.1 Afstudeerstage bij De Schoenmakerij BV

Jolanda Veenman voert haar afstudeerstage uit bij De Schoenmakerij BV, een middelgrote fabrikant van herenschoenen in de
Brabantse Langstraat. Zij is ingeschakeld met de opdracht om de
goederenstroombesturing zodanig te reorganiseren dat in ieder
geval het voorraadniveau drastisch wordt verlaagd.
De schoenwinkelketens in Europa waaraan De Schoenmakerij haar
producten levert, zijn, gedwongen door een aaneenschakeling van
slechte seizoenen, steeds minder geneigd om het voorraadrisico te
dragen. Het gevolg is dat de fabrikant grotere voorraden moet aan-
houden om de vele nabestellingen op tijd te kunnen leveren.
Jolanda is zover met haar stagewerk gevorderd dat zij, werkend
volgens het TSP-model, aan de terugkoppelingssessie toe is. Haar
presentatie heeft zij voorbereid. Daarna heeft zij contact opgenomen met de algemeen directeur die tevens haar bedrijfsbegeleider
is, om een datum vast te stellen voor de terugkoppelingssessie. Tot
haar schrik kan dat pas over drie weken plaatsvinden omdat verschillende respondenten tot die tijd in het buitenland vertoeven
voor een belangrijke schoenenbeurs. Maar eindelijk is het zover.
Een uur voor aanvang van de bijeenkomst verneemt zij echter dat
drie van de zeven genodigden de avond tevoren weer vertrokken
zijn naar Italië om een schadeclaim van een grote winkelketen af
te handelen. De directeur troost haar met de opmerking dat elk
van de respondenten voor een plaatsvervanger heeft gezorgd.
Hoewel deze plaatsvervangers niet geïnterviewd zijn, verwacht de
directeur geen complicaties.
Bij aanvang van haar presentatie deelt zij op aandrang van een
van de plaatsvervangers een afschrift van haar sheets uit. Zij kan
niet voorkomen dat er tijdens haar betoog meer gebladerd dan ge-
luisterd wordt.
Als zij na de presentatie van de bevindingen uit de oriënterende
interviews de discussie over de resultaten opent, blijken twee van
de drie plaatsvervangers geen enkel begrip op te brengen voor
haar bevindingen en maken daar stekelige opmerkingen over. Een
andere begint reeds commentaar te geven op het nog niet gepresenteerde plan van aanpak omdat er geen agenda is waaruit blijkt
dat dat pas later aan de orde komt.

De directeur/voorzitter stelt zich in de nogal chaotische discussie tamelijk passief op. Het gevolg is dat de toch al wat krappe vergadertijd van anderhalf uur voorbij is zonder dat een voor Jolanda bevredigende afronding is bereikt. Besloten wordt de verdere discussie te verplaatsen naar een volgende vergadering over twee weken. Hopelijk kunnen de afwezige respondenten dan wel aanwezig zijn.

1 Welke verbeterpunten onderken je in Jolanda's aanpak van deze terugkoppelingssessie?
2 Hoe had zij de rol van de voorzitter kunnen beïnvloeden?
3 Hoe kan zij een dringend verzoek om van tevoren de sheets uit te delen pareren?

8.2 Verschil van inzicht

Hoe zou je reageren als tijdens je terugkoppelingspresentatie een fundamenteel verschil van inzicht tussen de betrokkenen aan het licht komt over de opdracht en het plan van aanpak?

8.3 Meetbare termen

Geef een voorbeeld van een stageopdracht die in niet-resultaatgerichte termen is gedefinieerd.
Herformuleer deze opdracht daarna in meetbare termen.

9
Stap 6 Werkplanning en projectorganisatie

Tijdens de terugkoppeling in Stap 5 heeft de stagiair een globaal plan van aanpak gepresenteerd. In dat plan van aanpak worden de contouren van het totale project zichtbaar gemaakt. De beoogde eindresultaten worden genoemd alsmede de route die zal worden gevolgd om deze te realiseren. Dat plan van aanpak is gebouwd op twee pijlers: de uitkomsten van de oriëntatie in het bedrijf (interviews en documenten) en de resultaten van de vakinhoudelijke of theoretische verkenning.

Dit globale plan van aanpak moet verder worden geconcretiseerd in deelactiviteiten die op tijd op gang gebracht moeten worden om het project als geheel succesvol te kunnen afronden. In dit hoofdstuk gaat het om het concretiseren van de onderzoeksactiviteiten die in Stap 7 zullen worden uitgevoerd. Verderop – in Stap 8 – worden de activiteiten uitgewerkt die nodig zijn om de gekozen oplossing in te voeren.

Maar, voordat we het kernthema van dit hoofdstuk – het opzetten van een werkplanning voor het diepte-onderzoek – gaan behandelen, maken we een methodologische kanttekening die van belang is voor de uitvoering van de stappen 6, 7 en 8.

De verantwoordingsmodule
In de methodologische literatuur wordt regelmatig onderscheid gemaakt tussen twee cycli: de empirische of theoriegerichte en de regulatieve of praktijkgerichte cyclus. De theoriegerichte cyclus wordt gehanteerd in onderzoek waarin naar een verklaring van een verschijnsel wordt gezocht (waarom is dat zo?) en de praktijkgerichte cyclus in onderzoek waarin een ingreep of verandering wordt voorbereid en uitgevoerd (wat kan ik er aan doen?). Indien er zich binnen een afdeling van een bedrijf een opvallend hoog ziekteverzuim voordoet, kan het probleem met behulp van

beide cycli worden benaderd. Een onderzoeksopzet, benaderd vanuit de theoriegerichte cyclus, zou inhouden dat de stagiair onderzoekt hoe het komt dat de werknemers in afdeling A een zoveel hoger ziekteverzuim vertonen dan in de andere afdelingen. Een opdrachtformulering vanuit de praktijkgerichte cyclus zou betekenen dat de stagiair maatregelen moet ontwikkelen en (helpen) invoeren die het geconstateerde hoge verzuim in afdeling A terugdringen. De eerste opdracht levert het antwoord op de vraag waarom het verzuim in afdeling A zo hoog is. De tweede opdracht levert een lager verzuim op in afdeling A. Beide projecten kunnen zinvol zijn.

Wij hebben al eerder in dit boek duidelijk gemaakt voorstander te zijn van opdrachten van het praktijkgerichte type. Veruit de meeste stagiairs zullen na hun afstuderen in de praktijk gaan werken. Dan krijg je opdrachten van het praktijkgerichte type: bedenk een aanpak waarmee we dit of dat probleem kunnen oplossen. Dan ligt het voor de hand om ook in je stage met een dergelijk type opdracht te 'oefenen'.
De reden om de beide cycli hier toch aan de orde te stellen, is dat er een misverstand moet worden voorkomen. Te dikwijls wordt het verschil tussen de beide cycli te groot gemaakt. Het punt dat wij hier naar voren willen halen is dat er in beide een 'model' nodig is als verantwoording. Dat 'model' impliceert een redenering over het verschijnsel dat wordt onderzocht. Die redenering moet expliciet worden gemaakt. Dat vraagt speciale aandacht in de stappen 6, 7 en 8 van het TSP.

Een stagiair die werkt vanuit de theoriegerichte cyclus in de genoemde ziekteverzuimopdracht zal in de literatuur gaan zoeken naar mogelijke verklaringen van verschillen in ziekteverzuim tussen en binnen bedrijven. De stagiair zou bijvoorbeeld vinden: mannen zijn langer ziek dan vrouwen, vrouwen zijn korter maar frequenter ziek, ouderen hebben een hoger verzuim dan jongeren, mensen die fysiek zware arbeid moeten verrichten zijn vaker en langer ziek dan mensen die lichte lichamelijke arbeid verrichten, mensen die het op hun werk naar hun zin hebben zijn minder vaak ziek dan mensen die zich onder druk voelen staan, problemen thuis kunnen ziekteverzuim uitlokken, het ziekteverzuim in grote afdelingen is groter dan in kleine, enzovoort. De stagiair zal enkele mogelijke verklaringen kiezen die het best passen bij wat hij of zij al weet van het bedrijf. Door te vergelijken wat in de literatuur wordt gevonden met de concrete organisatie waarin het probleem speelt, kan de stagiair op creatieve onderzoeksideeën komen. Op basis daarvan wordt er een onderzoeksmodel opgesteld. Daarna wordt het onderzoek opgezet om te beslissen welke van de mogelijke verklaringen het hoge ziekteverzuim het best verklaart.

De stagiair die vanuit een praktijkgerichte optiek start, zal in de literatuur primair op zoek gaan naar mogelijkheden om ziekteverzuim daadwerkelijk te verlagen. Hij zou dan bijvoorbeeld kunnen vinden dat er een verzuimverlagend effect uitgaat van: verplichting om zich persoonlijk ziek te melden bij de eigen chef, zo snel mogelijk thuis opzoeken, enkele ziektedagen korten op vakantiedagen. De stagiair zal een keuze maken uit verschillende interventiemogelijkheden. Op basis van deze verkenning kan een eigen creatief model worden opgesteld als uitgangspunt voor het ontwikkelen van ingrepen in de betrokken afdeling.

Aan beide benaderingen ligt een eigen redenering ten grondslag. Dat is wat we op het oog hebben met het begrip verantwoordingsmodule.[1] De stagiair moet een model hebben waarmee beargumenteerd wordt waarom deze of gene interventie in de specifieke context van het betrokken bedrijf zal leiden tot een lager ziekteverzuim.

Na deze kanttekening gaan we verder met de kern van Stap 6: de werkplanning en de projectorganisatie.

Werkplanning en projectorganisatie
Om te zorgen dat alle deelactiviteiten op tijd in gang worden gezet en het hele project tijdig wordt afgerond, is een gedetailleerd plan van aanpak nodig. Met het oog daarop moet zorgvuldig worden nagedacht over de te verrichten werkzaamheden, de uitvoerings- en doorlooptijden, taakverdeling, afhankelijkheden van anderen, terugkoppelingsmomenten enzovoort.

Het ligt eigenlijk niet in de aard van adviseurs om bij de projectuitvoering zo gedetailleerd en planmatig te werk te gaan. Professionals handelen bij voorkeur 'naar bevind van zaken'. Zij houden graag enige speelruimte om zonodig hun aanpak nog te kunnen bijstellen wanneer er zich nieuwe ontwikkelingen voordoen. Door hun ervaring hebben zij een zeker richtingsgevoel ontwikkeld om dan toch de rode draad vast te kunnen houden. Bovendien hebben zij geleerd doorlooptijden van bepaalde werkzaamheden in te schatten en hun beloften daaromtrent niet al te scherp te maken, tenzij de klant dat afdwingt.
Deze werkwijze wordt moeilijker naarmate meer mensen bij de uitvoering van het adviesproject zijn betrokken. Wanneer een groot adviesbureau van een multinational de opdracht krijgt om de mondiale logistieke organisatie door te lichten en men zet om

de doorlooptijd van het project te bekorten een team van tien adviseurs in, dan is een nauwkeurige projectplanning onmisbaar. Doorgaans zijn bij zo'n opdracht harde deadlines voor de eindrapportage gecontracteerd. In zo'n adviesproject kan men weinig aan het toeval overlaten.

Ook stagiairs moeten maatregelen treffen om de onzekerheden in hun project te beperken. Te veel stageopdrachten leveren minder op dan beloofd was en te vaak komen studenten in tijdnood. De oorzaak ligt doorgaans in het verkeerd inschatten van de omvang en de doorlooptijden van de werkzaamheden en in het verkeerd omgaan met de afhankelijkheid van prestaties van anderen. Praktijkvoorbeeld 9.1 beschrijft een aantal problemen bij het plannen van de werkzaamheden.

Praktijkvoorbeeld 9.1

Een landelijke groothandel van 'witgoed' (wasmachines, drogers, vaatwassers, koelkasten enzovoort) besloot haar distributienetwerk in te krimpen en gaf een stagiair opdracht bij de uitvoering daarvan te adviseren. Hij had vijf maanden de tijd voor deze afstudeerstage. De stagiair besloot eerst ongeveer 20 interviews te houden met verkoopmedewerkers van verschillende vestigingen. Door de volle agenda's van de betrokkenen kostte het hem de grootste moeite om tot afspraken te komen. De doorlooptijd van de interviews liep uit tot ruim anderhalve maand. Bovendien beloofde hij elke respondent een interviewverslag, waarvan hij na hun goedkeuring gebruik zou maken in zijn verdere onderzoek. De reactietijd van de respondenten op zijn interviewverslag was zo lang dat hij een maand na de laatste interviews de laatste stukken had terugontvangen.

Na de interviews werd hem duidelijk dat hij veel meer marktinformatie nodig had, met name over het koopgedrag van de afnemers en over de verkoopaanpak van de concurrenten. Van de directie mocht hij een extern marktonderzoekbureau selecteren en een opdracht verstrekken. De selectie nam twee weken, de opdrachtuitvoering een maand.
Vervolgens plande hij een tussenrapport aan het managementteam. Doordat verscheidene managers in die tijd een taak hadden te vervullen op een landelijke beurs, waar de firma exposeerde, duurde het drie weken voordat hij in het managementteam terechtkon.
Intussen begon de begeleider vanuit zijn opleiding aan te dringen op een afrondende rapportage omdat de stagetijd ten einde liep. De stagiair kon niet veel anders doen dan de samenvatting van de interviews en het marktonderzoek te bundelen en voorzien van een korte inleiding aan de directie aan te bieden.

Om te voorkomen dat een stageproject slechts zeer beperkte toegevoegde waarde heeft zowel voor het bedrijf als voor de opleiding, is het plannen van het project van groot belang.[2] Wij zullen een aantal planningsactiviteiten bespreken. In de checklist (figuur 9.1) is een voorbeeld van de antwoorden opgenomen die op basis van een zorgvuldige voorbereiding van het diepteonderzoek moeten kunnen worden gegeven. Het voorbeeld is ontleend aan een stageproject bij een steenfabriek. De opdracht betreft het onder-

Checklist Stap 6 Werkplanning

Vragen	Antwoorden
1 Wat levert de literatuurstudie op voor het uit-voeren van het onderzoek: • toe te passen theorieën of theoretische concepten; • kernvariabelen?	Enkele tijdschriftartikelen en boeken onder de trefwoorden: productievernieuwing, workspace design, milieu-eisen bij (her)vestiging, effecten van verhuizen en vernieuwen op de afzetmogelijkheden Kernproblemen: goede interne besluitvorming, risico's bij opstarten van nieuwe systemen, effectueren mogelijkheden nieuw imago
2 Welke gegevensverzamelingsmethoden zullen moeten worden gebruikt?	Enquête bij klanten, diepte-interviews met verkopers, pro-cesbeschrijvingen laten maken door productie, interview met secretaris van branchevereniging, inhoudsanayse vakbladen
3 Hoe ziet de werkplanning eruit?	• Start werkgroepen: 1 september • Eerste rapportage: 1 november • Eindrapportage: 15 december
4 Zijn er projectgroepen gevormd? Zo ja, wat zijn de taakopdrachten?	Werkgroepen: • Klantenonderzoek: hoofd buitendienst + stagiair • Kwaliteitsanalyse: hoofd productie, hoofd kwaliteitscon-trole + stagiair • Concurrentieonderzoek: hoofd marketing en hoofd bui-tendienst
5 Welke rol(len) heb je gekozen?	Deels regisseur (opzet, bewaking, werkgroepen, ondersteu-nen bij uitvoering) Deels expert (uitvoeren enquête bij niet-klanten)
6 Welke overleg- en rapportageafspraken zijn er gemaakt?	• Maandelijks voortgangsverslag naar stuurgroep • Afstemmen werkgroepen in vrijdagmiddagoverleg
7 Hoe is de organisatie van het diepteonderzoek vastgelegd?	In verslag van terugkoppelingssessie
8 Overige opmerkingen	

steunen van de directie die binnenkort moet beslissen of het be-drijf wel of niet moet ingaan op het steeds dringender verzoek van de gemeente om te verhuizen vanuit de kom van het dorp naar een plek op het industrieterrein.

Er zal gewerkt worden met een stuurgroep en drie werkgroepen die afzonderlijke deeltaken zullen uitvoeren: klantenonderzoek, kwaliteitsanalyse en concurrentieonderzoek. Al deze activiteiten moeten worden uitgevoerd om een zo compleet mogelijk beeld te krijgen van de toekomstige mogelijkheden van het bedrijf om daarop de nieuwbouwspecificaties af te stemmen. Omdat een werkwijze met een stuurgroep en drie werkgroepen tamelijk veel onderlinge afstemming vraagt, is voorzien in regelmatige rapportages en overlegsessies. De stagiair zal een dubbelrol vervullen: ten dele regisseur van de werkgroepen en ten dele uitvoerder/expert bij het opzetten en uitvoeren van een enquête bij potentiële klanten.

Een aantal van de aspecten die in deze checklist aan de orde komen, nemen wij nader onder de loep.

Gegevensverzamelingsmethoden

Voor het opzetten van een werkplanning en een projectorganisatie is het nodig te bepalen welke gegevensverzamelingsmethoden moeten worden toegepast. Daarbij kan worden gedacht aan: participatie, interviews, observaties, analyse van documenten en metingen. Voor een omschrijving van deze methoden verwijzen wij naar het volgende hoofdstuk, waarin Stap 7, het diepteonderzoek wordt beschreven.

Kiezen van geschikte methoden

Er zijn veel methoden beschikbaar om aan de benodigde onderzoeksgegevens te komen. Wij hebben hiervoor slechts een oppervlakkige indruk kunnen geven. Voor elke afzonderlijke opdracht moet men zich grondig oriënteren op de specifieke mogelijkheden. Niet elke methode is voor elke situatie even geschikt. Het is de taak van de stagiair om de juiste keuzen te maken. In de concrete adviespraktijk speelt het aspect efficiëntie een grote rol. Zo zijn interviews tijdrovend en dus duur, maar ze geven wel veel diepgang en betrokkenheid. Een schriftelijke enquête bij een grote massa is een relatief goedkope methode, maar ook erg oppervlakkig. Om de nadelen van verschillende methoden te compenseren, worden combinaties van methoden toegepast. Een schriftelijke enquête bij een grote onderzoekspopulatie kan worden aangevuld met een beperkt aantal interviews om inzicht te krijgen in de achtergronden van bepaalde onverwachte enquête-uitkomsten.

Voor de stagiair – die slechts een beperkte stageduur heeft – is het van belang om methoden te kiezen die goed *planbaar* zijn en een *beperkte doorlooptijd* hebben.

Beoogd resultaat van het stageproject

Het opstellen van een werkplanning is pas mogelijk als bepaald is wat de uitkomsten van het project zullen zijn.[3] Tijdens de terugkoppeling zal hierover ongetwijfeld zijn gesproken. De opdrachtgever wil weten wat klaar zal zijn als het project is voltooid. We hebben bij het bespreken van de eerdere stappen al gepleit voor een resultaatcontract. In het verslag van de terugkoppelingssessie zal het beoogde eindproduct (de 'deliverables' of leveranties zoals dit in professionele kringen vaak wordt genoemd) van het stage-project zijn omschreven. De planning van de werkzaamheden geeft aan op welke wijze het overeengekomen doel zal worden bereikt.

Werkplanning

Als eenmaal het beoogde resultaat van het stageproject vaststaat, kan een gedetailleerde werkplanning worden opgesteld. Zo'n werkplanning is een dwingende vereiste als stuurmiddel om in de beschikbare tijd aan de gecontracteerde opdracht te kunnen voldoen. Het uit de tijd lopen met een stageopdracht is een van de grootste afbreukrisico's gebleken.

Aan de op te stellen planning moet als eis gesteld worden dat het instrument sturende waarde heeft. Dat wordt bereikt door enerzijds een totale projectplanning te hebben op maandbasis voor het overzicht op lange termijn en anderzijds een daarop aansluitende detailplanning voor de komende weken. Bij de projectplanning kunnen de aangegeven normtijden voor de fasen van het TSP als richtsnoer dienen. Hierna zullen wij aangeven langs welke lijnen de gewenste planningen kunnen worden opgesteld.

- Benoem de hoofdactiviteiten die nodig zijn om het stageproject uit te voeren. In Stap 4 (analyse) is al een aantal benaderingen beschreven om de hoofdactiviteiten te benoemen.
- Splits de hoofdactiviteiten op in deelactiviteiten. Het is handig om daarbij tegelijk te bedenken wie welke deelactiviteit zal uitvoeren, zodat in overleg met de betrokkenen de benodigde tijd kan worden ingeschat.
- Maak een schatting van werktijd en doorlooptijd per deelactiviteit en totaliseer die ook per hoofdactiviteit.
- Stel de periode van uitvoering per deelactiviteit vast.

Er is een uitgewerkt voorbeeld weergegeven in figuur 9.2. In het gebruikte schema is ook de mogelijkheid opgenomen om de werkelijke tijden te noteren ten behoeve van de voortgangsbewaking.

Het regelmatig rapporteren aan de opdrachtgever en de stagedocent inzake planning en voortgang helpt om je eigen werkdiscipline te verhogen. Daarmee wordt tevens bereikt dat dreigende achterstanden vroegtijdig gesignaleerd worden en nog overleg mogelijk is om tijdbesparende werkvormen te bedenken. Onze ervaring is dat goed geplande en tijdig bijgestuurde stages meer opleveren. Een boekje raadplegen over netwerkplanning is in dit verband een goede investering.[4]

Figuur 9.2 **Werkplanning**

Bedrijf: Technocon   Project: Omzetverhoging   Stagiair: Sicco den Laar

Hoofd-activiteit:	Deel-activiteiten:	Uitvoering door:	Werktijd		Doorlooptijd		Periode	
			Plan/dagen	Werkelijk	Plan/dagen	Werkelijk	Plan/weken	Werkelijk
1 Klanten-onderzoek	• Selectie klanten	• Hoofd buitendienst	1		2		35	
	• Ontwerp enquête	• Stagiair	2		2		36	
	• Proef-enquête	• Stagiair	2		5		37	
	• Verzending/ ontvangen respons	• Hoofd buitendienst	1		20		38-42	
	• Verwerking respons	• Stagiair	3		3		42	
			9					
2 Onderzoek eigen pro-ductkwaliteit	• Analyse twee jaar productie-staten	• Stagiair	3		5		38	
	• Kwaliteits-onderzoek	• TNO	?		?		38-?	
3 Analyse klachten								
4 Product-vergelijking								

Werkgroepen en keuze van adviesrollen

Adviesprojecten met een afgebakende doorlooptijd zoals stages, kunnen uitgebreider zijn naarmate er meer mensen een bijdrage leveren. Stagiairs maken dikwijls onvoldoende gebruik van deze mogelijkheid. Zij menen vaak dat zij alles zélf moeten doen, omdat ze anders onvoldoende bewijs van hun kunnen leveren. Dat is een misverstand. Misschien wordt deze houding soms in de hand gewerkt door de begeleidende docenten die meer georiënteerd zijn op het kunnen toetsen van wat de student aanwijsbaar zelf gedaan heeft.

De stage is een betere afspiegeling van de latere werkpraktijk als geprobeerd wordt zoveel mogelijk de capaciteiten van medewerkers in het bedrijf te benutten. Gelukkig wordt in veel opleidingen bij de afronding van een stage nadrukkelijk aan de bedrijfsbegeleider gevraagd of de student voldoende zelfstandigheid heeft getoond en voldoende de mogelijkheden van het bedrijf heeft benut.

De alternatieven 'zelf doen' of 'samen doen' hebben voor- en nadelen. In figuur 9.3 is een aantal afwegingen aangegeven.[5] Wij zullen dit keuzevraagstuk voor de stagiair met een voorbeeld toelichten.

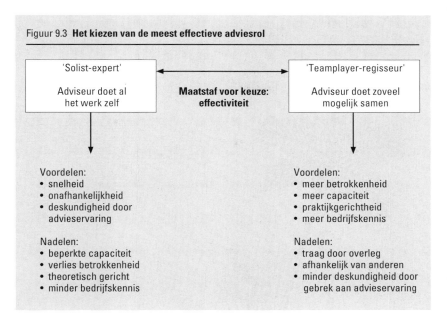

Figuur 9.3 **Het kiezen van de meest effectieve adviesrol**

'Solist-expert'	**Maatstaf voor keuze:**	'Teamplayer-regisseur'
Adviseur doet al het werk zelf	**effectiviteit**	Adviseur doet zoveel mogelijk samen

Voordelen:
• snelheid
• onafhankelijkheid
• deskundigheid door advieservaring

Nadelen:
• beperkte capaciteit
• verlies betrokkenheid
• theoretisch gericht
• minder bedrijfskennis

Voordelen:
• meer betrokkenheid
• meer capaciteit
• praktijkgerichtheid
• meer bedrijfskennis

Nadelen:
• traag door overleg
• afhankelijk van anderen
• minder deskundigheid door gebrek aan advieservaring

Stel dat de stageopdracht inhoudt: het ontwikkelen van een strategisch plan. Het werkprogramma in het geval dat de rol van *solist* wordt gekozen, zou kunnen zijn:
• interviews met de betrokkenen;
• studie van de markt en de concurrentie;
• analyse van de sterke en zwakke kanten van het bedrijf;
• opstellen van een strategisch planrapport;
• aanbieding van het rapport aan het managementteam.

De rol van *teamplayer* kan het volgende programma opleveren:
• De projectgroep 'Strategie 2000' wordt opgericht, bestaande uit de zes managementteamleden; de projectgroep stelt een werkgroep Markt en een werkgroep SWOT in.
• De werkgroep Markt (stagiair en twee managementteamleden) voert het markt- en concurrentieonderzoek uit en presenteert dat aan de projectgroep.
• De werkgroep SWOT (stagiair en twee managementteamleden) voert de sterkte-/zwakteanalyse uit en presenteert dat aan de projectgroep (SWOT = Strengths, Weaknesses, Opportunities, Threats).
• De projectgroep houdt een tweedaagse workshop om op basis van de gepresenteerde analyses een strategisch plan te ontwikkelen. De directeur is voorzitter, de stagiair regelt alles en doet de verslaglegging.
• De workshopuitkomsten worden gepresenteerd in de projectgroep door directeur en/of stagiair ten behoeve van besluitvorming.

... DE SOLIST ...

Prioriteit
nr. 1a :

Zo'n projectorganisatie, speciaal gericht op de strategieontwikkeling in het genoemde voorbeeld, is schematisch weergegeven in figuur 9.4.

Figuur 9.4 **Voorbeeld projectorganisatie voor een adviesproject**

Het omgaan met project- en werkgroepen vraagt zorgvuldigheid. Voortgang en kwaliteit van het adviestraject worden sterk afhankelijk van de inbreng van anderen. Dat vraagt coördinatie en sturing. Als stagiair kan men de volgende werkwijzen hanteren:
- Opstellen en afstemmen van een taakomschrijving en een werkplanning voor elke groep.
- Vastleggen van afspraken over data en inhoud van tussen- en eindrapportages.
- Meewerken als lid van verschillende groepen en in die rol data voor groepsbijeenkomsten en taakverdelingen helpen afspreken en realiseren.
- Agenderen en notuleren van de groepsbijeenkomsten.
- Stimuleren dat bij het samenstellen van groepen aan hoge kwaliteitseisen wordt voldaan in de zin van kennis, inzet, betrokkenheid, groepsomvang (drie à vijf man), gezag in de organisatie.
- Stimuleren dat elke groep een goede voorzitter aanstelt, die er de vaart inhoudt, onder meer door in de eerste bijeenkomst al alle vergaderdata met afgesproken mijlpalen vast te leggen.
- Stimuleren dat de projectleiding voortgangscontrole uitoefent op de afgesproken werkplanning en rapportages.

Een kritische succesfactor voor een project-/werkgroepenaanpak is het tempo van de werkuitvoering. Het komt maar al te vaak voor dat er door allerlei tegenvallers vertraging in de afgesproken werkuitvoering ontstaat. Op die manier gaat de fut eruit, verschuift het project naar het tweede plan en verzandt het project op den duur geheel. Daarom zijn een strakke planning, een hoog werktempo, een zeer alerte voortgangscontrole en voorbeeldgedrag van de stagiair en de voorzitters op die gebieden van essentieel belang. Een stagiair kan deze voortgang bevorderen door zonodig een 'horzelfunctie' te vervullen: kritische vragen stellen over de voortgang, aansporen door te herinneren aan afspraken en deadlines.

Op één punt moeten wij op de samenstelling van de groepen nog nader ingaan, namelijk op het punt van weerstanden. Regelmatig doet zich de complicatie voor dat iemand die belangrijk is voor het project niet enthousiast is over de plannen om het gesignaleerde vraagstuk aan te pakken. Dat kan allerlei oorzaken hebben. Sommige mensen kiezen van nature altijd een oppositierol. De reden kan ook zijn dat de betrokkenen reële bezwaren of risico's zien, waarvan anderen moeilijk te overtuigen zijn omdat zij de situatie anders inschatten.

De natuurlijke neiging van mensen die voortgang willen maken, is om opponenten in het project geen of slechts een ondergeschikte rol te geven. Het is immers plezieriger om met enthousiaste mensen te werken. De overweging om iemand buiten het project te houden kan ook zijn dat men zou vrezen dat hij het onderzoek zal traineren. Hoe begrijpelijk deze gedragslijn om een opponent op een zijspoor te zetten ook is, er zijn risico's aan verbonden. Tegenspelers die buiten spel gezet worden, krijgen geen kans aan het project bij te dragen. Zij volharden daarmee in hun scepsis en als er oplossingen komen, zijn het niet hun oplossingen. Dus zijn ze tegen. Naarmate hun stem belangrijker is, zijn zij meer in staat in de besluitvormingsfase het project alsnog te blokkeren. Beter is het hun in het onderzoek een verantwoordelijke rol toe te bedelen. Uiteraard zal hun scepsis doorklinken in hun verlangen naar een grondige analyse en een kritische beoordeling van de alternatieven. Dat komt in een overigens positief gestemde omgeving de kwaliteit van het werk alleen maar ten goede. Sabotagepogingen van een criticus, die bijvoorbeeld voorzitter van een werkgroep is geworden, vallen heel erg op.[6]

Het vraagstuk van het omgaan met weerstanden dient in deze fase onder ogen te worden gezien. Op basis van de activiteiten in de oriëntatiefase moet kunnen worden ingeschat waar de weerstanden tegen het project zitten. Uiteraard komt dat in de hoofdstukken 11 en 12 ook weer aan de orde bij de implementatiefase.

In de praktijk neigen stagiairs van nature tot de solistenrol. Zij moeten echt door hun begeleiders gestimuleerd worden om enkele elementen van de teamplayersrol in hun aanpak op te nemen. Men moet hier niet denken in of/of. Het is onze ervaring dat een 'gemengde' aanpak voor zowel bedrijf als stagiair het meest hanteerbaar is. Te veel werkgroepen maken de stage nodeloos complex. Maar als de stagiair enkele werkgroepen voor hoofdwerkzaamheden weet te hanteren, levert dat veel waardering op. In alle gevallen blijft het hoofdmotief bij deze rolkeuze: hoe organiseer ik als stagiair het meest effectieve adviesproces?

Overleg en rapportage

Het is altijd van belang in het stagebedrijf geconcentreerde aandacht voor het adviesproject in stand te houden. Daaraan moet steeds bewust gewerkt worden, omdat anders de veranderkracht en -interesse snel wegebben. De aandacht kan gaande worden gehouden door in het werkprogramma een aantal 'publicitaire' activiteiten op te nemen zoals:
- periodieke presentaties voor de meest betrokkenen waaronder het managementteam;
- artikeltjes in het bedrijfsorgaan over interessante bevindingen en de voortgang van het project;
- werkgroepenwerk zoals hiervoor beschreven;
- platformgroepbesprekingen;
- af en toe eens binnenlopen bij de belangrijkste beslissers;
- afspraken over tussentijdse beslismomenten.

Op deze wijze houdt het adviesproject zoveel mogelijk ieders attentie en kunnen alle belanghebbenden meegroeien naar de eindconclusies. Ook wordt op die manier de invoering van de adviezen een logisch vervolg op de adviesvorming.

De gedetailleerde planning van het diepteonderzoek, waarvan de opstelling hiervóór behandeld is bij 'werkplanning' is in de terugkoppelingssessie van Stap 5 nog niet besproken in het managementteam. In het managementteam is slechts in globale zin over het plan van aanpak gesproken. Dat is goed omdat men beter eerst overeenstemming op hoofdlijnen kan bereiken dan meteen in de details te duiken. Maar het detailplan moet nog wel een keer ter goedkeuring worden voorgelegd.
Een vaak succesvol gebleken werkwijze is om de detailplannen als bijlage aan het verslag van de terugkoppelingssessie toe te voegen. Daarbij moet wel steeds gelet worden op de aansluiting tussen de reeds besproken hoofdlijnen en de uitgewerkte detailplanning. Als dan ook nog geregeld kan worden dat de stagiair bij de bespreking van deze stukken in de vergadering van het managementteam aanwezig is voor de nodige toelichting, is er een uitstekende uitgangspositie gecreëerd voor het diepteonderzoek.

Actiepunten

Ook deze fase in het adviesproces sluiten wij af met een opsomming van de elf processtappen die achtereenvolgens doorlopen moeten worden:

1 Onderzoeksvragen afleiden.
2 Literatuurstudie.
3 Keuze onderzoekmethoden.
4 Keuze informatieverzamelingsmethoden.
5 Werkplan maken.
6 Werkplan afstemmen.
7 Rol kiezen.
8 Projectorganisatieopzet maken.
9 Draagvlak verifiëren.
10 Logboek invullen.
11 Overleggen met de stagedocent.

Opgave voor zelfstudie bij Stap 6

9.1 Dortmunder-Hartmann AG

Hierna tref je een uitgebreide verslaglegging aan inzake het vraagstuk over centralisatie/decentralisatie binnen de machinehandel Dortmunder-Hartmann AG.

Teneinde het al lang levende vraagstuk eens goed te inventariseren, heeft men een gepensioneerde commissaris gevraagd de discussie gedetailleerd op een rijtje te zetten. De verschafte documentatie is het resultaat van zijn werk.

Om het vraagstuk te helpen oplossen, heeft men besloten jou als stagiair in te huren, met het verzoek om de inventarisatie (oriëntatiefase) niet opnieuw uit te voeren. Dat zou dubbel werk zijn. Jij moet dus verder met de beschikbare gegevens. Je besluit om – bij gebrek aan een formele terugkoppelingspresentatie – in ieder geval een gedetailleerde werkplanning aan de respondentengroep te presenteren.

1 Ontwerp de gedetailleerde werkplanning voor het diepteonderzoek, waarbij je helaas moet leven met het feit dat de commissaris natuurlijk het TSP-model niet beheerste en dus ook zijn verslag niet in de daarbij gebruikelijke vorm heeft gegoten.
2 Welke rol zou jij kiezen bij de uitvoering van het diepteonderzoek?
3 Geef de invloed van je rolkeuze aan op de ontworpen werkplanning.

Technische Groothandel Dortmunder-Hartmann AG

De Dortmunder-Hartmann AG, met het hoofdkantoor in Dortmund, richt zich op de handel in zware apparaten, machines en andere metaalproducten voor industriële bedrijven. Het is een van de grootste handelszaken van haar soort in het land; de leiding verwacht dat de verkopen dit jaar de € 30 mln te boven zullen gaan.

Het huidige bedrijf werd twee jaar geleden gevormd toen de eigenaren van Hartmann AG 80% van de aandelen van de Dortmunder Maschinen Handel AG (DMH) kochten. Toen werd ook de naam van het bedrijf gewijzigd. Tegenwoordig vertonen alle briefhoofden en naamplaten op eigendommen van het bedrijf het handelsmerk DH in een diamantvormig vignet.

Het bedrijf treedt op als agent voor de verkoop van ongeveer 11 400 artikelen die in de lijn van de producten liggen. Het bedrijf verhandelt voor eigen rekening ongeveer 6 000 artikelen. De producten lopen in waarden sterk uiteen; van bouten en moeren die voor een klein bedrag worden verkocht, tot lucht- en gascompressoren met prijzen van € 20.000 tot € 30.000 per stuk.

Opslag en verkoop heeft plaats in zes filialen: twee in Dortmund en één in Hamburg, Hannover, Frankfurt en München. In ieder van deze plaatsen heeft het bedrijf uitgebreide opslagmogelijkheden ter beschikking en een verkoopstaf voor het bezoeken van industriële bedrijven die de producten van het bedrijf gebruiken.

Ten tijde van de fusie had de Dortmunder Maschinen Handel AG, die was opgericht door M. J. Frisch op de leeftijd van 28 jaar, een verkoop van € 3,5 mln in filialen in Dortmund en Hannover. Gedurende de laatste tien jaar van het bestaan van DMH nam de verkoop ongeveer 5% toe, terwijl er in diezelfde periode naar schatting van een econoom van een ondernemingsvereniging in de bedrijfstak als totaal een toename van 80% was. Frisch stelde dat zijn vrouw en zijn drie kinderen het erover eens waren dat het verstandig zou zijn het bedrijf te verkopen, omdat de erfgenamen geen belangstelling hadden actief in het bedrijf op te treden. Nu, 70 jaar zijnde, zegt hij tevens:

'Ik moet eerlijk zeggen dat ik mijn handen volledig vol had met Dortmund en Hannover. Ik zou niet harder hebben kunnen werken en nam bewust het besluit niet te proberen uit te groeien tot een zeer groot bedrijf en geweldige dingen tot stand te brengen. Mijn bedrijf had altijd een goede winst opgeleverd en ik ben trots op wat tot stand werd gebracht. Toen het bedrijf werd verkocht, hadden we een omzet van € 3,5 mln en voor onze employés werd goed gezorgd. Dat lag ook voor de hand gezien het feit dat meer dan de helft van de 102 mensen al meer dan 20 jaar bij mij in dienst waren.'

Walther Fröhlich, directeur van DH zegt:
'De koop was zowel voor Hartmann als voor Frisch een goede zaak. Commissarissen stelden mij tien jaar geleden aan als directeur van Hartmann, in de vaste overtuiging dat we aanmerkelijk en winstgevend kunnen groeien.

In haar twee filialen verkocht DMH in wezen hetzelfde soort producten als wij, maar we zagen allen in dat het bedrijf eraan gewend was geraakt dezelfde artikelen aan dezelfde klanten te verkopen en tevens de opslag, de financiering en het transport op dezelfde wijze te verrichten als het altijd had gedaan. We wisten dat de omzet aanmerkelijk zou kunnen toenemen en dat de uitvoering van de activiteiten gestroomlijnd zou kunnen worden.'

Fröhlich, nu 49 jaar oud heeft in acht jaar de omzet van Hartmann zien toenemen van € 10 mln naar € 20 mln vóór de fusie en de gecombineerde omzet van DH daarna van 25 tot 30 mln in twee jaar. De eigenaren van DH, vijf vooraanstaande zakenmensen uit Dortmund, werkzaam in de bankwereld en in de handel in onroerend goed, zien in Fröhlich een man die buitengewoon geschikt is voor zijn baan en zoals één van hen zegt:

'Zijn voornaamste eigenschappen zijn dat hij weet hoe de zaken te organiseren en ze goed te laten lopen waarna hij naar nieuwe mogelijkheden omziet voor omzetvergroting of kostenverlaging. Hij verstaat tevens de kunst goede mensen als medewerkers te kiezen. En dat is wat we nodig hebben.'

Het filiaal in Hannover

Het filiaal in Hannover staat het laatste jaar onder leiding van Fritz Kohl.

Kohl, die 45 jaar oud is, heeft elf jaar als bedrijfsleider gewerkt in het Dortmund-filiaal van Hartmann. Kort nadat hij directeur werd, zag Fröhlich in dat Kohl een goede leidinggevende functionaris was en hij meende dat hij de ideale man zou zijn om de leiding van het filiaal-Hannover op zich te nemen en er iets van te maken. Vóór de fusie was de omzet van Hannover in tien jaar ongeveer 5% toegenomen. Het bedrijf verkocht industriële apparaten, machines en bouwmaterialen aan lokale bouwondernemingen, handelaren in metaalwaren, instellingen zoals kantoorgebouwen en scholen. Volgens Kohl was de winst matig goed.

Toen Kohl de leiding in Hannover kreeg, stelde Fröhlich de hierna volgende positiebeschrijving op voor de nieuwe positie van algemeen bedrijfsleider in Hannover. Hij was verschillende keren naar Hannover geweest om er kleine moeilijkheden te helpen oplossen; hij had daar, nadat hij directeur van DH was geworden, twee maanden gezeten en blijkt heel veel van de gang van zaken te weten. Daarenboven zegt hij dat hij heel veel weet over het filiaal-Dortmund en dat de gang van zaken daar bijna hetzelfde is als in Hannover. Fröhlich is van mening dat er in Hannover nog wel het een en ander valt op te knappen.

Positiebeschrijving van de algemene bedrijfsleiding van het filiaal Hannover

1   Hij is verantwoordelijk voor al het werk dat in het filiaal Hannover wordt uitgevoerd. Als zodanig is hij bevoegd van al het personeel te eisen dat zij hun omschreven plichten vervullen.
2   Hij stelt tweemaal per jaar een plan op voor zijn verkopen en uitgaven en investeringen zodat hij de activiteiten in zijn filiaal kan beheersen en op winstgevendheid kan richten.
3   Hij besteedt persoonlijk aandacht aan de twee voornaamste functies die de winst voor DH opleveren: verkoop en goederenbehandeling. Hij stelt de beleidsregels en procedures op die vereist zijn voor effectieve uitvoering van die functies. Verder houdt hij persoonlijk toezicht op de genoemde functies om er zeker van te zijn dat zijn beleidsregels en procedures worden gevolgd.
4   Hij stelt taakomschrijvingen, beleidsregels en procedures op voor de functies inkoop, personeel en voorraadbeheersing, daarbij binnen de grenzen blijvend die door het totale bedrijfsbeleid in grote lijn zijn of worden aangegeven.
5   Hij kiest het personeel voor het filiaal, neemt dit aan en stelt de beloning ervan vast.
6   Hij werkt met de vertegenwoordigers van het hoofdkantoor in Dortmund samen wanneer deze het filiaal bezoeken om gegevens te verkrijgen voor het ondernemingsbeleid en voor beslissingen op hoger niveau.

'De inkoop- en personeelsfunctie zijn daar bijvoorbeeld nooit duidelijk omschreven. Zowel Kohl als ik moeten daar een dezer dagen iets aan doen. Hij heeft enige voorstellen gedaan maar we zijn het over het inkopen niet helemaal eens. Hij wil bevoegdheid hebben al zijn eigen artikelen daar in te kopen behalve artikelen die meer dan € 5.000 per stuk kosten en artikelen waarvan hij minder koopt dan de hoeveelheid waarop we een maximale hoeveelheidskorting krijgen. Dat wil zeggen: wanneer Hannover voldoende bouten bestelt om de korting wel te krijgen, zij het niet hier aan ons zouden voorleggen. Maar ik ben bang dat dit ertoe zal leiden dat zij daar te veel voorraad zullen gaan houden en dus te veel geld zullen vastleggen. Ook doet dit het aanzien van DH bij de leveranciers geen goed als onze grote orders niet centraal worden behandeld. Het is trouwens een feit dat één van Kohls zwakke plekken zijn voorraadbeheer is. Bij mijn twee-maandelijkse bezoeken aan Hannover loop ik met zijn boekhouder de voorraadniveaus van de 400 snelgaande artikelen door. Ik heb geen exacte maatstaven om het te bewijzen, maar ik geloof dat hij of te grote hoeveelheden bestelt of te voorzichtig is ten aanzien van de levertijden en de orders veel te vroeg bestelt. Ik zeg dat iedere keer tegen Kohl, maar tot nu toe wil hij slechts die twee regels die ik zojuist noemde. We moeten hier eens een goed beleid voor uitstippelen, omdat nauwkeurige beheersing van de voorraden één van de manieren is om in deze business geld te verdienen. Zijn verhouding van voorraad tot verkopen is minder goed dan die van Hamburg of München.'

Bijzondere activiteiten in Hannover
Twee weken geleden ontving Fröhlich van P. Schneider, voorraad- en inkoopmanager van DH een aantal voorstellen. Schneider meent dat deze voorstellen in alle filialen moeten worden ingevoerd om te verzekeren dat de investeringen en het risico ten aanzien van de voorraden tot een minimum worden beperkt. Deze voorstellen zijn hierna samengevat.

Voorstel voor de voorraadbeheersing bij Dortmunder-Hartmann AG

Het doel van de voorraadbeheersing in DH is de kosten van opslag, verzekering en rente lager te doen zijn dan die van onze concurrenten en het risico van schade en veroudering te verminderen.

Om de zes maanden (of om het jaar als de filialen ongunstig reageren op die periode) zal een filiaal een lijst moeten overleggen van alle artikelen waarvan de waarde (prijs x hoeveelheid in voorraad) € 400 te boven gaat. Van de 5000 tot 6000 artikelen die in het gemiddelde filiaal worden gevoerd vallen ongeveer 1500 in deze categorie. Voor ieder van deze artikelen moet de volgende informatie worden gegeven:
Naam van het artikel, code, hoeveelheid in voorraad, hoeveelheid in de laatste twaalf maanden verkocht, te verwachten levertijd.

Schneider heeft een technische opleiding genoten. In het afgelopen jaar heeft hij twee cursussen over operationele research gevolgd en heeft hij met behulp van boeken en tijdschriftartikelen mathematische methoden van voorraadbeheersing bestudeerd. Hij verklaart dat lineaire programmering en andere OR-methoden voor DH van grote betekenis zullen zijn, hoewel het zeker vijf jaar zal duren voor deze technieken in het bedrijf toegepast kunnen worden.

Op het gebied van personeelszaken heeft DH twee staffunctiona-
rissen aangetrokken om voor het hele bedrijf het beleid en de uitvoering daarvan te plannen. Men is van mening dat dit DH een
belangrijke voorsprong op de concurrenten zal geven als gevolg
van grotere samenwerking tussen de mensen, met minder verloop
en daardoor ook minder schade aan de artikelen bij de ontvangst
en opslag. De leiding meent dat hierdoor ook onzorgvuldigheid
en diefstal kan worden tegengegaan.

C. Kaufmann, personeelschef, heeft een concept gemaakt voor
een beleidshandboek waarin ongeveer 45 beleidsregels en procedures zijn vastgelegd.
Een daarvan houdt in dat het hoofdkantoor eens per jaar een per-
soneelsman naar alle filialen moet sturen, met het doel om teza-
men met de bedrijfsleider van het desbetreffende filiaal de salaris-
schalen voor alle functionarissen in het filiaal vast te stellen.

De energie die in Hannover op de verkoop wordt gericht, blijkt
veel succes te hebben. De vier verkopers lijken door de fusie nieuwe belangstelling in hun werk te hebben gekregen en hun verkopen zijn, vergeleken met het voorgaande jaar, sinds Kohl naar
Hannover kwam met 12% toegenomen. Niemand weet echter zeker waardoor dit precies is gekomen. Fröhlich stelt er belang in dit
te weten want hij hoopt dezelfde stimulans dan ook in de andere
filialen toe te passen. Kohl rekent het succes het meest aan Fröhlich toe:
'Ik weet heel veel van de verkoop af, maar ik heb altijd in de uitvoering gezeten, zowel toen ik bedrijfsleider was voor Hartmann
in Dortmund als daarvoor, toen ik in de buitendienst werkte in
Dortmund en in München. Ik ga eens in de maand met mijn verkopers om de tafel zitten en bekijk hun plannen voor de volgende maand (nieuwe klanten, routes, aantal bezoeken, artikelen die
naar voren moeten worden gebracht enzovoort). Fröhlich werkte
niet alleen het huidige beloningsstelsel uit, waarvan ik geloof dat
het één van de oorzaken is van ons verkoopsucces, maar hij
spreekt met de verkopers en helpt hen bij het opstellen van hun
plannen welke ik twee weken later met hen doorneem.
En ik heb begrepen dat 'helpen' zacht is uitgedrukt. Fröhlich gaat
zelfs zover dat hij routes voor hen bepaalt als hij niet tevreden is
met het aantal klanten dat wordt bezocht of met de bezochte
plaatsen. Hij vertelt hun ook of verkopers in andere filialen meer
verkopen dan zij en welke technieken zij daarbij gebruiken.
Hoe dan ook, de verkopers schijnen er gelukkig mee te zijn, de verkoop neemt toe en ik zou het gewoon niet zonder deze hulp in de
verkoop kunnen doen. Soms neemt hij Dick Braun mee, die ik al

kende toen hij zo'n fantastische verkoper in Dortmund was. Er gaan in Dortmund geruchten dat Dick een nieuwe baan als verkoopmanager voor het hele bedrijf zal krijgen en het soort werk dat Fröhlich nu op dit gebied doet zal overnemen.'

Klaarblijkelijk verschillen de verkopers nogal van mening over de waarde van de hulp van Fröhlich. Twee geven aan dat hij hen zeer veel heeft geholpen, hoewel ze ook Kohl als hulp hebben ondervonden. Twee anderen daarentegen zeiden dat Fröhlich niet veel over de streken rond Münster en Bremen wist en dat hij onredelijk was omdat hij bepaalde hinderpalen en moeilijkheden in bepaalde delen van het gebied niet kende. 'Voor hem lijkt het op de kaart allemaal hetzelfde.'

Fröhlich zegt dat hij van harte decentralisatie voorstaat. Er is volgens hem niets dat een directeur zo ontlast en tegelijkertijd mensen zo aanmoedigt om hard en efficiënt te werken. In Hannover wordt het decentralisatie-idee in het bijzonder doorgevoerd in de vier uitvoerende afdelingen: goederenontvangst, intern transport, opslag en expeditie. Kohl stelde voor de bazen in ieder van deze afdelingen een taakomschrijving op. Bij bezoeken aan Hannover ziet niemand uit Dortmund ooit aanleiding om over het werk van deze mensen te praten. Kohl doet minstens eenmaal per week de ronde langs de magazijnen om voorstellen te doen over de opslag van bijzondere artikelen ('we moeten voor deze fittingen een lagere plank hebben, dichter bij de deur; er gaat erg veel in om') en hij formuleert eigen opslagregels ('zet brandbare artikelen nooit in het oostelijk deel van het gebouw'). Volgens Kohl specificeert men vanuit Dortmund terecht onderwerpen als het type apparatuur dat bijvoorbeeld voor het transport wordt gebezigd en stelt een arbeidsanalist de werkmethoden voor iedere man in de magazijnen op. Deze zaken zijn in instructieboeken vastgelegd, maar Kohl zegt dat vanuit Dortmund nooit iemand erop toeziet of men de instructies opvolgt. Kohl houdt zich aan sommige van deze instructies wel, aan andere echter niet. Fröhlich heeft hem privé gezegd dat zodra de fusie op andere terreinen zijn uitwerking heeft gehad het noodzakelijk zal zijn om een man te hebben die erop toeziet dat in alle filialen uniformiteit in bepaalde werkmethoden wordt gehandhaafd, omdat anders de voordelen van het werken met lage kosten gebaseerd op methodestudie verloren dreigen te gaan.

Budgetten voor lopende kosten en kapitaaluitgaven

Het enige punt waarover Kohl het met het hoofdkantoor ernstig oneens is betreft het budget. Fröhlich heeft gestaan op de volgende procedure:

De leiding van de filialen (behalve die in Frankfurt en Dortmund) moeten een budget voorleggen, opgesteld op basis van een formulier, dat hen wordt toegezonden vanuit Dortmund, waarop onder ongeveer 40 hoofden alle uitgavenposten in het filiaal staan vermeld. Tweemaal per jaar voorziet Dortmund de filialen van een prognose voor de totale verkopen van de bedrijfstak in ieder verkoopgebied. Elke filiaalmanager moet uit deze prognose op grond van zijn inzichten en van het percentage van de verkoop dat DH van de totale verkoop in de bedrijfstak zal kunnen halen, een verkoopdoelstelling afleiden. Met deze doelstelling voor ogen maakt de filiaalmanager dan een schatting van de bedragen die nodig zijn voor ieder van de 40 uitgavenposten (advertenties in kranten, salarissen van verkopers, kosten van ontvangsten der goederen, andere salarisposten enzovoort). Er zijn zes posten (zoals voorraden, andere vlottende middelen en gebouwen) die aangeven aan welke investeringen behoefte is. Voor iedere kapitaalpost anders dan vlottende middelen moet ieder project worden vermeld, ongeacht de omvang.

Kohl heeft zich er krachtig tegen verzet iedere zes maanden 40 uitgavenposten te moeten begroten. Hij heeft meermalen gezegd dat zolang zijn winsten als percentage van de verkoop en als percentage van de investeringen voldoende zijn, Dortmund zich zelfs niet bezig zou moeten houden met de tellers en de noemers van deze verhoudingen. Dat wil zeggen: 'Als de percentages goed zijn, waarom dan nog drukte te maken over de vraag of dit een gevolg is van toegenomen omzet, lagere kosten of wat dan ook.'

Fröhlich heeft daarentegen drie of vier voorbeelden waarin filiaalmanagers ofwel investering vroegen in projecten die niet genoeg opbrachten dan wel kosten wilden maken die niet nodig waren voor de goede gang van zaken in het filiaal. Hij zegt: 'We moeten wat meer greep op het geheel hebben dan slechts via het winstcijfer, omdat anders, op zichzelf uitstekende leidinggevende functionarissen, hun eigen activiteiten te zwaar laten wegen en niet objectief genoeg zijn.' Het is bijvoorbeeld nonsens dat Kohl vraagt om een extra man voor de expeditie. Hij staat zo onder druk van de mensen in die afdeling dat hij werkelijk denkt dat de behoefte aan die man er is. Als we niet achter hem staan, zou hij aan die druk wel moeten toegeven. Dus moeten we ofwel zaken in het budget wijzigen, ofwel het gebruik van extra mensen in de expeditie regelen. Het is natuurlijk wel zo dat Kohl dat niet prettig vindt, maar het is op de lange duur voor zijn eigen bestwil.

10
Stap 7 Diepteonderzoek

Met de overgang van Stap 6 naar Stap 7 verlaten we het veld van de oriëntatiefase en komen terecht in de onderzoeks- en oplossingsfase. De oriëntatiefase was geheel gericht op het verwerven van een goede uitgangspositie voor een effectief adviestraject. Nu moet het gecontracteerde onderzoek uitgevoerd worden en uitmonden in oplossingen voor het onderhanden vraagstuk. Als handvat daarvoor ligt er een beschreven en goedgekeurde werkplanning.

Er zijn zoveel verschillende soorten stageopdrachten dat het ondoenlijk is op elk van deze typen afzonderlijk in te gaan en daarvoor specifieke aanwijzingen te geven. De opdracht bijvoorbeeld om een bijdrage te leveren aan het verlagen van de voorraadhoogte van een grootwinkelbedrijf vraagt een heel andere onderzoeksopzet dan de opdracht om een marketingplan te ontwikkelen voor een nieuw soort kopieerpapier.
Om die reden zullen wij ons in dit hoofdstuk beperken tot een aantal algemeen geldende thema's, zoals:
- formuleren van de onderzoeksvragen;
- kiezen van methoden van informatieverzameling en -analyse;
- omgaan met een aantal veel voorkomende problemen;
- aansturen van werkgroepen.

Maar voordat wij daarmee beginnen wordt eerst een ingevulde checklist voor Stap 7 weergegeven, zie figuur 10.1. In deze checklist wordt niet inhoudelijk ingegaan op het veelomvattende onderzoekproces. De in Stap 6 uitgezette projectplanning is de richtlijn; het eindresultaat moet minimaal de gegevens opleveren om tot goede oplossingen te komen. In de checklist zijn de antwoorden weergegeven, ontleend aan een onderzoek van een stagiair in een R&D-organisatie. Voor een goed begrip van de antwoorden geven we summier enige achterinformatie over het betreffende project.

Checklist Stap 7 Diepteonderzoek

Vragen	Antwoorden
1 Hoe ziet het onderzoeksmodel voor dit project eruit?	Drie oriëntaties (zie figuur 10.2)
2 Welke informatieverzamelingsmethoden heb je gebruikt?	Interviews, documentenstudie, deelname aan besprekingen van disciplinegroepen
3 Wat zijn de onderzoeksresultaten tot dusver?	De drie oriëntaties zijn combineerbaar in een aanpak die past bij de specs; zowel voor de generieke als voor de specifieke is een eerste concept opgeleverd
4 Op welke punten is van de projectplanning afgeweken?	Er is gekozen voor 1 in plaats van 2 proeftuinen
5 Welke tussentijdse terugkoppelingen hebben plaatsgevonden: met wie en met welk resultaat?	Tussentijds met klankbordgroep: 4 disciplinegroepleiders, en een gesprek met de algemeen directeur van R&D-organisatie: commitment over de aanpak, steun voor idee om een stukje te schrijven in het personeelsorgaan, afspraak dat mensen die in de werkgroep meedoen dat in werktijd mogen doen
6 Welke oplossingsmogelijkheden zijn er uit het onderzoek naar voren gekomen?	In pilot groep snel beginnen; tussentijds rapporteren aan andere groepen; dit project beperken tot ontwikkelen van indicatoren en al vast uitkijken naar student die estafettestokje kan overnemen
7 Wie zijn de voor- en tegenstanders van de verschillende oplossingen?	Geen problemen gezien tot dusverre
8 Welke oplossing is het meest haalbaar en waarom?	De eerste concepten werden redelijk gunstig ontvangen. Nu moeten wij het 'momentum' behouden
9 Wie zijn de krachtigste 'sponsors' van het project?	De directeur van de R&D-organisatie wordt steeds enthousiaster
10 Overige opmerkingen	

Een student bedrijfskunde voert een afstudeerstage uit in de R&D-organisatie van een groot internationaal werkend bedrijf. Deze organisatie heeft tot taak ideeën voor nieuwe producten tot ontwikkeling te brengen en vervolgens over te dragen aan één van de business units van het moederbedrijf. De R&D-organisatie is opgebouwd uit disciplinegroepen. Deze disciplinegroepen leveren capaciteit (tijd en inzet van medewerkers) aan projectleiders die verantwoordelijk zijn voor het realiseren van innovaties. De prestaties van de medewerkers worden op twee manieren aangestuurd: via de eigen disciplinegroep en via de projectteams waarvan zij deel uitmaken. Het is dus een matrixorganisatie.

Er is in de R&D-organisatie altijd veel werk gemaakt van het ontwikkelen en verbeteren van methoden en technieken om de projecten zo succesvol mogelijk te laten verlopen. Zo is er een goed uitgewerkt innovatie- en projectmanagementsysteem.

Veel minder aandacht is besteed aan het aansturen van de disciplinegroepen. Het is hun taak om de projectleiders van dienst te zijn met medewerkers die beschikken over hoogwaardige vakkennis. Het werd aan die groepen overgelaten om zelf te bepalen hoe zij dat zouden doen: conferentiebezoek, gastsprekers, interne colloquia, literatuuronderzoek, samenwerking met externe instituten enzovoort.

De leiding van de R&D-organisatie begint zich steeds meer af te vragen of het wel verstandig is om de aansturing vanuit de disciplinegroepen helemaal aan deze groepen zelf over te laten. Er heeft een bespreking plaatsgevonden met alle groepschefs. Daar is de zorg van de leiding besproken. Er was algemeen herkenning van het probleem. Tegelijkertijd meldde iedereen dat hij het eigenlijk te druk had om voor een grootschalig project als hieruit te voorschijn zou kunnen komen tijd vrij te maken. Afgesproken werd dat de groep die intern verantwoordelijk is voor training, opleiding en organisatie voorstellen zal ontwikkelen om de aansturing van de disciplinegroepen te versterken. Deze groep heeft al enkele stappen gezet. Er zijn gesprekken gevoerd waaruit is gebleken dat de disciplinegroepen heel verschillende methoden gebruiken om hun vakkennis op peil te houden. Ook is duidelijk dat zij bereid zijn hun werkwijzen op elkaar af te stemmen waar dat nuttig en mogelijk is. De een is meer gemotiveerd dan de ander.

De opdracht voor de afstudeerder is nu om een bijdrage te leveren aan de beoogde interne organisatieverbeteringsslag. Er moeten prestatie-indicatoren worden ontwikkeld voor de disciplinegroepen, met een dubbel doel. De groepen moeten vanuit deze criteria plannen kunnen maken en uitvoeren om de eigen deskundigheid op niveau te houden en te versterken als dat nodig is. Ook moeten deze criteria leidraad kunnen zijn voor de rapportage aan de leiding van de R&D-organisatie.

De student heeft tijdens z'n terugkoppeling gemeld dat er draagvlak lijkt te zijn voor het ontwikkelen van prestatie-indicatoren. De reden waarom de ene groep enthousiaster is dan de andere is vooral dat er verschillen zijn in werkdruk. Men vreest dat het ontwikkelen van prestatie-indicatoren nogal wat inzet en tijd zal vragen. Maar er zijn ten minste twee groepen die bereid zijn het proces te trekken. De anderen zullen volgen.

Er is een werkplan overeengekomen waarin de student het programma van eisen voor de te ontwikkelen aanpak verder zal ontwikkelen, de aanpak zal baseren op literatuur over organisationeel leren, prestatiesturing en kennismanagement en een start zal maken met twee van de acht disciplinegroepen (proeftuinen).

In figuur 10.1 wordt aan de begeleidende docent tussentijds gerapporteerd over het lopende diepteonderzoek. Uit de antwoorden blijkt dat uit drie theoretische oriëntaties wordt geput:

1 Uit de literatuur over organisationeel leren wordt geconcludeerd dat het belangrijk is dat er 'routines' worden ontwikkeld (Moorman & Miner, 1997; Crossan, Lane & White, 1999). Deze routines moeten niet eens en voor al vastliggen maar zo nodig weer worden gewijzigd (Argyris and Schön, 1996).

2 Lezing van de literatuur over kennismanagement leverde het idee op om in deze professionele R&D-omgeving te bekijken of de kenniswaardeketen (Weggeman, 1997) zou kunnen worden toegepast.

3 De literatuur over prestatiesturing blijkt twee stromingen te omvatten: enerzijds het top-down (Balanced Score Card beschreven door Kaplan en Norton, 1996) en anderzijds het bottom-up (ProMES beschreven door Pritchard, 1990 en Van Tuijl, 1997) ontwikkelen en invoeren van prestatie-indicatoren. De student wil de beide benaderingen combineren om zo te bereiken dat elke disciplinegroep een aantal generieke en een aantal groepsspecifieke indicatoren gaat hanteren. Met behulp van deze gemeenschappelijke en groepsspecifieke indicatoren kan de prestatiesturing worden verbeterd. Het onderzoeksmodel ziet er als volgt uit (figuur 10.2).

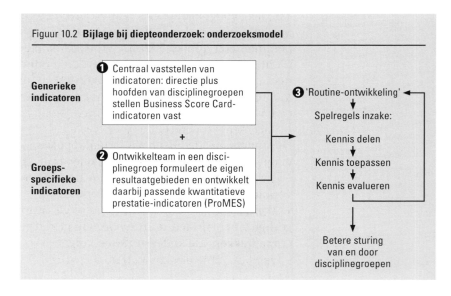

Figuur 10.2 **Bijlage bij diepteonderzoek: onderzoeksmodel**

Generieke indicatoren

❶ Centraal vaststellen van indicatoren: directie plus hoofden van disciplinegroepen stellen Business Score Card-indicatoren vast

+

Groeps-specifieke indicatoren

❷ Ontwikkelteam in een disciplinegroep formuleert de eigen resultaatgebieden en ontwikkelt daarbij passende kwantitatieve prestatie-indicatoren (ProMES)

❸ 'Routine-ontwikkeling'

Spelregels inzake:

Kennis delen

Kennis toepassen

Kennis evalueren

Betere sturing van en door disciplinegroepen

De student werkt met twee groepen: een groep met vertegenwoordigers van alle zes disciplinegroepen om de voor alle groepen gemeenschappelijke prestatie-indicatoren te benoemen (invullen van de Business Score Card) en een ontwikkelteam waarin medewerkers uit één disciplinegroep de specifieke indicatoren voor deze groep formuleren. Beide groepen hebben hun eerste concept gemaakt.

Van belang is dat de stagiair verschillende oplossingsideeën heeft genoteerd. Verderop in dit boek (Stap 8) zal op de voordelen daarvan nader worden ingegaan. De overige vragen en antwoorden hebben betrekking op de haalbaarheid van de oplossing. De kern is dat er een oplossing komt die ook ingevoerd zal kunnen worden.

Formuleren van de onderzoeksvragen

De opdracht voor het stageproject is geformuleerd tijdens de terugkoppelingssessie. Bovendien zal gesproken zijn over het op te leveren eindproduct van het project: wat is gereed als de stagiair klaar is? Naar onze mening dient het eindproduct van een stageproject een geïmplementeerde oplossing – dus een organisatieverandering – te zijn.

De opgave is allereerst om te bepalen welke informatie nodig is om de opdracht succesvol te kunnen afronden. Met andere woorden: welke onderzoeksvragen moeten worden gesteld en beantwoord? De onderzoeksvragen worden afgeleid van het onderzoeksmodel dat wordt gebruikt. Het onderzoeksmodel vat samen en ordent welke informatie verzameld moet worden om een oplossing voor het specifieke probleem te kunnen vinden. Een onderzoeksmodel zou je een wegwerpartikel[1] kunnen noemen, gemaakt in verband met een specifiek managementprobleem. De functie van het model is om het proces van gegevensverzamelen in dit ene onderzoek te sturen. Als het model daar niet meer nodig is, wordt het weggeworpen. Bij het beslissen over welke factoren belangrijk zijn en hoe die variabelen met elkaar samenhangen, wordt uit verschillende bronnen geput:

- Algemene theoretische kennis die de stagiair heeft vergaard door tijdens de studie verschillende vakken te volgen.
- Specifieke vermoedens en veronderstellingen over hoe de dingen in dit bedrijf werken, gebaseerd op de oriëntatie die al heeft plaatsgevonden.
- Kennis en ervaring van anderen door consultatie van deskundigen in het bedrijf en in de opleiding en door rapporten te raadplegen van stagiairs die in hetzelfde bedrijf of elders soortgelijke problemen hebben onderzocht.

Methoden van informatieverzameling en informatieanalyse

Als duidelijk is geworden wat onderzocht moet worden, moet beslist worden *hoe* de gevraagde gegevens zullen worden verzameld. Er zijn verschillende methoden om gegevens te verzamelen. De onderzoeker moet afwegen welke methode moet worden ingezet.[2] Daarover kunnen nauwelijks algemene richtlijnen worden geformuleerd. De kern van de zaak is dat de stagiair zou moeten redeneren vanuit de overweging dat de onderzoeksgegevens voldoende 'hard' moeten zijn om de voorstellen voor verandering in de organisatie te kunnen dragen. De onderzoeksresultaten van de stagiair moeten bestand zijn tegen verwijten dat het 'slechts' subjectieve indrukken zijn van de onderzoeker. In de meeste gevallen zal men in het onderzoek trachten zo objectief mogelijk te werk te gaan. De woorden 'zo objectief mogelijk' impliceren enige relativiteit. 'Zuivere objectiviteit' is niet altijd binnen de beschikbare tijd en met de beschikbare capaciteit en middelen te bereiken.

De gegevens die een adviseur of stagiair nodig heeft om zijn onderzoeksvragen te kunnen beantwoorden, kunnen globaal op vijf manieren worden verzameld:
1 participatie
2 interviews
3 observaties
4 documenten
5 metingen.

Aan elk van deze methoden zullen wij achtereenvolgens aandacht besteden.

Participatie
De stagiair is doorgaans een groot deel van de stagetijd in het bedrijf aanwezig, heeft daar een kamer, neemt deel aan het informele circuit van eventuele koffie-, lunch- en theepauzes, ziet en hoort zelf hoe het in de organisatie toegaat. Voor het krijgen van een goed beeld van de probleemsituatie en van de oplossingsmogelijkheden is het van belang ook deel te nemen aan het meer formele circuit: aanwezig zijn bij het werkoverleg in de afdeling en bij projectteamvergaderingen, 'meelopen' met één of meer medewerkers. We hebben er al op gewezen hoe zinvol het is tijdens de oriëntatie een poosje mee te draaien in het primaire proces van het bedrijf. In het kader van het diepteonderzoek bieden deze vormen van participatie niet meteen objectiveerbare feiten. Wel kunnen die contacten benut worden om gegevens en ideeën te verifiëren, om mensen met wie je als stagiair moet samenwerken beter

te leren kennen. Ook kan het je inzicht geven in gewoonten die relevant zijn voor de uit te voeren adviesopdracht.

Enkele voorbeelden van dit laatste zijn:

- vergaderingen waar nooit duidelijke beslissingen genomen worden, terwijl je als stagiair met je adviezen straks afhankelijk wordt van dat besluitvormingsproces;
- spilzuchtig gedrag, terwijl je met een kostenreductieprogramma bezig bent;
- onvriendelijke bejegening van klanten aan de telefoon, terwijl je stageopdracht mede omvat het verbeteren van de klantvriendelijkheid;
- een dominante manager die anderen nauwelijks aan het woord laat, terwijl je met een participatieve vorm van strategiebepaling bent belast.

Dergelijke inzichten komen lang niet altijd voort uit interviews of andere informatieverzamelingmethoden. Daarom is participatie in de bedrijfsprocessen van groot belang. Het is daardoor mogelijk om deze verschijnselen tijdig bespreekbaar te maken en daarmee je voordeel te doen bij de uitvoering van de stageopdracht.

Interviews

In zeer veel stages worden interviews gehouden. Een interview is een flexibel middel om zicht te krijgen op een probleem en op mogelijke oplossingen. In hoofdstuk 6 (Stap 3 De oriënterende interviews) hebben we reeds een aantal aspecten van het interview besproken. Een nuttige aanvulling daarop is dat het zeker in het kader van het diepteonderzoek ook dienstig kan zijn om anderen dan mensen uit het bedrijf te interviewen. De meer voor de hand liggende mogelijkheid vormen de vakdocenten van de eigen onderwijsinstelling. Als zij je kennis kunnen verrijken over de sector waarin de stage zich afspeelt, is dat mooi meegenomen. Maar men kan ook denken aan modellen, concepten en werkmethoden inzake strategie, marketing, productieorganisatie, facilitaire of logistieke processen waar docenten in gespecialiseerd kunnen zijn.

Een andere categorie van personen die iets te melden kunnen hebben om je diepteonderzoek beter aan te pakken moet gezocht worden bij de branchespecialisten. Het bedrijf zelf, de brancheorganisatie, de Kamer van Koophandel, de bank of de accountant van het bedrijf kunnen helpen zoeken en eventueel de deuren openen voor een interview.

Observaties

Observeren is als methode aan de orde als het gaat om het verkrijgen van informatie die niet schriftelijk is vastgelegd. De kern is dat de adviseur of stagiair zelf systematisch kijkt hoe het werkt. In praktijkvoorbeeld 10.1 wordt een voorbeeld gegeven van het toepassen van deze methode in een stageproject.

Praktijkvoorbeeld 10.1

Een stagiaire voerde een opdracht uit bij een grote automobieldealer. Een van de problemen betrof de tijd die monteurs die tijdens het uitvoeren van een klus onderdelen uit het magazijn nodig hadden, kwijt waren met wachten tot zij door de magazijnchef werden geholpen. Deze wachttijd werd niet verdisconteerd in de normtijden die golden voor het uitvoeren van klussen. De stagiaire heeft een aantal dagen op wisselende momenten geregistreerd hoe lang monteurs moesten wachten voordat zij werden geholpen. Haar observaties konden worden gebruikt om de normtijd bij te stellen en in tweede instantie om de wachttijden terug te brengen.

Wat valt er zoal te observeren? Er kan een lange lijst van mogelijke observatiepunten worden geproduceerd. We beperken ons tot een aantal daarvan.
- *Technische aspecten.* Er zijn voorbeelden bekend van professionele technische adviseurs die door een fabriek lopen en alleen al op basis van wat zij zien, durven inschatten dat er veel of weinig aan de efficiëntie verbeterd kan worden. Een stagiair die zo te werk zou gaan, zou niet geloofwaardig overkomen. Het is verstandiger te werk te gaan als de studente in praktijkvoorbeeld 10.1. Observeren betekent kijken en vastleggen:
  - Tekenen van de lay-out van werkvloer, magazijnen, kantoren.
  - Noteren welke machines op welk moment stilstaan zonder dat duidelijk is waarom dat zo is.
  - Vastleggen waar de knelpunten zitten in het productieproces, met andere woorden waar mensen op elkaar moeten wachten om met hun werk verder te kunnen.
  - Registreren hoeveel producten tijdens het productieproces worden afgekeurd en wat er met deze afgekeurde producten gebeurt.
- *Organisatorische aspecten.* Bij organisatorische aspecten gaat het om gedrag van mensen en groepen.
  - Registreren wat mensen doen wanneer er een storing in het productieproces optreedt.
  - Noteren hoe de afgesproken kwaliteitscontroles worden uitgevoerd.
  - Vaststellen hoeveel wijzigingen in de productieplanning er in bepaalde periodes worden doorgevoerd.

- Registreren hoe mensen binnen en tussen afdelingen met elkaar omgaan.
- Vaststellen op welke wijze mededelingen van het centrale management worden doorvertaald naar de werkvloer.
- Bekijken of medewerkers op bepaalde momenten de veiligheidsvoorschriften wel in acht nemen.

In een bedrijf is veel te zien. Niet alles is echter zinvol om te registreren. Als stagiair moet je je laten leiden door de onderzoeksvragen. Bovendien is er overeenstemming nodig met de opdrachtgever over de te volgen methoden. Als er wordt afgesproken dat daarbij ook hoort het uitvoeren van een aantal observaties, is het van belang dat dit ook wordt gemeld aan degenen die (mede) geobserveerd zullen worden.

De meeste mensen voelen zich niet op hun gemak wanneer iemand hen op de vingers kijkt. De stagiair moet daarom speciale voorzorgsmaatregelen nemen. De betrokkenen moeten weten wat de bedoelingen van de observaties zijn. Het moet iedereen duidelijk zijn dat het niet gaat om het beoordelen van het werk van medewerkers, maar om het verkrijgen van een betrouwbaar beeld van de manier waarop een activiteit wordt uitgevoerd. In de meeste gevallen zal een gesprek met de betrokkenen waarin zij kunnen uitleggen wat zij doen, waarom zij dat zo doen en wat zij zouden willen veranderen, helpen om hun medewerking te verkrijgen. Het is van belang dat de betrokkenen zich normaal gedragen, niet proberen om sneller of langzamer, beter of slechter te werken. Als er iets ongewoons voorvalt, moet besproken worden of die gegevens wel of niet in het observatieverslag moeten worden opgenomen.

Documenten

Het gaat hier om gegevens die de organisatie zelf verzamelt voor interne of externe doelen. In de meeste gevallen beschikken organisaties over een veelheid aan gegevens die interessant en belangrijk zijn voor de stagiair. Technische informatie over productspecificaties, materiaalgebruik, gewerkte tijden, doorlooptijden, omsteltijden, enzovoort, heeft ieder productiebedrijf beschikbaar. Ook commercieel belangrijke informatie is in veel gevallen beschikbaar: in- en verkoopadministratie, klantenadministratie met factureringsgegevens, leveringstijden, klachtenregistratie. Meestal zijn deze gegevens ook over een langere tijd beschikbaar zodat ontwikkelingen in de tijd kunnen worden gevolgd. De afdeling Personeelszaken heeft informatie over werving, selectie en training van personeel en over verloop en verzuim. Daarnaast heeft vrijwel elk bedrijf rapporten of memo's over de te volgen strategie, meerjarenplannen en jaarrapporten waaruit de visie op heden en toekomst blijkt.

Het vergaren van deze informatie is in veel gevallen mogelijk. Hierbij moet echter wel een kanttekening worden gemaakt. Niet alle gegevens die men zo verkrijgt zijn betrouwbaar. De informatie over bijvoorbeeld machinestilstanden, storingen, uitval of voorraadhoogte, is niet altijd accuraat. De wijze waarop de organisatie werkelijk functioneert, wijkt dikwijls af van wat in schema's, procedures, systemen en instructies is vastgelegd. Het is zaak dat men als stagiair de verkregen informatie kritisch bekijkt, zo mogelijk vergelijkt met gegevens die bekend zijn uit vergelijkbare afdelingen of bedrijven, en indien nodig deze zelf verifieert via nader onderzoek.

Naast de beschikbare gegevens is voor de uitvoering van de opdracht ook vaak behoefte aan nog niet vastgelegde informatie. Dit komt vaker voor dan men zich realiseert en dat is ook verklaarbaar. Op gebieden waar een organisatie zich wil herstellen of verbeteren is meestal een gebrek aan aandacht voor de achterliggende oorzaak van het probleem. Zo kan verlies aan klanten gezocht worden in niet goed afgehandelde – en ook niet gemeten – klachtenafhandeling. Machinestilstand krijgt pas aandacht – en wordt pas gemeten – als de productieverliezen pijn beginnen te doen. Deze vaststelling veroorzaakt dat vaak in advies- en stageopdrachten alsnog gewerkt moet worden aan cruciale data-verzamelingen. In de oriëntatiefase hebben wij reeds op dit verschijnsel gewezen en gestimuleerd dat in de oriënterende interviews nagevraagd wordt welke gegevens voor de opdrachtuitvoering relevant en niet (goed, in de juiste vorm) beschikbaar zijn. Daarmee wordt bereikt dat men dan al het alsnog verzamelen, registeren en turven van gegevens in gang kan zetten, zodat die bij de uitvoering van het diepteonderzoek beschikbaar zijn. Datzelfde geldt als men in de loop van het diepteonderzoek nog manco's in de beschikbare gegevens op het spoor komt. Weliswaar is dan van wat tijdverlies sprake, maar bij stages met een wat langere doorlooptijd behoeft dat niet desastreus te zijn.

Dergelijke registratiewerkzaamheden lenen zich meestal goed voor delegatie naar mensen in de betreffende werkprocessen. Dat kan voor de stagiair veel tijd besparen. Van belang is wel om een goede werkinstructie voor de betrokkenen op te stellen, zo nodig voorzien van schema's, beschrijvingen van de gewenste gegevens, de eenheden waarin de data moeten worden uitgedrukt, frequentie van vastlegging, enzovoort.Om de uitkomsten te kunnen vergelijken met de branchegegevens is het verstandig ook met de vorm waarin die beschikbaar zijn rekening te houden.

Metingen

Een meting kan nodig zijn indien de gezochte gegevens niet schriftelijk beschikbaar zijn en ook niet via observaties of interviews verzameld kunnen worden. Soms kan een bestaand meetinstrument worden gebruikt. Als dat niet mogelijk is, moet er een meetinstrument worden ontworpen en toegepast. Afhankelijk uiteraard van de onderzoeksvragen die beantwoord moeten worden, kan een stagiair twee typen meetinstrumenten inzetten: een enquête en een technische meetprocedure.

Enquête

Een enquête is bij uitstek geschikt om een aantal mensen op systematische wijze te ondervragen.[3] In advies- en stageprojecten moet vanwege de beperkt beschikbare tijd voortdurend afgewogen worden of het mogelijk is iedereen die in aanmerking komt te interviewen. Eén reden om een enquête in te stellen, kan liggen in het aantal respondenten. Een interview kost al gauw anderhalf uur en het uitwerken van de resultaten een uur. Als het aantal respondenten aanzienlijk is (groter dan 20), moet men zich afvragen of een andere methode om de gegevens te vergaren niet efficiënter is. Ook wanneer mensen ver uit elkaar zitten, bijvoorbeeld in verschillende vestigingen van een bedrijf, kan de interviewmethode bezwaarlijk zijn. Een andere reden voor het hanteren van een enquête kan zijn dat men standaardvragen wil stellen om na afloop de uitkomsten voor de totale groep en voor deelgroepen te kunnen samenvatten in cijfers: frequenties, gemiddelden, spreidingen. Dat is bijvoorbeeld belangrijk bij marktonderzoek.

De enquêtemethode wordt meestal toegepast in een onderzoek bij veel afzonderlijke personen. Soms wordt de hele groep benaderd, maar ook kan worden gewerkt met een steekproef uit de populatie. In een relatief grote groep kan het zinvol zijn naar statistische verwerking van de uitkomsten te streven, bijvoorbeeld als het gaat om het meten van de tevredenheid binnen een bedrijfsafdeling.

Er zijn verschillende soorten enquêtes. We noemen enkele van de meest gebruikte:[4]

- Telefonische enquête. De stagiair belt de respondenten, stelt de vragen uit de vragenlijst en noteert meteen de antwoorden in de vragenlijst. Dit is de meest gebruikte methode bij grootschalig onderzoek. In korte tijd kunnen veel respondenten worden benaderd. De respons is doorgaans hoog (gemiddeld 80%). Dit instrument is zeer goed bruikbaar bij marktonderzoek.
- Schriftelijke enquête. Een zorgvuldig verzorgde vragenlijst wordt de respondenten per (interne) post toegestuurd. De respondenten wordt verzocht de vragenlijst in te vullen en voor een bepaalde datum te retourneren. De respons ligt doorgaans tussen

40 en 80%. In een bedrijf kan de respons op zo'n lijst positief worden beïnvloed door er een aanbevelingsbriefje van de opdrachtgever aan toe te voegen en/of door de vragenlijst zélf bij de respondenten te bezorgen en deze persoonlijk weer af te halen.

- Groepsenquête. Soms is het mogelijk de medewerkers van een afdeling van een bedrijf bijeen te laten komen om de vragenlijst in te vullen.

Enquêtes worden veel gebruikt, maar de resultaten vallen nogal eens tegen. De resultaten zijn lang niet altijd zo goed te verwerken en te interpreteren als van tevoren wordt gedacht. We noemen enkele kwaliteitseisen die aan enquêtes gesteld moeten worden:
- Gebruik geen moeilijke woorden. Elke respondent moet zonder moeite kunnen begrijpen wat er staat.
- Vermijd ontkenningen, gebruik geen woorden als: 'niet', 'geen', 'nooit'. Er ontstaan bijna altijd misverstanden met zinnen waarin ontkenningen staan.
- Preciseer in vragen naar gedrag in het verleden ('Hoe vaak hebt u ...') over welke periode het gaat.
- Vermijd in de antwoordcategorieën woorden als 'soms', 'af en toe', 'vaak' en 'veel'. Respondenten hanteren allemaal verschillende meetlatten.

Het succes van een enquête kan verder worden verbeterd door een beperkte proef te nemen: laat de vragenlijst door enkele betrokkenen invullen, vraag hun commentaar en gebruik hun scores om de verwerking van de resultaten voor te bereiden.

Technische meetprocedure
Met name wanneer er betrouwbare gegevens nodig zijn over eigenschappen of prestaties van technische systemen, zal er veelal een meetinstrument worden ingezet bijvoorbeeld om druk, temperatuur of hoeveelheid vast te stellen op verschillende momenten. Dit is het geval wanneer er in het geheel geen meetresultaten beschikbaar zijn en wanneer deze er wel zijn maar op correctheid moeten worden getoetst.

We noemen enkele situaties waarin technische metingen worden gehanteerd:
- goederenstroombeheersing: (tussen)voorraden, machinetijden;
- kwaliteit: uitval, afval, variaties in kwaliteit, klantenklachten, veiligheid (ongelukken);
- productiemiddelen: onderhoudsstatus, energie- en watergebruik;
- commerciële administratie: beslispunten in het offertetraject, segmentering van de markt;
- personeelsadministratie: ziekteverzuim.

Analyse van buiten naar binnen

Een belangrijk uitgangspunt is dat de meeste problemen in organisaties worden veroorzaakt door veranderende omstandigheden buiten de organisatie. De consequentie is dat de norm voor wat afwijkend is buiten de organisatie gelegd moet worden. Je kunt als stagiair de voorraadhoogte en de machinetijden berekenen, je kunt een onderzoek doen naar de tevredenheid met een nieuw informatieverwerkingssysteem, je kunt de efficiency in het offertetraject vaststellen enzovoort. Bij elk van deze onderzoeksactiviteiten moet de vraag worden beantwoord wat de norm is. Hoe hoog zou de voorraad moeten zijn? Hoeveel machinestilstand is acceptabel? Wat moeten we doen als de medewerkers ontevreden zijn met het nieuwe systeem? Hoe lang moet je blijven trekken aan offertes waarvan de slaagkans gering is? De normen moeten buiten de organisatie gezocht worden, in de tussenstand tijdens de wedstrijd waarin het bedrijf speelt. Wat verlangen de klanten? Hoe verhouden de eigen prestaties zich tot die van de concurrenten?

De analyse – het vaststellen of de gevonden onderzoeksuitkomsten binnen of buiten de normen liggen – moet van buiten naar binnen worden uitgevoerd. Dat betekent dat er gewerkt moet worden met extern gerichte prestatie-indicatoren. De belangrijkste daarvan zijn: kwaliteit, prijs, flexibiliteit, leveringstijd en leveringsbetrouwbaarheid.[5] Een vitaal bedrijf behoort op een of meer van deze indicatoren tot de beste in zijn markt.

Van buiten naar binnen analyseren houdt in dat vanuit de geformuleerde prestatie-indicatoren wordt gekeken naar de relevante bedrijfsprocessen. Afwijkingen worden vastgesteld en vertaald in verbeteringsdoelstellingen.

Uit de analyse van een stagiair, die bij een machinefabriek werkte, bleek dat de klanten in de eerste plaats verlangden dat onderdelen binnen 24 uur werden geleverd. Het bedrijf kon niet altijd aan die wens voldoen, terwijl concurrenten daarin wel slaagden. Het is in zo'n geval duidelijk in welke richting de verbeteringsdoelstelling moet worden gezocht.

Omgaan met een aantal veelvoorkomende problemen

In de praktijk blijkt het onderzoek niet altijd volgens plan te verlopen. Hierna gaan wij in op een aantal punten die belangrijk zijn om het onderzoek op koers te houden.

Houd de rode draad van het project vast
In vrijwel elk project doen zich ook na een zorgvuldig uitgevoerde oriëntatiefase onverwachte ontwikkelingen voor die aanleiding kunnen zijn het opgestelde werkplan bij te stellen. Wanneer

dat – ook na kritische toetsing – echt onvermijdelijk blijkt, laat dan het doel van de opdracht richtsnoer blijven voor de noodzakelijke veranderingen in de aanpak.

Houd het contact met de opdrachtgever in stand

In de drukte van de onderzoekswerkzaamheden kan het contact met de opdrachtgever gemakkelijk worden verwaarloosd. Af en toe even binnenlopen bij de opdrachtgever om even informeel bij te praten, houdt ook daar de aandacht voor het project gaande.

Communiceer formeel en informeel met alle relevante partijen

Hierbij valt te denken aan voorzitters van project- en werkgroepen, platformgroep, beslissers, 'opinionleaders'. Op deze wijze blijft men overzicht houden over wat er bij hen leeft ten aanzien van de opdrachtuitvoering.

Leg belangrijke veranderingen inzake planning en verloop van het onderzoek vast

Door deze verslagen aan de betrokkenen in het project toe te sturen kan er altijd op worden teruggegrepen. Daarmee kunnen misverstanden en communicatiestoornissen worden voorkomen. Vergeet vooral niet om ook de stagedocent te informeren. Zonodig kan hij helpen bijsturen.

Houd een projectdossier bij waarin belangrijke projectinformatie terug te vinden is

Bij een adviesproject van enige omvang ontstaat al snel een onoverzichtelijke hoeveelheid documentatie zoals:
- interviewverslagen
- enquête-uitkomsten
- rapporten
- procesbeschrijvingen
- notulen van besprekingen.

Alleen met een onderwerpsgewijze opslag met inhoudsverwijzingen is men in staat om overzicht te houden. Een hangmappensysteem is daarbij een goed hulpmiddel. Bij projecten met werkgroepen dient deze plicht ook opgelegd te worden aan de werkgroepvoorzitters. Een goede vorm om dossierdiscipline in werkgroepen te introduceren, is het verstrekken van een ringband met onderwerpgerichte tabbladen.

Probeer aanwezig te zijn bij bijeenkomsten waar beslissingen over het project worden genomen

Managementteams, stuurgroepvergaderingen en dergelijke beslissen over voortgang en uitkomsten van het adviesproject. Door te vragen persoonlijk aanwezig te mogen zijn, kun je als stagiair voorkomen dat er een verkeerde beeldvorming ontstaat en kun je het nemen van de juiste beslissingen ondersteunen. Bovendien weet de stagiair dan uit de eerste hand wat er met de onderzoeksresultaten gebeurt.

Bewaak de efficiency bij de projectuitvoering
Soms stuit het verzamelen van gegevens op onverwachte moeilijkheden. Er moet worden voorkomen dat er veel onderzoeksinspanning wordt verspild om relatief onbelangrijke details uit te zoeken. Steeds moet in het kader van de totale onderzoeksdoelstelling de hoeveelheid werk en het relatieve belang worden afgewogen.

Houd de vaart erin
Lange tijden van stilstand kosten aandacht en verlagen de slaagkans van het project. Bovendien dreigt daarmee overschrijding van de beschikbare stagetijd.

Verzorg belangrijke rapportages altijd eerst in de vorm van een mondelinge presentatie met behulp van sheets
Presentaties dwingen tot verwoording van de essentie van de rapportage en richten daardoor ook de discussie op de kernthema's. Daarna kan desgewenst nog een schriftelijk verslag worden verzorgd.

Houd goed contact met de bedrijfsbegeleider en de stagedocent
Door regelmatig contact wordt voorkomen dat bedrijfswensen en studie-eisen uit elkaar gaan lopen.

Actiepunten
Ook deze fase in het adviesproces sluiten wij af met een opsomming van de tien processtappen die achtereenvolgens doorlopen moeten worden:
1 Onderzoeksvragen formuleren.
2 Kiezen van methoden van informatieverzameling en -analyse.
3 Voortgang bewaken.
4 Overleg met platformgroep.
5 Projectaanpassing.
6 Dossierbeheer.
7 Onderzoeksvragen beantwoorden.
8 Tussentijdse rapportages.
9 Logboek invullen.
10 Overleggen met stagedocent.

Opgaven voor zelfstudie bij Stap 7

10.1 Onderzoeksvraagstukken

Tijdens het diepteonderzoek doen zich vele deelvragen voor waarop via gericht onderzoek het antwoord gezocht moet worden.
Geef van elk van de hierna genoemde vraagstellingen aan, in de vorm van een beknopte werkplanning, langs welke weg jij de benodigde antwoorden zou willen opsporen.

1 Een bedrijf wil van een bepaalde concurrent te weten komen:
   de omzet van het laatste boekjaar;
   - de winst van het laatste boekjaar;
   - de gemiddelde voorraad eindproduct (in geld) van het laatste boekjaar;
   - het gemiddelde percentage productieverlies door uitval.
2 Een bedrijf wil weten hoeveel concurrenten het heeft in Nederland.
3 Een bedrijf wil weten hoe groot de export is in de eigen branche in Nederland.
4 Een bedrijf wil weten hoe de eigen leveringsbetrouwbaarheid is vergeleken met die van z'n vier belangrijkste concurrenten.
5 Een bedrijf wil weten wat de optimale personeelsbezetting is van z'n verkoopbuitendienst.
6 Een bedrijf wil weten wat de best passende taakverdeling is tussen de verkoopbinnendienst en de verkoopbuitendienst.
7 Een opdrachtgever wil weten hoe het werkklimaat is in z'n bedrijf.
8 Een bedrijf wil weten hoe het staat met de tevredenheid van z'n 500 klanten.
9 Een bedrijf wil weten of de eigen afdeling fysieke distributie goedkoper is dan de diensten van een externe distributeur.
10 Een bedrijf wil weten hoe het de voor- en nadelen kan afwegen van centrale versus decentrale inkoop van z'n handelsgoederen.

10.2 Werkplanning

Uit een stageverslag komt de volgende tekst:
'Bedrijf X wil zijn grote afnemers (20) binnen twee dagen en de kleine (150) binnen één week na bestelling leveren. Daarmee wil men in de ogen van de klant de vlugste leverancier zijn tegen zo laag mogelijke voorraadkosten.'

1 Stel een gedetailleerde werkplanning op om te meten in hoeverre deze doelstelling gerealiseerd wordt.

2 Ontwerp de benodigde vragenlijsten, formulieren enzovoort.

10.3 Stagnatie tijdens diepteonderzoek

Welke stagnatieoorzaken tijdens het diepteonderzoek kun je bedenken en met welke maatregelen kun je deze voorkomen en/of oplossen om 'de vaart' erin te houden?

10.4 BV Unitbouw

De BV Unitbouw houdt zich bezig met de productie, verkoop en verhuur van eenheden voor tijdelijke huisvesting. Vroeger was het bedrijf een gewone timmerfabriek die ramen, kozijnen en ander timmerwerk aan de bouw leverde. Maar 20 jaar geleden kwam de directeur/eigenaar Daan Verwees op het idee zich toe te gaan leggen op de unitbouw. Hij ontwierp zelf enkele varianten, maakte een verkoopfolder en doopte de naam van het bedrijf om van Timmerfabriek Daan Verwees naar BV Unitbouw. Na een aarzelende start begonnen de nieuwe activiteiten goed aan te trekken. De markt ontdekte – geholpen door Daans reclamecampagne – dat units niet alleen als bouwkeet bruikbaar zijn, maar dat ook scholen, bejaardenhuizen en zelfs fabriekskantoren via een goed bouwdoossysteem van units gebruik konden maken. Zeker als de nieuwbouw op zich laat wachten (industrie) of de overheidsgelden nog niet beschikbaar zijn voor nieuwbouw (scholen, bejaardenzorg) kan overbrugging door middel van een constructie gebaseerd op standaardunits – ook als het meerdere jaren betreft – uitkomst bieden. Bij de afnemers is het minder gebruikelijk geworden om units te kopen; men huurt ze liever. En zo is de BV Unitbouw een grote exploitant van houten units geworden. De 'timmerfabriek' beperkt zich tot onderhoud, reparatie en nieuwbouw van de eigen units voorzover daaraan behoefte is.

In de goede jaren is het bedrijf uitgegroeid tot een omzet van ongeveer 50 mln (huurpenningen!) met een personeelsbestand van zo'n 300 man.

Als moderne ondernemer was Verwees er ook vroeg bij om een Ondernemingsraad en een Raad van Commissarissen in het leven te roepen. De eerste vond hij belangrijk omdat zijn personeel hem na aan het hart lag en hij graag bij de groeiende omvang 'de geluiden van de werkvloer' niet wilde missen. De Raad van Commissarissen paste bij hem in het streven om – als hem iets zou overkomen – mensen om zich heen te hebben die de zorg voor het bedrijf zouden kunnen overnemen.

De laatste jaren lijkt er wel iets van de glans van het bedrijf verloren te zijn gegaan. De omzet is gestagneerd, er schijnt meer concurrentie te zijn gekomen en zelfs vaste afnemers keren soms het bedrijf de rug toe. Ook de resultaten tenderen naar het negatieve, wat de Raad van Commissarissen en de bank de nodige zorgen baart. Verwees, inmiddels tegen de 60 heeft zich gerealiseerd dat er wellicht een koersverandering nodig is om het bedrijf weer in de goede richting te krijgen.
In overleg met de Raad van Commissarissen is besloten een commerciële adjunct-directeur aan te trekken, die bij gebleken geschiktheid ook Verwees kan opvolgen.
Leo Karssen is de man die daarvoor gevonden is. Leo werkte bij een goede relatie in de bouw en Verwees kon het altijd al goed met hem vinden. Toen Karssen in een van hun gesprekken terloops liet blijken dat hij in de markt was, aarzelde Daan Verwees niet lang en deed hem een aanbod. Toen ook de Raad van Commissarissen en de Ondernemingsraad enthousiast bleken, was de zaak snel beklonken.

Reeds binnen een aantal maanden is het Karssen met zijn gevoel voor zaken duidelijk geworden dat het bedrijf er niet goed voorstaat. Uiteraard is daar wel op gezinspeeld tijdens de sollicitatieprocedure, maar de werkelijkheid lijkt toch nog somberder. Reden waarom hij al spoedig Verwees heeft voorgesteld een stagiair in te schakelen die eens wat dieper in de materie zou moeten duiken.
Via een naburige HEAO is Anja Verdegaal aangetrokken. Zij heeft *Advieskunde voor praktijkstages* gelezen en is vastbesloten het daarmee geleerde in praktijk te brengen. Dat is tot nu toe ook goed gelukt. Zij is inmiddels in de oplossingsfase van haar opdracht aangeland, maar ze ziet nu toch een complicatie op zich afkomen.

Terugkijkend op haar werk tot nu toe beseft zij dat de BV Unitbouw diep in de problemen zit. Terwijl het bedrijf nog teerde op de oude roem zijn – blijkens haar onderzoek – een paar concurrenten op het idee gekomen om units van kunststof met aluminium frames op de markt te brengen. Deze units hebben als voordeel geringe onderhoudskosten en dus een veel lagere huurprijs. Bovendien hebben deze units een simpeler montagesysteem wat ook de huurprijs voor de klant ten goede komt. Ten slotte bieden deze units een veel betere isolatie waardoor in de zomer de binnentemperatuur aangenamer is en in de winter op de stookkosten wordt bespaard.

Onopgemerkt zijn op deze manier de houten units van Verwees hopeloos verouderd. Dat Verwees dat lange tijd ontgaan is, komt door de explosieve marktvraag. Maar nu de vraag stabiliseert, komt de BV Unitbouw in moeilijkheden. Slechts door dumpprijzen aan te bieden, kan Verwees zich nog enigszins staande houden maar het blijft een uiterst kwetsbare situatie. Om uit de narigheid te komen, overweegt Anja twee mogelijke scenario's. Het ene houdt een turn-around-aanpak in. Dat betekent dat het personeelsbestand met een derde wordt ingekrompen, er enkele activiteiten worden afgestoten en er getracht wordt voor de Nederlandse markt de licentie van een Belgische bouwer van moderne units te verwerven. Zij weet dat Karssen sympathiseert met deze aanpak omdat hij van mening is dat alleen een snelle ingreep het bedrijf nog kan redden.

Het tweede scenario gaat van een behoedzamer aanpak uit. Er zou niet meer personeel verdwijnen dan via natuurlijk verloop mogelijk is. Daarnaast zou een team uit de technische dienst de opdracht moeten krijgen om een serie moderne units te ontwerpen, welke langzaamaan de oude houten units zouden moeten gaan vervangen. Voor dit scenario is Verwees sterk geporteerd. Hij meent dat de financiële draagkracht van het bedrijf deze langzame verandering wel kan hebben.

Bij verschillende besprekingen en tussenrapportages is Anja al opgevallen hoe de beide directieleden denken. Hoewel zij respect tonen voor elkaars visie zijn hun voorkeuren voor de te bewandelen weg duidelijk verschillend.

1 Wie is bij voorkeur de opdrachtgever van Anja en waarom?
2 Hoe moet zij het beste scenario vaststellen of is dat niet nodig? Licht het antwoord toe.
3 Had Anja deze patstelling kunnen voorkomen en zo ja op welke wijze?
4 Beschrijf een aanpak die erop gericht is de beide directeuren achter een eensluidende oplossing te krijgen.

11
Stap 8 **Oplossingsplan**

In het TSP hangen het uitvoeren van het onderzoek en het opstellen van het oplossingsplan nauw samen. In het TSP-schema hebben deze beide stappen samen een cyclisch karakter. Tijdens het diepteonderzoek komen gegevens beschikbaar die de contouren van oplossingen in zich dragen. Een goede adviseur zal die gedachtevorming voortdurend communiceren met de betrokken personen en instanties om te bereiken dat het uiteindelijke advies het gewenste resultaat zal hebben en realiseerbaar zal zijn.

Het uitvoeren van het onderzoek en het vinden van de oplossing zien wij als een cyclisch proces. Het is verleidelijk deze activiteiten lineair te zien: eerst het onderzoek uitvoeren en helemaal afronden en daarna nadenken over de oplossing. Met 'cyclisch' bedoelen wij dat in een aantal cycli de kwaliteit van mogelijke oplossingen wordt beproefd tot er een passende oplossing is gevonden. Al onderzoekende ontstaan er ideeën voor oplossingen. Die oplossingen roepen nieuwe, aanvullende (onderzoeks)vragen op die beantwoord moeten worden. Sommige oplossingen zullen afvallen, andere worden genuanceerd en verfijnd.[1]

De onderzoeksfase loopt ten einde als er uitzicht is op enkele verdedigbare oplossingsvarianten. Bovendien moet er voldoende inzicht zijn in de voor- en nadelen van de gevonden opties als basis voor weloverwogen besluitvorming.
Daarmee is ook de functie van Stap 8 aan te geven: het organiseren van het besluitvormingsproces om op basis van de onderzoeksuitkomsten de meest wenselijke van de aangedragen oplossingen te kiezen. De bijbehorende werkzaamheden voor de adviseur of stagiair liggen in de sfeer van:
- een goede presentatie voorbereiden waarin weergegeven wordt op grond van welke gegevens tot welke oplossingsrichtingen gekomen is. Daarin moet tevens aangegeven worden welke

keuzecriteria voorgesteld worden en tot welke favoriete oplossing deze de adviseur/stagiair brengen. Enig globaal inzicht op de organisatorische gevolgen van elke optie kan het keuzeproces aanmerkelijk ondersteunen;

- het op verzoek van het management en in hun aanwezigheid communiceren van de oplossingsplannen naar andere gremia, zoals de ondernemingsraad, de raad van commissarissen en de aandeelhouders;
- het doen van kleinschalig nader onderzoek om onverwachte vragen te kunnen beantwoorden;
- het bevorderen van een voortvarende besluitvorming om ruim baan te krijgen voor de implementatieactiviteiten.

Hierna is aangegeven hoe de ingevulde checklist na afronding van Stap 8 eruit kan zien. Zie figuur 11.1. De opdracht in het daar be-

Figuur 11.1 **Voorbeeld van ingevulde logboekpagina over Stap 8**

Checklist Stap 8 Oplossingsplan

Vragen	Antwoorden
1 Welke oplossingen zijn er gepresenteerd?	Oplossingen waren: nieuwe logistieke staf aantrekken (ervaren logistiek manager en jong deskundig assistant-logistiek manager; uitbesteden deel van proces waar nu de bottlenecks zitten; inzet concentreren op focussed factory-concept en daarna passende flankerende maatregelen treffen
2 Wat is de gerapporteerde voorkeursoplossing?	Eerst interne organisatie aanpassen volgens focussed factory-concept; daarna nieuw logistiek concept kiezen
3 Wie zijn bereid die oplossing te ondersteunen?	Managementteam en ondernemingsraad
4 Wat zijn de belangrijkste veranderpunten voor de organisatie?	• Opsplitsen fabriek naar resultaat verantwoordelijke product/marktcombinaties • Aanstellen (deels) nieuwe managers op resultaatgebieden
5 Wie waren bij de oplossingspresentatie?	Het gehele managementteam en voorzitter OR
6 Wat leverde de discussie op?	• Consensus over de oplossing • Snelle invoering gezien teruglopende resultaten
7 Wie beslist wanneer over de voorstellen?	De beslissing is genomen tijdens een presentatiebijeenkomst. Implementatieplan wordt over twee weken besproken in MT-vergadering.
8 Hoe ziet het globale uitvoeringsplan eruit?	Zie 2; nog anderhalve week nodig voor het detailleren van de aanpak
9 Overige opmerkingen	

schreven voorbeeld van een kunststoffabriek was het bedrijf te adviseren zodat het beter op de wensen van de klant in kan spelen. Daar was alle aanleiding toe. Het bedrijf was gewend op bestelling te produceren. De (industriële) afnemers hielden zelf een voorraad aan zodat de druk op de leveringstermijn gering was. Vanwege de afnemende voorspelbaarheid van hun afzet eisten steeds meer afnemers een kortere leveringstermijn. Het inflexibele productieproces van de kunststoffabriek, dat tevens een lange doorlooptijd kende, was daar niet op ingesteld.

De vragen na afloop van deze stap zijn sterk resultaatgericht. Er moet duidelijkheid zijn over de beste oplossing. Daarbij is inzicht in het draagvlak in de organisatie voor de oplossing van groot belang. In het beschreven voorbeeld wordt de oplossing breed gedragen: door het management en de Ondernemingsraad. De beslissing over het voorstel is meteen tijdens de presentatiebijeenkomst genomen. Er is nog enige detaillering nodig. Daarover zal later worden beslist.

In de checklist is in vraag 2 sprake van een *voorkeuroplossing*. Er worden vaak meerdere oplossingen voor een vraagstuk gevonden. Zoals reeds hiervoor is betoogd, is het verstandig om die verschillende opties ook aan de opdrachtgever te rapporteren, en daarbij aan te geven welke oplossingen waarom de voorkeur genieten.[2] Daarbij spelen de volgende overwegingen mee:

- Het presenteren van meerdere mogelijkheden maakt tegenover de opdrachtgever duidelijk dat het onderzoek met de nodige zorgvuldigheid is uitgevoerd. Er zijn maar heel weinig vraagstellingen waarvoor slechts één oplossing mogelijk is.
- Er wordt geanticipeerd op de te verwachten vraag van de opdrachtgever naar alternatieven. Het presenteren van slechts één mogelijkheid roept gemakkelijk een gevoel van 'slikken of stikken' op. Met name managers zijn gewend te denken in alternatieven.
- Er is ruimte voor de opdrachtgever om voorkeur te geven aan een andere dan de geadviseerde optie. De opdrachtgever kan een andere afweging maken.

Ook voor de stagiair is het goed om in alternatieven te denken. Dit dwingt tot nadenken over de kwaliteit en de verdedigbaarheid van het advies.

Opdrachtgevers zijn vaak voorzichtig in het overnemen van een advies, niet zozeer uit wantrouwen jegens de kwaliteit van het advies, maar vanwege hun ervaring met organisatieverandering. Zij ondervinden dagelijks hoeveel inspanning het kost om een organisatie op te bouwen en soepel te laten lopen. Verandering – en dat is toch meestal de strekking van een advies – betekent bijna altijd het doorbreken van een bestaande routine. Zo'n doorbraak kost altijd extra tijd en mankracht, en brengt het risico mee van een verkeerde afloop.

Om die reden zal de ervaren opdrachtgever zijn adviseur stevig uitvragen over het beoogde resultaat en de haalbaarheid van het advies. Bovendien zal de opdrachtgever, als hij het advies overneemt, zekerheden willen inbouwen, zoals:
• verifiëren van cruciale uitgangspunten en gegevens;
• betrekken bij de besluitvorming van personen die met de invoering belast worden;
• starten met een proefimplementatie op beperkte schaal;
• opzetten van een fasegewijze doorvoering, zodat per fase nog wat kan worden bijgestuurd;
• voorbereiden van mensen via trainingen enzovoort.

Een stagiair die zich bewust is van de manier waarop een opdrachtgever denkt en handelt kan daarop anticiperen. Het aandragen van alternatieven en het zichtbaar maken van de afwegingscriteria passen daarin, evenals het meedenken over de reeds genoemde zekerheden. Deze manier van werken maakt dat de kans op acceptatie van het advies aanmerkelijk wordt vergroot.

Kijken we nog eens vanuit dit perspectief naar het advies voor de kunststoffabriek, dan zien we dat de fasegewijze doorvoering – weliswaar heel elementair – in het advies ligt besloten: eerst de organisatie ombouwen naar deelfabrieken die gespecialiseerd zijn op hun eigen marktsegment (focussed factory-concept). Pas daarna kan de goederenstroombesturing, gericht op kortere doorlooptijden aangepakt worden.
Andere punten, zoals starten met een proefimplementatie in een van de focussed factories en het voorbereiden van de betrokkenen op deze toch wel ingrijpende verandering, zullen in het invoeringsplan uitgewerkt moeten worden.

Zoals reeds eerder bij andere stappen in het TSP bleek, loopt ook hier de rapportage over de activiteiten in deze stap enigszins vooruit op die in de volgende stap. Dit is nodig om te zorgen dat de stappen geen doelen op zich worden maar deelactiviteiten die met het oog op het uiteindelijke doel – het realiseren van een effectief advies – van elkaar zijn onderscheiden. Het is goed om het geheel in het oog te houden. Toch dient in het oplossingsplan dit anticiperen op de invoering slechts in globale termen te geschieden. Een goed invoeringsplan geeft namelijk uiterst gedetailleerd weer wie, wat en wanneer moet doen. Daar is de invoeringsfase voor. Wanneer men de rapportage inzake het oplossingsplan te veel belast met dit soort details, komt de discussie over de hoofdlijnen van het advies in het gedrang. Eerst moet de besluitvorming zich concentreren op de hoofdlijnen van de geadviseerde oplossing. Uiteraard moet de stagiair zo goed nagedacht hebben over de implementatie dat hij de vraag: 'Wat betekent dit advies voor onze organisatie?' in grote lijnen kan beantwoorden. Dat vergroot het vertrouwen in het uitgebrachte advies.

Het zal inmiddels duidelijk zijn dat niet alleen de wijze waarop het advies totstandkomt erg belangrijk is voor de acceptatie ervan, maar ook de wijze van overdracht. Zoals de terugkoppelingssessie een hoeksteen is in de oriëntatiefase, is de rapportage over de beoogde oplossing een hoogtepunt in de onderzoeks- en oplossingsfase. Reden genoeg om daar wat langer bij stil te staan.

Rapportage over oplossing

Eerst is van belang hoe de sessie georganiseerd wordt. Hierna volgt een aantal aanwijzingen, waarvan sommige vergelijkbaar zijn met wat reeds over de organisatie van de terugkoppeling is beschreven:

- Zorg dat degenen die over het advies beslissen de bijeenkomst bijwonen. Dat vraagt vroegtijdig overleg met de voorzitter – meestal de opdrachtgever – over de datum, de plaats, het tijdstip en de benodigde tijd. Het is aan te bevelen dat de invitatie van de voorzitter uitgaat.
- Zorg voor een storingsvrije vergaderruimte en voldoende tijd, waarbij men kan denken aan anderhalf tot twee uur.
- Overweeg de bijeenkomst uit te stellen indien er tussentijds problemen rijzen, bijvoorbeeld wanneer er veel afmeldingen zijn of wanneer de beschikbare tijd sterk wordt beperkt. Overleg in zo'n geval met de voorzitter.
- Rapporteer door middel van sheets op een overheadprojector en schrijf het rapport later, zodat ook de discussieresultaten daarin verwerkt kunnen worden.
- Maak de presentatie niet te lang, zodat minstens de helft van de vergadertijd voor discussie en besluitvorming beschikbaar is.
- Scheid de presentatie met vragen om toelichting van de discussie. Een te vroeg oplaaiende discussie kan een presentatie zeer verbrokkelen en daarmee de rode draad verloren doen gaan.
- Bevorder een accurate besluitvorming, zodat een lange wachttijd tussen advies en implementatie voorkomen wordt. Als stagiair kan men snelle besluitvorming stimuleren, door zonodig concrete afspraken daarover te maken.
- Zorg dat de beslissende personen tussentijds betrokken zijn bij

de adviesvorming door mee te werken aan het project of door overleg en interimrapportages. Het eindadvies bevat dan zelden verrassingen voor hen. Zij zijn meegegroeid met het denken van de stagiair en als zij zich daarin al thuis voelden, kunnen beslissingen vaak snel genomen worden. Het tempo van besluitvorming wordt aanmerkelijk beïnvloed door de wijze waarop het onderzoeks- en adviestraject georganiseerd is.

Een goed argument om op accurate besluitvorming aan te dringen is de voortgang van het veranderingsproces. Organisaties die te maken krijgen met een organisatie-onderzoek en daar voldoende bij betrokken worden, nemen vaak al een voorschot op de formele besluitvorming over het advies. Met praktijkvoorbeeld 11.1 wordt dat geïllustreerd. Wanneer beslissingen lang uitblijven kan dat zeer demotiverend werken naar de betrokken medewerkers. Daarom geldt met name in deze fase van het adviesproces, dat er alles aan gelegen is om de vaart erin te houden.

Voor het opbouwen van een goede presentatie volgt een voor-

Praktijkvoorbeeld 11.1

Bij de kunststoffabriek, genoemd in de checklist van dit hoofdstuk, werd de doorlooptijd als een knellend probleem ervaren. Voorheen werkte het bedrijf zonder voorraad gereed product. Door de verscherpte afnemerseisen zag men zich gedwongen een voorraad van ƒ 3 mln productiewaarde aan te houden. Het renteverlies deed de hele jaarwinst teniet waardoor het bedrijf voor het eerst in de rode cijfers kwam. Toen de adviseur aan het werk ging en al spoedig over 'focussed factories' begon als eerste stap op weg naar flexibilisering van het productieproces, sloeg dat meteen aan bij de productieleiders. Nog voordat de formele adviesrapportage aan de directie en de besluitvorming daarover was afgerond, waren ze al met elkaar aan de slag gegaan om de drie focussed factory-organisaties op papier uit te werken. Toen de formele rapportage een feit was, bleek dat de directeur sterk aarzelde over de werking van het concept. Door zijn weifelende houding bleef de implementatie twee maanden uit. Dat was een grote teleurstelling voor de productieleiders die zich de verliessituatie hevig aantrokken. Zij kregen de grootste moeite om aan hun aanvankelijk zeer enthousiaste medewerkers de zin van de vertraging uit te leggen. Zo ebde de inzet voor de noodzakelijke reorganisatie langzaam weg. Toen na enkele maanden uitstel de directeur eindelijk instemde met de invoering, kreeg hij de grootste moeite om de organisatie alsnog op gang te krijgen.

---

beeld van een inhoudsopgave die tevens als agenda voor de bijeenkomst kan dienen:

1 Probleemstelling en opdrachtformulering.
2 Samenvatting (alleen in rapport).
3 Tussentijdse resultaten.
4 Oplossingsrichtingen, afweging en voorkeur.

5 Discussievragen (alleen bij presentatie).
6 Discussieresultaten (alleen in rapport).
7 Globaal implementatieplan.
8 Follow-up.

Wij zullen enkele van de in de inhoudsopgave genoemde punten nader toelichten.

Probleemstelling en opdrachtformulering

Misschien wekt het verbazing om met de probleemstelling en opdrachtformulering te beginnen. Dat onderwerp uit de oriëntatiefase is toch een allang gepasseerd station? Toch is het nodig om de precieze aard van de opdracht terug te halen om ervoor te zorgen dat er opnieuw een gemeenschappelijk startpunt is. Wanneer de rode draad niet wordt aangereikt, kunnen uiteenlopende verwachtingen leiden tot verkeerde discussies.

Ook om een andere reden is het van belang om in de presentatie met de probleemstelling en opdrachtformulering te beginnen. Meestal wordt er nog na afloop van de presentatie een adviesrapport opgesteld. Zo'n rapport is – indien het een uitgebreid onderwerp betreft – soms een lang leven beschoren. Het kan zijn dat het jaren later nog eens uit de kast wordt gehaald om op te slaan. Als in dat rapport dan niet de probleemstelling en opdrachtformulering die toen overeengekomen zijn, teruggevonden kunnen worden, kan dat zeker bij lezers die niet bij het project betrokken zijn geweest tot verkeerde interpretaties leiden. Daarom moet men ook niet volstaan met het slechts achterlaten van een afdruk van de sheets. Die zeggen de niet-betrokken lezers helemaal niets.

Jaren na de afsluiting van een adviesopdracht werd een adviseur aangesproken door een commissaris van een bedrijf over het 'waardeloze' advies. Gekrenkte trots deed de adviseur verder vragen, want het advies was geaccepteerd en uitgevoerd en het bedrijf had er veel voordeel van gehad. De directie bleek alleen de sheets aan de commissaris te hebben verstrekt waardoor deze het verbindende verhaal miste.

Samenvatting

De samenvatting dient alleen opgenomen te worden in het achteraf uit te schrijven rapport. Voor een sheetpresentatie, die beknopt moet zijn, is dat overbodig.

Een goed rapport bevat voorin een 'management summary' voor de gehaaste lezer.

Tussentijdse resultaten

Doorgaans kent een wat langer lopend onderzoek, zoals een afstudeerstage een aantal samenhangende onderzoekactiviteiten. Elk van deze deelonderzoeken kunnen het waard geweest zijn om separaat in een interimpresentatie aan de opdrachtgever en andere betrokkenen voor te leggen. Zo kan de uitkomst van een marktonderzoek of een analyse van het productieproces eerder gerapporteerd zijn. Het is verstandig de conclusies uit deze tussentijdse resultaten in het eindadvies weer even terug te halen, omdat niet ieder ze meer vers in het geheugen heeft.

Oplossingsrichtingen, afweging en voorkeur

In het voorgaande hebben wij al uitvoerig beschreven waarom het verstandig is meerdere oplossingen te presenteren en tevens te verantwoorden welke overwegingen een rol hebben gespeeld bij het bepalen van de voorkeuroplossing. Niet altijd komen er als vanzelf meerdere oplossingen te voorschijn. Wij willen benadrukken dat het verstandig is om dan het beschikbaar krijgen van meerdere oplossingsrichtingen te forceren. Naar aanleiding van het diepteonderzoek kunnen enkele deelvarianten bedacht en gepresenteerd worden. In praktijkvoorbeeld 11.2 wordt deze werkwijze weergegeven. Het presenteren van sterk van elkaar verschillende varianten of scenario's werkt vrijwel altijd stimulerend op

Praktijkvoorbeeld 11.2

Een groot bedrijf exploiteerde een computercentrum voor eigen gebruik, dat ook diensten aan derden leverde. Op basis van de zowel intern als extern gefactureerde bedragen leed het centrum al jaren verlies. De Raad van Commissarissen – de verliezen beu – forceerde dat er een adviseur werd ingeschakeld die moest vaststellen of een rendabele exploitatie op termijn bereikbaar was, en zo ja onder welke voorwaarden.
Al snel stelde de adviseur voor zichzelf vast dat de grote verliezen veroorzaakt werden door een veel te lage tarifiëring van het externe werk. Door de geringe commerciële slagkracht van de medewerkers van het computercentrum trokken ze in de agressieve softwaremarkt voortdurend aan het kortste eind.
Ook constateerde de adviseur dat er door de jaren heen een halfslachtig beleid was gevoerd door het moederbedrijf. Het centrum mocht altijd wat meer investeren dan voor de interne behoefte nodig was, dit ten gunste van het externe werk, maar nooit voldoende om met de externe concurrentiestrijd mee te kunnen. De adviseur besloot in zijn advies op een duidelijke beleidskeuze aan te sturen. Daartoe ontwierp hij twee oplossingsrichtingen om aan het verlies een eind te maken:
1 een krimpscenario waarin het computercentrum teruggebracht zou worden tot de omvang van de interne behoeften;
2 een expansiescenario waarbij het computercentrum door forse investeringen in mensen en middelen zich zou kwalificeren voor een winstgevende concurrentiepositie op de externe markt.

Door een zwart-wit-schildering van de basiskeuzen kon inderdaad de Raad van Commissarissen de beslissing nemen om scenario 1 te volgen en daarmee een einde te maken aan het halfslachtige beleid.

de besluitvorming. Vaak moeten er toch bij de besluitvorming en implementatie elementen van verschillende oplossingen gemengd worden. Door eerst klare wijn te schenken, blijft beter zichtbaar hoeveel water er toegevoegd wordt. In bedrijfstermen: een sterk onderscheidende oplossingsvariant zet een duidelijke norm aan de hand waarvan de kwaliteit van besluitvorming en implementatie bewaakt kan worden.

Discussievragen
Na de presentatie van het advies over de oplossing is het tijd voor discussie. Het is de taak van de voorzitter om zo'n discussie in goede banen te leiden. Wanneer je als stagiair de zekerheid van een goede discussie wilt vergroten, kun je een sheet met discussievragen aanbieden. Een paar punten die vrijwel altijd besproken kunnen worden zijn:
* eerste reactie op de totale presentatie;
* discussie over de beoordelingscriteria om de voorkeuroplossing te bepalen;
* bespreking van elke oplossing apart;
* uitdiepen van de geadviseerde oplossing en – globaal – de implementatie ervan;
* besluitvorming.

Door het aanbieden van een aantal discussievragen – zo mogelijk opgesteld in overleg met de voorzitter – wordt de druk verhoogd om in de bespreking tot besluitvorming te komen. De kans is groot dat er anders in de beperkte tijd die beschikbaar is voor de rapportagesessie een ongestructureerde en tijdverslindende discussie ontstaat over gevoelige maar relatief onbelangrijke details. In het later uit te brengen schriftelijke rapport kunnen de relevante discussieresultaten worden meegenomen, zoals ook in het volgende punt van de inhoudsopgave (6) wordt gesuggereerd.

Globaal implementatieplan
In hoofdstuk 12 zal uitvoerig op de implementatie worden ingegaan. Het is verstandig in de rapportagesessie daar al enigszins op vooruit te lopen. In de discussie over het voorstel speelt altijd op de achtergrond de vraag mee: 'Wat zal er in onze organisatie en in onze manier van werken moeten veranderen als wij voor deze oplossing kiezen?' Zelf hechten wij aan zo'n eerste discussie, omdat het inzicht geeft in de mate waarin de opdrachtgever vertrouwd is met het implementeren van organisatieveranderingen. Uit onze praktijkervaringen kennen wij voorbeelden van bedrijven die aan een half woord genoeg hadden om meteen tot invoering over te gaan. Maar wij kennen ook voorbeelden van bedrijven waar intensieve begeleiding nodig was om de beoogde organisatieverandering op gang te brengen.

Een bescheiden discussie over de implementatie kan je als stagiair enigszins een gevoel geven voor de eigen implementatiekracht van het bedrijf, zodat je je een mening kunt vormen over de energie die moet worden gestoken in de begeleiding van de implementatie. Deze verkenning is van belang voor het invullen van de activiteiten die in Stap 9 zullen moeten worden uitgevoerd.

Follow-up

Ten slotte dienen er concrete afspraken gemaakt te worden over de vervolgactiviteiten. Deze kunnen bijvoorbeeld gaan over:
- De definitieve besluitvorming, zeker als de eindbeslisser onverhoopt niet is betrokken bij de rapportage.
- Het herhalen van de presentatie en bespreking in andere bijeenkomsten zoals afdelingsoverleg en managementteam. Een professionele adviseur houdt ook wel eens een presentatie voor de Ondernemingsraad, Raad van Commissarissen of de Aandeelhoudersvergadering.
  Het is verstandig om als stagiair aan te bieden daarbij behulpzaam te willen zijn door bijvoorbeeld steeds de presentatie te houden. Voor de opdrachtgever is het prettig indien men bij elke presentatie over de expertise van de stagiair kan beschikken. De stagiair heeft er belang bij dat overal het verhaal op dezelfde manier wordt overgedragen. Tegelijkertijd krijgt hij inzicht in het draagvlak bij diverse partijen in de organisatie.
- Het opstellen van een gedetailleerd implementatieplan, zoals in Stap 9 wordt behandeld.

Weerstanden

In deze fase begint puntje bij paaltje te komen. Wat nog ver weg stond voor menigeen in de organisatie wordt nu concreet. Er gaat echt iets veranderen! Sommigen zullen enthousiast meewerken, anderen realiseren zich nu wat de consequenties kunnen zijn en zijn daar niet blij mee. Het is goed als stagiair te bedenken dat weerstanden voor het grootste gedeelte voortkomen uit vrees voor positieverlies: verandering in taak, bevoegdheid of plaats in formeel of informeel communicatienetwerk.[3] Soms is die vrees gerechtvaardigd. Echter, in dit stadium liggen de misverstanden op de loer. Het is van het grootste belang dat de stagiair pro-actief communiceert. Dat wil zeggen: niet wachten tot je wordt gevraagd om een toelichting te geven op de plannen, maar ervoor proberen te zorgen dat je de voor het project belangrijke mensen op de hoogte kunt stellen, zodat men het niet van anderen hoort. Dat er sprake is van weerstanden blijkt veelal uit symptomen als:
- op de bezwaren van de voorkeursoplossing blijven hameren;
- een andere dan de voorgestelde oplossing promoten;

- erg stil worden, weinig enthousiasme en betrokkenheid uitstralen;
- veel sombere vragen blijven stellen;
- waarschuwen voor risico's;
- na afloop contact zoeken met de adviseur of stagiair om zijn gezichtspunten aan te scherpen.

Reeds eerder, bij Stap 6, hebben we het omgaan met weerstanden en bezwaren aan de orde gesteld. Wij hebben daar reeds aangeraden om niet te kiezen voor een uitsluitingsbenadering, maar om ook de weerstrevers actief in het onderzoekswerk te laten participeren. Voor het beslissen over en implementeren van de oplossing geldt hetzelfde. Bilateraal overleg om hen mee te krijgen, mee te laten werken in werkgroepen en hun kritische houding te gebruiken om het oplossings- en implementatieproces aan te scherpen zijn goede vormen om in positieve zin met kritische spelers om te gaan.

Actiepunten
Wij sluiten de bespreking van deze stap af met het opsommen van de zes activiteiten die achtereenvolgens binnen deze stap dienen te worden uitgevoerd:
1 Oplossingspresentatie voorbereiden en houden.
2 Besluitvorming organiseren.
3 Draagvlak versterken.
4 Tegenstanders bewerken.
5 Globaal implementatieplan opstellen.
6 Logboekpagina invullen.

Opgaven voor zelfstudie bij Stap 8

11.1 NV Baggerindustrie

De NV Baggerindustrie is een grote wereldwijd opererende producent van baggervaartuigen. De omzet ligt op het niveau van €400 mln; het aantal werknemers is rond de 800.

Van oudsher is de NV Baggerindustrie een typisch Nederlands en zeer bloeiend bedrijf. De laatste tijd stagneert echter de omzet en de winst. De oorzaken moeten volgens de directie gezocht worden in de toenemende concurrentie. Daarnaast bestaat de neiging van ontwikkelingslanden om ter bescherming en opbouw van de eigen industrie delen van de productie van baggervaartuigen in eigen beheer te nemen. Voor de NV Baggerindustrie betekent deze laatste tendens dat zij steeds vaker alleen de 'moeilijke' delen van baggerinstallaties mag leveren, hoewel ook daarvan de namaak hand over hand toeneemt.

De productie geschiedt op klantenorder. De af te leveren schepen en installaties worden deels opgebouwd uit standaardmodules, deels aangepast aan specificaties van de afnemers, de baggermaatschappijen. De meeste orders hebben een hoge omzetwaarde die vaak boven de €5 mln ligt.

Het verkoopproces is doorgaans zeer langdurig van aard. Het is niet ongebruikelijk dat er in een periode van een half tot drie jaar verkoopinspanningen gepleegd moeten worden voor het verwerven van een order. De oorzaak daarvan moet gezocht worden in het feit dat het om investeringsgoederen gaat waarbij de overheid vaak – zeker in de ontwikkelingslanden – als financier optreedt. Daarnaast speelt dat er grote overcapaciteit is in de sector van de baggerindustrie. Afnemers maken daar gebruik van door leveranciers tegen elkaar uit te spelen in uitputtende en geldverslindende offerteprocedures.

Als reactie op deze marktomstandigheden is de omvang van de verkoop-, ontwerp- en calculatieafdeling bij de NV Baggerindustrie aanmerkelijk gegroeid; van zo'n 100 man vijf jaar geleden naar 200 man op dit moment. Desondanks is de omzet nauwelijks verbeterd en dreigt het bedrijf in de rode cijfers terecht te komen.

Kort geleden is de commercieel directeur, Adriaans, met pensioen gegaan. De Raad van Bestuur sloeg de effectiviteit van de commerciële activiteiten al geruime tijd met zorg gade. Aandringen op acties ter verbetering van de situatie bij de commerciële man, de heer Adriaans, had tot dan toe nauwelijks verbetering opgeleverd. Reden voor de Raad om niet de adjunct Van Adriaans, Gaston van Leuven te benoemen, maar iemand van buiten aan te trekken.

De zorgvuldig geselecteerde nieuwe commerciële topman is Willem de Leeuw geworden. Hij is een dynamische veertiger, werktuigbouwer van huis uit met veel ervaring in de machine-industrie, zowel in het binnenland als internationaal.

In zijn vorige functie heeft hij goede ervaringen opgedaan met stagiairs. Studenten zijn vaak gemakkelijker in de organisatie te introduceren dan adviesbureaus terwijl zij anderzijds onder goede begeleiding heel veel materiaal kunnen aandragen om tot werkelijke verbetering te komen. Om deze reden heeft De Leeuw enige tijd geleden besloten een stagiair, Peter Barth, los te laten op het probleem van de ineffectieve verkooporganisatie.

Peter heeft deze opdracht als volgt aangepakt. Eerst heeft hij zich verdiept in de branche en de plaats van NV Baggerindustrie daarin. Daarbij is hem duidelijk geworden dat de hele Nederlandse baggerindustrie het moeilijk heeft. Indertijd hebben alle grote bedrijven zich gestort op het nieuwe marktsegment – de ontwikkelingslanden die hun havens en vaargeulen toegankelijk wilden maken voor de grote vaart – wat tot een grote hausse in de sector heeft geleid. Maar langzaamaan keert het tij. Deze markt raakt verzadigd. De afnemers gaan over op de lokale industrie die ongeremd de laatste snufjes van de Nederlanders overnemen. Op die manier blijven slechts de beste 'innovators' in de vaderlandse industrie over, maar dan nog dankzij een zeer geraffineerd en effectief georganiseerd verkoopapparaat.

Vervolgens is Peter de cyclus doorgegaan van oriënterende interviews, terugkoppeling naar het bedrijf en aanscherping en planning van zijn opdracht. Deze opdracht is na wat discussie met het management uiteindelijk als volgt geformuleerd:

• verhogen van de effectiviteit van het verkoopapparaat met 50%;
• ontwikkelen en implementeren van een managementinformatiesysteem om die effectiviteit te besturen.

Voorts heeft hij een platformgroep in het leven geroepen om zo af en toe eens zijn ideeën en bevindingen te kunnen toetsen aan mensen die het bedrijf goed kennen. In deze platformgroep zijn naast De Leeuw, als commercieel directeur, opgenomen:

- de heer Cuvée, manager van de afdeling commerciële voor-calculatie;
- de heer Otten, manager van de ontwerpafdeling;
- de heer Verwey, manager van de verkoopafdeling;
- de heer In 't Ven, manager van de afdeling informatiesystemen.

Cuvée, Otten en Verwey rapporteren aan De Leeuw.

Peter Barth is in de fase van het diepteonderzoek aangeland. Tijdens zijn oriënterende interviews en het daarop aansluitende diepteonderzoek zijn hem de volgende verschijnselen opgevallen:
- de vaak zeer lange duur van het verkoopproces (half tot drie jaar);
- het beperkte aantal orders (80 – 120 per jaar);
- het relatief grote belang van elke order;
- de lage hit-rate van 15%;
- het zeer laat afkappen van kansloze prospects;
- de mogelijkheid om het verkoopproces in een aantal onderscheidende fasen te verdelen.

Op grond van deze waarnemingen heeft hij een beslissingsmodel gevonden om de effectiviteit van de verkoopinspanningen nader te analyseren en te verbeteren. Omdat de invoering van zijn aanpak een vrij intensieve veranderingsfase meebrengt, besluit hij om eerst zijn oplossingsplan te toetsen aan de mening van zijn platformgroep. Reden waarom hij deze groep bijeen haalt voor een presentatie van zijn ideeën.

1 Ontwerp het beslissingsmodel voor dit vraagstuk
2 Ontwikkel de presentatie waarmee Peter Barth zijn oplossingsplan met de platformgroep wil afstemmen.
3 Geef de drie belangrijkste veranderingen aan die de NV Baggerindustrie moet doorvoeren als men het ontworpen oplossingsplan accepteert.

11.2 Veranderingen ten gevolge van uitbesteding

1 Wat zijn de belangrijkste organisatieveranderingen voor een transportbedrijf dat zijn eigen onderhoudswerkplaats wil opdoeken en het betreffende werk wil gaan uitbesteden aan een naburig garagebedrijf?
2 Geef van elke verandering globaal aan hoe jij deze zou implementeren.

12
Stap 9 Invoering

Met de overgang naar Stap 9 verlaten we het werkgebied van de onderzoeks- en oplossingsfase en komen we in de invoeringsfase van het TSP.

De onderzoeks- en oplossingsfase was erop gericht via grondige analyse van de oorzaken en achtergronden van het onderhanden zijnde vraagstuk een oplossing te ontwikkelen die tot de gewenste resultaten zal leiden en waarvoor voldoende draagvlak bestaat in de organisatie. Nadat de keuze voor een oplossing is gemaakt, kan de daadwerkelijke invoering ter hand worden genomen.

Een van de uitgangspunten in het TSP is dat een stageproject pas succesvol is als er een organisatieverandering plaatsvindt. Het begrip 'organisatieverandering' roept in de praktijk heel verschillende beelden op. Iedereen zal het ermee eens zijn als wij de actie 'Centurion' bij Philips, waarbij enkele jaren geleden tienduizenden mensen hun baan verloren en waarover veel publiciteit is geweest, een organisatieverandering noemen. Dat wij ook de invoering van een bonussysteem voor vertegenwoordigers of het klantvriendelijk maken van telefonistes een echte organisatieverandering noemen, spreekt voor velen minder vanzelf. Ook deze kleinschalige veranderingen moeten goed worden voorbereid omdat ze gemakkelijk weerstanden kunnen opwekken en zelfs kunnen mislukken. Dit wordt pas ingezien, wanneer men zelf de invoering ter hand neemt (zie praktijkvoorbeeld 12.1).

Juist het praktische, alledaagse karakter van kleinschalige veranderingen maakt ze zo leerzaam. Veel stagiairs zullen in hun latere loopbaan al snel zelf dergelijke projecten moeten uitvoeren. Een vingeroefening in de eigen bedrijfsstage vormt een bijzonder leermoment voor de latere praktijk.

Het is ons opgevallen dat er zowel onder studenten als docenten veel scepsis bestaat over de mogelijkheid om in een stageopdracht aan het implementeren van het ontwikkelde advies toe te komen. Argumenten als te weinig tijd, te moeilijk voor studenten, te veel omvattend werk, implementeren is managerswerk of implementeren vereist ervaring, liggen aan deze scepsis ten grondslag. Ongetwijfeld speelt mee dat slechts weinig docenten met het veranderen van organisaties in bewust beleefde vorm van doen hebben gehad. In werkelijkheid staat elke docent regelmatig midden in een organisatieverandering zonder dat hij dat beseft. Enkele voorbeelden uit het docentenleven:

- een nieuw lesrooster;
- verandering van het curriculum;
- een (nieuwe) vervangingsregeling;
- een verandering van de vakgroepenindeling;
- invoering van een tijdschrijfsysteem;
- doorvoeren van adviezen van de visitatiecommissie;
- invoeren van TSP als stagebegeleidingsinstrument.

De definitie van een organisatie omvat: positiestructuur, bemensing, systemen, werkvormen, procedures en afspraken. Alle genoemde voorbeelden vallen dan ook onder de categorie organisatieverandering. Ook al realiseren zij zich dat vaak niet, toch is er dus bij alle docenten een vrij grote ervaring beschikbaar, ruim voldoende om de stagiair ook in die fase binnen te leiden en te begeleiden.

Als men ook naar de volgende lijst van stageopdrachten van verschillende onderwijsinstellingen kijkt, wijken de bijbehorende stageopdrachten qua gewicht niet dramatisch af van wat docenten in hun eigen werkpraktijk te verzetten krijgen:

- het opzetten van een centraal meldpunt;
- het versnellen van verbeterprojecten;
- het ontwikkelen van een kwaliteitmeetsysteem;
- het verbeteren van de synergie tussen bedrijfsonderdelen;
- het verzelfstandigen van een facilitaire dienst;
- het zelf doen of uitbesteden van voorraadbeheer en transport;
- het opstellen van een masterplan voor de bedrijfsverplaatsing;
- het verhogen van het innovatievermogen van een researchgroep;
- het vastleggen en verbeteren van het logistieke proces;
- het opzetten van een magazijnlocatiesysteem.

Kennelijk is er in een stagepraktijk van vier tot acht maanden, waaraan deze voorbeelden zijn ontleend, veel mogelijk. Om aan implementatie toe te komen, is een stevig projectmanagementsysteem nodig en de bereidheid om onderweg wat versmallingen in de opdracht aan te brengen. Het loont de moeite.

Aan de hand van de hierna ingevulde checklist (zie figuur 12.1) wordt duidelijk welke resultaten na afloop van de activiteiten in deze stap geboekt moeten kunnen worden. Vervolgens wordt een aantal aspecten van de implementatie behandeld die gebaseerd zijn op de in de checklist genoemde vragen en antwoorden.
De informatie in de checklist slaat op de NV Technische Groothandel welke case hierna uitgebreid wordt behandeld.

Implementatieplan
Naarmate organisatieveranderingen complexer van aard zijn, vraagt het implementatieplan meer aandacht.[1] In een aan het management te presenteren implementatieplan worden de volgende zaken aangegeven:

- de punten waarop de organisatie moet veranderen om de gekozen oplossing in te voeren;
- de inhoud van de verandering;
- de betrokkenen bij de verandering;
- de persoon/functionaris die verantwoordelijk is voor de daadwerkelijke verandering;
- de start- en einddatum van het verandertraject.

Om te illustreren hoe dat er in de praktijk uit kan zien gaan we wat dieper in op het voorbeeld uit de checklist. Het daar beschreven samengevatte implementatieplan van de NV Technische Groothandel wordt toegelicht en uitgewerkt.

Checklist Stap 9 Invoering

Vragen	Antwoorden
1 Hoe ziet het implementatieplan eruit?	• Annoncering in kersttoespraken • Proefproject in filiaal Zwolle door lokale werkgroep • Daarna invoering in andere filialen • Interne opleiding voor filiaalmanagers
2 Hoe ziet de gekozen veranderingsorganisatie eruit?	• Managementteam coördineert en evalueert • Werkgroep Zwolle proefproject • Werkgroepen andere filialen • Werkgroep Opleiding filiaalmanagers
3 Welke rol(len) heb je gekozen bij het ondersteunen van de implementatie?	• Ondersteuning werkgroepen (helpersrol)
4 Welke mensen vormen een risico bij de implementatie?	• Filiaalmanager Rotterdam • Personeelschef hoofdkantoor
5 Welke interventie-instrumenten zijn gekozen om de implementatie te ondersteunen?	• Propaganda via kersttoespraak • Proefproject • Werkgroepen van filiaal- en hoofdkantoormedewerkers • Voorbeeldstelling
6 Welke 'eerste stapjes' zullen achtereenvolgens worden gerealiseerd?	• Annoncering • Proefproject
7 Overige opmerkingen	

Case NV Technische Groothandel

De NV Technische Groothandel (TG), omzet € 25 mln, levert technische gereedschappen en materialen aan industriële gebruikers, via een hoofdkantoor en zeven filialen, verspreid over het land.

Na de aanstelling van een nieuwe directeur is er discussie ontstaan over het besturingsconcept: Wat is de optimale taakverdeling tussen hoofdkantoor en filialen? Concrete vragen die daarbij spelen zijn:

- Wie koopt wat wanneer in, zodanig dat enerzijds het schaalvoordeel niet verloren gaat, en anderzijds de lokale verantwoordelijkheid van de filiaalmanager voor een passend voorraadniveau niet wordt aangetast?
- Wie trekt personeel aan voor de filialen, zodanig dat de filiaalmanager zich verantwoordelijk kan voelen voor de nieuw geworven werknemers, terwijl tegelijkertijd het hoofdkantoor de kwaliteit van het personeel verzekerd weet?
- Wie bepaalt de taakinhoud van de medewerkers op de filialen zodanig dat deze taakinhoud aansluit op de lokale werksituatie,

maar tegelijkertijd aansluit bij vergelijkbare taken elders in de organisatie zodat een gemeenschappelijk beloningssysteem gehanteerd kan worden en mensen gemakkelijk (tijdelijk) ingezet kunnen worden op een ander filiaal?
- Wie instrueert de vertegenwoordigers van elk filiaal zodanig dat de filiaalmanager zich omzetverantwoordelijk kan voelen, terwijl tegelijkertijd verkoopefficiency en klantbenadering per regio niet te ver uit elkaar lopen?

De stagiaire die voor het oplossen van deze vraagstukken is ingehuurd, heeft in haar terugkoppeling vastgesteld dat deze vraagstukken een emotionele en een vakinhoudelijke dimensie hebben. Op emotioneel vlak liggen de gevoelens van de filialen over bevoogding door het hoofdkantoor en de indrukken van het hoofdkantoor dat de filialen doen wat ze zelf willen. Op vakinhoudelijk vlak speelt de vraag welke systemen, procedures en afspraken helpen om de gedeelde verantwoordelijkheden van hoofdkantoor en filialen op elkaar af te stemmen. Een vakinhoudelijke overweging zou kunnen zijn dat het zinvol is een inkoop- en vooraadbeheersingssysteem te ontwikkelen, waarin het hoofdkantoor de raamcontracten sluit om de hoogste korting te krijgen (schaalvoordeel), maar de afroep door elk filiaal zelf geregeld wordt (voorraadverantwoordelijkheid).

Omwille van de wederzijdse gevoeligheden heeft de stagiaire in het diepteonderzoek met een aantal werkgroepen gewerkt die bewust waren samengesteld uit enkele hoofdkantoor- en enkele filiaalmedewerkers. Elk van deze werkgroepen had opdracht één van de genoemde concrete vraagstellingen uit te werken. De werkgroepen hebben vlot gewerkt en op tijd goede adviezen uitgebracht. Hun resultaten omvatten:
- een inventarisatie van de taken en verantwoordelijkheden op elk van de genoemde gebieden (inkoop/voorraad, personeelwerving, taakinhoud/beloning, verkoopinstructie/klantbenadering);
- een toewijzing van de betreffende taken en verantwoordelijkheden aan het hoofdkantoor, de filialen of gemeenschappelijk;
- de globale systeem- en procedurebeschrijvingen om de aanbevolen werkwijzen te laten functioneren.

Deze adviezen zijn in een oplossingsplan verwerkt en door de stagiaire en de werkgroepvoorzitters aan het managementteam gerapporteerd. Doordat een aantal leden van het managementteam lid was van de verschillende werkgroepen en zich dus sterk medeverantwoordelijk voelde voor de voorstellen, was het niet moeilijk een positieve beslissing over de voorstellen te krijgen.

Nu staat de stagiaire voor de opgave een gedetailleerd implementatieplan te ontwerpen. Daarbij laat zij de volgende overwegingen meespelen:

- Jaarlijks wordt in elke organisatorische eenheid (hoofdkantoor en filialen) een kersttoespraak gehouden. Dat lijkt haar – gezien de beslissing in november om het nieuwe besturingsconcept in te voeren – een goede gelegenheid voor een brede aankondiging.
- Invoering van nieuwe werkwijzen bij een organisatie met een aantal filialen kan beter eerst uitgeprobeerd worden in één filiaal om daarvan te leren voor de implementatie bij andere filialen. Tijdens het onderzoek heeft de manager van het filiaal in Zwolle grote inzet en belangstelling voor het nieuwe besturingsconcept getoond. Daarom lijkt Zwolle haar de aangewezen eenheid voor een voortrekkersrol bij de implementatie.
- De systeem- en procedurebeschrijvingen zijn globaal en moeten nog in detail uitgewerkt worden. Dat kan beter gedaan worden door mensen die ermee moeten gaan werken, omdat zij de dagelijkse werkprocessen kennen.
- Niet elke filiaalmanager beheerst de nieuwe systemen voldoende om er leiding aan te kunnen geven en er verantwoordelijkheid voor te kunnen dragen. Met name het nieuwe voorraadbeheersingssysteem, het nieuwe gedeeltelijk prestatieafhankelijke beloningssysteem en de nieuwe wijze van klantbenadering op basis van accountmanagement, zijn nieuw voor de meeste filiaalmanagers. Om hen bij de implementatie te ondersteunen lijkt een interne opleiding op deze gebieden een belangrijk hulpmiddel. Zo'n interne opleiding kan na de proefimplementatie het beste worden verzorgd door mensen die als eersten met de nieuwe werkwijze en systemen ervaring hebben opgedaan, in casu de medewerkers van het proefproject in Zwolle en de daarbij betrokken specialisten van het hoofdkantoor. Het mede inzetten van hoofdkantoormedewerkers, zowel bij het ontwikkelen en geven van de opleiding als bij het Zwolse proefproject, heeft een dubbele reden. In de eerste plaats heeft het hoofdkantoor specialisten beschikbaar op de betreffende gebieden (inkoop, beloning, opleiding enzovoort) die de filialen missen. In de tweede plaats is het samenwerken aan een gemeenschappelijk project een ideale manier om de klassieke 'culturele kloof' tussen hoofdkantoormedewerkers en filiaalmedewerkers te dichten.

Al deze overwegingen brengen de stagiaire tot een implementatieplan, waarvan de hoofdlijnen zijn weergegeven in de antwoorden op vraag 1 van de checklist. De sheet die de stagiaire bij de presentatie aan het managementteam gebruikt is weergegeven in tabel 12.1.

Tabel 12.1 **Sheet 6, implementatieplan Technische Groothandel**

	Wat	**Wie**	**Wanneer**
1	Annoncering nieuwe besturingsconcept	• Directie op hoofdkantoor • Filiaalmanagers op filialen	Tijdens kersttoespraken
2	Proefinvoering in filiaal Zwolle	Filiaalmanager Zwolle	1e halfjaar '99
3	Uitwerking procedures/ systemen	Werkgroep van filiaal Zwolle m.b.v. hoofdkantoor	1e halfjaar '99
4	Interne opleiding aan alle filiaalmanagers	Filiaalmanager Zwolle + hoofdkantoormedewerkers	juli '99
5	Invoering in andere filialen	Werkgroep per filiaal m.b.v. Zwolle- en hoofdkantoor- medewerkers	2e halfjaar '99
6	Evaluatie implementatie	Managementteam	6 dec. '99

Veranderingsorganisatie

Wanneer er sprake is van een grote verandering in de organisatie is de kans groot dat de zorg voor de dagelijkse werkzaamheden de aandacht voor het veranderingsgerichte werk gaat overvleugelen: 'routine drives out change'. Door mensen tijdelijk extra taken te geven als 'veranderaar' kan het verantwoordelijke management hen ook aanspreken op de vervulling van deze extra taak. Het excuus 'te druk met andere dingen' is dan een minder bruikbare vluchtweg. Eén van de opgaven van de adviseur of stagiair is het aandragen van ideeën voor maatregelen waarmee bereikt kan worden dat de afgesproken veranderingen ook werkelijk worden ingevoerd. Een samenhangend geheel van dergelijke maatregelen hebben wij op het oog met het begrip 'veranderingsorganisatie'.

De veranderingsorganisatie – het tweede thema in de checklist – is aan de orde wanneer er sprake is van een grootschalige verandering.[2] Dat is zeker het geval bij de introductie van het nieuwe besturingsconcept van de NV Technische Groothandel. De grootschaligheid van een organisatieverandering kan worden afgemeten aan aspecten als:
• het aantal betrokken managers en medewerkers;
• de mate waarin de verandering invloed heeft op de dagelijkse werkprocessen;
• de mate waarin nieuwe kennis, inzichten en vaardigheden verworven moeten worden;
• de emotionele geladenheid van de organisatieverandering;
• de doorlooptijd van het veranderingsproces.

Elk van deze criteria is van toepassing op de beschreven casus. Het verdient dus aanbeveling om in dit geval een veranderingsorganisatie op te zetten.

Onder een veranderingsorganisatie verstaan wij een samenhangend geheel van tijdelijke organisatiemaatregelen om het werken aan de beoogde organisatieverandering expliciet zichtbaar en bestuurbaar te maken.

Tijdelijke organisatiemaatregelen krijgen doorgaans vorm via *projectgroepen, bijeenkomsten, projectinformatie en opleidingsactiviteiten*. Door deze veranderingsgerichte werkzaamheden bewust te scheiden van het dagelijkse routinewerk worden de aandacht en de inspanning voor het veranderingsproces vastgehouden.

In Stap 6 (hoofdstuk 9) is het werken met werkgroepen reeds aan de orde geweest. Wat wij daar hebben geschreven en geïllustreerd (figuur 9.4) over de aansturing van de werkgroepen is ook hier van toepassing. Het is zelfs dikwijls verstandig om onderzoekswerkgroepen – die in Stap 6 ingesteld zijn en die bewezen hebben goed te functioneren – ook bij de implementatie een rol toe te delen. De kennis van zaken die zij in het diepteonderzoek hebben vergaard, kan van grote waarde zijn in de implementatiefase. Dat behoeft overigens niet te betekenen dat alle leden van de onderzoekwerkgroepen geforceerd een implementatietaak moeten krijgen. Het voordeel van de voorkennis blijft ook behouden als men een aantal individuele leden uit onderzoekwerkgroepen aan een implementatiewerkgroep laat deelnemen.

Eigen rolkeuze

In de checklist van dit hoofdstuk wordt de vraag naar de rol die de stagiair heeft gekozen bij het ondersteunen van de implementatie beantwoord met: *helper*. Er zijn ook andere rolkeuzen mogelijk. In tabel 12.2 brengen wij een aantal varianten in kaart.[3]

Zoals uit de tabel blijkt, maken we onderscheid tussen drie hoofdrollen:

1 De rol van *manager*. Hierbij neemt de adviseur de leiding op zich van het hele implementatietraject of een deel daarvan. In feite verlaat hij dan de adviseursstatus en wordt interim- of projectmanager.

De kenmerken van deze rol zijn in tabel 12.2 aangegeven en spreken voor zich. De adviseur die in deze rol stapt, moet wel over bewezen managementkwaliteiten beschikken om succesvol te kunnen implementeren. Niet elke adviseur beschikt over deze kwaliteiten. Veel adviseurs kunnen uitstekend de weg naar de oplossing aangeven zonder zelf een goede manager te zijn.

Tabel 12.2 **Rolmogelijkheden voor een implementatieadviseur**

Manager	Helper	Bewaker
• Stuurt de reorganisatie aan	• Laat management 'aan de bal'	• Heeft een plaats in de stuurgroep
• Stelt zich verantwoordelijk voor het resultaat	• Ondersteunt in helpende vormen	• Is raadsman bij problemen
• Krijgt bevoegdheden om beslissingen te nemen	• Voelt zich medeverantwoordelijk	• Is kritische waarnemer
• Verliest distantie	• Bewaakt voortgang en resultaat	• Waarschuwt management bij afwijkingen van gekozen koers
• Wint aan invloed en betrokkenheid	• Houdt afstand; staat boven de partijen	
• Behoeft schaduwadviseur als kritische sparringpartner		

Een goede voetbaltrainer is ook lang niet altijd topvoetballer geweest.

Wanneer de adviseur in de rol van de manager stapt, wordt het belangrijk dat hij zich laat ondersteunen door een schaduwadviseur, om de uitgestippelde koers te helpen bewaken. Bij het implementeren doen zich vaak allerlei onverwachte ontwikkelingen of situaties voor die tot compromissen nopen. Een collega-adviseur, die vrijblijft van deze invloeden, kan helpen bij koerswijzigingen de grens tussen het nodige en het mogelijke te bewaken.

Voor de stagiair is de managementrol bij een ingrijpend veranderingsproces, bijvoorbeeld door de rol van voorzitter van een stuurgroep op zich te nemen, als dit al aan de orde komt, sterk af te raden. Het gebrek aan ervaring levert zowel voor de student als voor het bedrijf risico's op.

2 De rol van *helper*. Deze rol is voor de stagiair een veel beter hanteerbare positie. Bijvoorbeeld door de rol van secretaris van alle of de belangrijkste werkgroepen op zich te nemen, kan hij veel invloed uitoefenen op het functioneren van die groepen en inhoudelijk de helpende hand bieden zonder zelf de harde noten te moeten kraken. Het helpen mag er niet toe leiden dat de medewerkers van het bedrijf worden weggespeeld. Het komt voor dat de werkgroep gaat zitten toekijken hoe de overijverige student het karwei klaart. De gevolgen laten zich raden. Wanneer de stage van de student erop zit, zakt de hele boel weer in elkaar. Professionele adviseurs weten dat en hebben geleerd

waar dat nodig is een hand uit te steken en zich niet te bemoeien met zaken die goed opgepakt worden door het bedrijf. Het spelen van die rol is voor hen niet zo moeilijk. Hun hoge tarief dwingt meestal wel tot een uiterst selectieve inzet.

3 De rol van *bewaker*. Deze rol wordt vaak door professionele adviseurs gekozen. In die rol zijn zij als het ware de schaduwadviseur, het 'geweten' van het bedrijfsmanagement dat zelf de totale implementatie voor zijn rekening neemt. In die rol is een adviseur meestal lid van de stuurgroep of vergadert tijdelijk mee in het managementteam op momenten dat de veranderingsoperatie aan de orde is. De adviseur-bewaker neemt geen deel aan de implementatiewerkzaamheden zelf en kan uit dien hoofde dus kritisch-waarschuwend letten op veranderingen in de aanpak.

Voor een stagiair ligt ook deze rol niet voor de hand. Hoewel deze rol minder bezwaarlijk is dan de managementrol wordt toch ook hier aan talenten geappelleerd waarover de student nog slechts in bescheiden mate beschikt. Van de betrokkene wordt vooral gevraagd dat hij goed en tijdig kan inschatten welke risico's verbonden zijn aan het wijzigen van de implementatieaanpak en dat hij in staat is z'n opvatting met gezag en overtuiging aan het management over te dragen. Daarnaast speelt nog dat deze rol een continuïteit vraagt die zich niet verdraagt met de beperkte lengte van een stageperiode.

De hiervoor beschreven rollen komen in de praktijk ook in mengvorm voor. Soms vervult de adviseur-manager of adviseur-bewaker ook de rol van adviseur-helper.

In het algemeen zijn deze mengvormen af te raden. Voor mensen in een organisatie zijn frequente rolwisselingen van een externe adviseur heel verwarrend. Wanneer mensen worden geïnterviewd door een persoon die optreedt als adviseur leggen de meesten van hen een openhartigheid aan de dag waar ze spijt van zouden kunnen hebben als zij geweten hadden dat deze zelfde adviseur een poosje later hun baas of collega-manager zou worden. Men kan zich gemakkelijk bedrogen en misbruikt voelen en dat is heel slecht voor het functioneren van de adviseur en het aanzien van het beroep.

Risicofactoren

Vraag 4 in de checklist voor Stap 9 is erop gericht vast te stellen wie de tegenstanders van de in te voeren oplossing zijn. In vrijwel elk adviesproces en bij elke oplossing manifesteren zich tegenstanders; zoals we al enkele malen hiervoor betoogd hebben. Als het zover is dat er een oplossing is gekozen en wordt overgegaan tot invoering van die oplossing dan wordt van hen gevraagd loyaal mee te werken aan de gekozen oplossing. Inmiddels is dan gebleken dat daarvoor een ruim toereikend draagvlak in de organisatie bestaat. Doorgaans werkt de tegenstander ook mee, maar de ervaren adviseur weet dat deze mensen het bij de implementatie extra moeilijk kunnen krijgen. Zij moeten zich inzetten voor een andere werkwijze, terwijl zij er niet van overtuigd zijn dat die verandering een verbetering is. Dat valt sommigen heel zwaar. De natuurlijke neiging is deze mensen niet of marginaal bij het veranderingsproces te betrekken. Eerder hebben wij betoogd dat het doorgaans een bevredigender eindsituatie oplevert, als deze mensen er juist intensief bij betrokken worden. Door hen de bal toe te spelen, lid te maken van een werkgroep en verantwoordelijkheid voor een deelproject te geven, wordt positief gebruik gemaakt van hun kritische instelling. Vaak ziet men in de praktijk dat hun weerstand vermindert en dat deze soms zelfs wordt omgebogen in enthousiasme. Om hen daarbij te helpen is het verstandig om als adviseur of stagiair hun wat extra aandacht te geven, bijvoorbeeld door een extra persoonlijk gesprek of extra ondersteuning. Daarmee wordt ook het gevaar verminderd dat opponenten – vaak onbewust – meer bezig zijn om de onjuistheid van de gekozen oplossing te bewijzen dan bij te dragen aan een effectieve implementatie.

Interventie-instrumenten

Vraag 5 van de checklist richt zich op de interventie-instrumenten. Een interventie-instrument is een maatregel of een aantal samenhangende maatregelen die de adviseur aan het management kan aanreiken om een organisatieverandering te bevorderen.

Er is veel over interventies en interventiemethoden geschreven en er zijn veel methoden op de markt verschenen, variërend van simpele tot heel ingewikkelde interventies.[4] Wij beperken ons hier tot een aantal interventievormen die ook binnen het bereik van de stagiairs liggen.

Ons uitgangspunt is dat de daadwerkelijke organisatieverandering managerswerk is. Maar een stagiair kan, mede op basis van de geschetste 'tool-kit', zeker een bijdrage leveren door bruikbare interventievoorstellen te doen en ook zelf een handje mee te helpen.

Propaganda

De voorgenomen verandering wordt breed gecommuniceerd via toespraken, personeelsorganen, prikborden, vergaderingen enzovoort. Soms is het een krachtig instrument. Een directeur kondigde eens in een kersttoespraak aan dat hij extra aandacht zou gaan geven aan het hoog opgelopen verzuim. Prompt daalde dat verzuim al met 2%.

Proefproject

Een proefproject wordt vaak gekozen bij complexe veranderingen. De echte moeilijkheden om een organisatie te veranderen, bijvoorbeeld bij een nieuwe productieplanningsmethode in de fabriek, worden pas zichtbaar tijdens de daadwerkelijke invoering. Om te voorkomen dat invoeringsproblemen de hele fabriek zullen stilleggen, kan men beter eerst ervaring opdoen in één kleine afdeling. Dat beperkt het afbreukrisico en leidt tot een meer doordachte aanpak van de invoering van het nieuwe productieplanningssysteem in de andere afdelingen. Bovendien kunnen mensen uit de proefafdeling collega's uit de andere afdelingen met hun inmiddels opgedane ervaring bijstaan.

Managementinstructie

Schriftelijk wordt aan de betrokkenen meegedeeld hoe de nieuwe werkwijze vanaf een bepaald moment in gang moet worden gezet. Bij kleine, eenvoudige en weinig gevoelige veranderingen is dit een probaat middel. Een voorbeeld is een verzoek van de bureauleiding van een adviesbureau aan de adviseurs om voortaan geen klantendossiers meer op hun bureau achter te laten, gezien de vertrouwelijkheid van de gegevens en gebleken vermissingen.

Opleiden

Opleiden is een veelgebruikt en zeer effectief hulpmiddel om nieuwe inzichten en vaardigheden te genereren die bij een organisatieverandering vereist zijn. Een voorbeeld is een acquisitietraining voor veldwerkers van een concern-Arbodienst die vanwege verzelfstandiging ook op de externe markt moest gaan werven.

Feedback

Met feedback geven wordt bedoeld in objectieve termen aan een persoon of groep beschrijven hoe men, gezien door de ogen van een buitenstaander, functioneert. De beschrijving kan voortvloeien uit observaties van de feedbackgever zelf of door observaties opgetekend uit de mond van anderen.

Van beide een voorbeeld:

- Vanuit eigen observatie: 'Ik zie je weinig op vergaderingen en in de kantine. Ik krijg daardoor de indruk dat jij je niet betrokken voelt bij deze organisatie.'
- Vanuit informatie van anderen: 'Uit de klantenenquête komt naar voren dat men ons bedrijf ervaart als weinig servicegericht.'

Feedback geven is een middel om iemands inzicht te vergroten in het huidige eigen functioneren met het doel diens bereidheid te vergroten om toch mee te doen met het beoogde anders functioneren.

Voorbeeldwerking
Personen of groepen die het nieuwe functioneren onder de knie hebben, kunnen ten voorbeeld worden gesteld aan anderen om hen aan te moedigen ook mee te doen. Dat kan door hen bijvoorbeeld een presentatie in een werkvergadering te laten houden.

Beloning/straf
Door de gewenste ontwikkelingen te prijzen en te belonen en de ongewenste af te keuren en te straffen worden medewerkers gestimuleerd om de organisatieverandering snel op te pakken. Daarbij moeten de termen belonen/straffen wel vertaald worden naar organisatorische maatregelen. Voorbeelden zijn:
- Belonen: een prijzende opmerking, tot voorbeeld stellen, een bonus, een goede beoordeling, een grotere salarisverhoging, een promotie.
- Straffen: afkeurende opmerking, geen bonus, geen promotie, slechte beoordeling, geen salarisverhoging.

De positief ingestelde adviseur kan volstaan aan zijn opdrachtgever uitsluitend belonende maatregelen te adviseren omdat het niet krijgen van die beloningen voor de anderen vaak al 'bestraffend' genoeg is om zich meer in te zetten voor de beoogde organisatieverandering.

Vervangen of verplaatsen van mensen
Vervangen of verplaatsen wordt toegepast om de veranderingsgerichte aanpak van een organisatie(deel) te versterken. Als er getwijfeld wordt aan de mogelijkheden van een sleutelfiguur in het proces, bijvoorbeeld de manager van een voor het veranderingsproces belangrijke afdeling, om de beoogde verandering te realiseren in zijn groep, kan besloten worden (tijdelijk) iemand anders de leiding van die groep te geven. (Zie praktijkvoorbeeld 12.2.)

Praktijkvoorbeeld 12.2

Een ingenieursbureau kampte met te weinig omzet en besloot op aanraden van een adviseur zijn verkoopinspanningen anders te gaan organiseren. Voor de nieuwe aanpak werd de huidige verkoopleider echter als volstrekt ongeschikt gezien. Dus werd intern een acquisiteur van beter formaat aangesteld en ging de verkoopleider terug naar de tekentafel.

'Kleine stapjes' vooruit

Vraag 6 in de checklist heeft als achtergrond dat wij van mening zijn dat in het algemeen organisatieveranderingen het best kunnen worden ingevoerd via kleine stapjes die snel successen opleveren. Kleine stapjes zijn beter te overzien, beter bij te sturen als het dreigt mis te gaan, kunnen sneller aangepakt worden en zijn als ze goed aflopen trendsettend voor het verloop van het verdere veranderingsproces. Bovendien helpen de snelle kleine successen de sceptici – die er altijd zijn – over hun aarzelingen heen. 'Kleine stapjes' kunnen zijn:

- één proefafdeling;
- één isoleerbaar stukje van een veelomvattender procedurewijziging;
- één proefmarkt in de regio;
- enkele proefklanten;
- één voorraadartikel(groep);
- één filiaal;
- één laag in de organisatie bijvoorbeeld bij de invoering van een nieuw beoordelingssysteem;
- één interventie-instrument om de uitwerking te leren kennen.

Organisatieveranderingen die zo in gang worden gezet, verlopen meestal veel effectiever dan allesomvattende verschuivingen in één keer, met grote draaiboeken enzovoort. Een eis is wel dat er tijd moet zijn om stap voor stap te werken. Als er sprake is van een crisissituatie ontbreekt vaak die tijd en is het management gedwongen grote risico's te nemen, bijvoorbeeld om een dreigend faillissement te voorkomen.

Wij hopen dat duidelijk is geworden dat stagiairs wel degelijk aan implementatie-activiteiten kunnen deelnemen en dat deze fase doorgaans een buitengewoon leerzaam onderdeel is van de stage. Om het functioneren van studenten op dit gebied nog verder te ondersteunen, geven wij nog een aantal praktische suggesties. Sommige daarvan zijn in het voorgaande al beknopt naar voren gekomen.

Suggesties

Laat anderen aan de bal
Speel zoveel mogelijk de verantwoordelijke mensen aan en maak zelf waar mogelijk terugtrekkende bewegingen. Na je vertrek moet de organisatie zelf verder kunnen. Dat vraagt enige zelfbeheersing want de neiging om zelf midden in het spel te blijven is vaak sterk.

Motivatie gaat vóór regels
Het succes van een organisatieverandering wordt meer bepaald door menselijk kunnen en willen dan door regels en richtlijnen zoals taakbeschrijvingen, organisatieschema's en werkinstructies. De laatstgenoemde ingrediënten kunnen het 'willen en kunnen' ondersteunen maar dat zelden afdwingen.

Niet elke manager is een veranderingsmanager
Niet alle managers die een lopende organisatie kunnen sturen zijn even handig in het managen van veranderingsprocessen. Als blijkt dat een manager op dat punt te kort schiet, kan tijdelijke hulp van een interimmanager een goede en sociaal verantwoorde oplossing bieden.

Maak persoonlijk falen bespreekbaar
In aansluiting op het voorgaande is het belangrijk de moed te hebben om menselijk falen bespreekbaar te maken. Juist bij organisatieveranderingen komt het voor dat voorheen bekwame mensen in een nieuwe rol terechtkomen die niet bij hen past. Zo kan een verkoper die met persoonlijk klantenbezoek uitstekende omzetten maakt, bij overgang naar een telefonische verkoopaanpak hopeloos ongeschikt blijken. Vaak negeert men het probleem totdat de betrokkene echt brokken maakt. Juist een begeleidende adviseur, en soms ook een stagiair, kan in de rol van helper dat taboe doorbreken. Door tijdig met de betrokkene en de verantwoordelijke manager het minder goed functioneren bespreekbaar te maken, worden ongelukken voorkomen en vaak kan dan toch een passende oplossing worden bereikt. Let er wel op eerst met de betrokken medewerker te spreken en daarna samen verdere acties voor te bereiden.

Ondernemingsbelang gaat voor individueel belang
Als er moeilijke keuzen moeten worden gemaakt dient het ondernemingsbelang te prevaleren boven het belang van de individuele medewerkers. Een veranderingsproces dat belangrijk is voor de onderneming moet gerealiseerd worden in het belang van allen die in en rond die onderneming werken, ook als persoonlijke belangen in het gedrang komen. Uiteraard dient binnen redelijke grenzen het mogelijke gedaan te worden om de individuele 'pijn' te verzachten.

Actiepunten

Ook deze stap in het TSP ronden wij af met het opsommen van de acht activiteiten die achtereenvolgens binnen deze stap dienen te worden uitgevoerd:

1 Gedetailleerd implementatieplan opstellen en presenteren.
2 Rol(len) kiezen.
3 Interventiemethoden kiezen.
4 Veranderingsorganisatie opzetten.
5 Draagvlak versterken.
6 Managementaansturing bevorderen.
7 Zelf terugtrekkende bewegingen maken.
8 Logboek invullen.

Opgaven voor zelfstudie bij Stap 9

12.1 BV Koffieautomaten

De heer Klinkenberg, directeur van een fabriek van koffieautomaten, heeft een stagiair binnengehaald om een aantal zaken in zijn
bedrijf uit te zoeken. Indertijd is Klinkenberg in de automaten-
business terechtgekomen toen hem de vertegenwoordiging van
een Italiaanse koffiemachine in Nederland werd aangeboden. Als
oud-kantinebaas had hij enig gevoel voor de mogelijkheden van
zo'n apparaat. Zo begon hij zijn eigen bedrijf.

Deze stap heeft hem geen windeieren gelegd. Hij heeft inmiddels
een omzet van zo'n €10 mln op jaarbasis bereikt en daar houdt hij
een leuk winstje aan over. Maar er moet wel iets veranderen, vindt
hij. De Italiaanse koffiemachinefabrikant bestookt hem constant
met nieuwe modellen: grotere capaciteiten, betere koffie, combi-
natiemogelijkheid met andere dranken enzovoort. Klinkenberg
heeft de nieuwe mogelijkheden steeds loyaal in zijn verkoopdo-
cumentatie opgenomen en zijn vertegenwoordigers met de artikelen op pad gestuurd. Maar langzamerhand is er een breed assortiment ontstaan dat niet meer bij iedere afnemer past.
Ook onder de vertegenwoordigers is een zekere specialisatie ontstaan. De ene zoekt zijn relaties wat meer in de sector midden- en
kleinbedrijf waar kantoren en fabrieken van automaten worden
voorzien. Een andere vertegenwoordiger scoort het beste in de
sport- en recreatiesector (speelhuizen, campings, kantines van
sportverenigingen) waar vooral de kraakbestendige automaten
opgeld doen. Ook de reclamecampagnes en de mailings voor de
verschillende doelgroepen zijn uiteen gaan lopen.

Alles bij elkaar had Klinkenberg voldoende reden om een stagiair
een onderzoek op te dragen naar het commerciële beleid van de
BV Koffieautomaten voor de komende jaren.
De student heeft zijn onderzoek – na wat aanloopdiscussies over
de inhoud van de opdracht, de instelling van een platformgroep
enzovoort – voortvarend aangepakt. Er is een markt- en concurrentieonderzoek gehouden, het assortiment is doorgelicht en er
zijn interviews gehouden met de verkopers en de andere meest betrokken personen.

De student heeft inmiddels regelmatig tussenrapportages uitgebracht en enkele weken geleden zijn eindadvies gepresenteerd. Uit dat advies blijkt onder meer dat de markt zich begint te onderscheiden in een aantal segmenten, die verschillende eisen stellen aan apparatuur, verkoopbenadering en service. Voor BV Koffieautomaten brengt dat mee dat men ook in de interne organisatie onderscheid moet gaan aanbrengen om de verschillende segmenten optimaal te kunnen bedienen.

Zo stelt de student onder meer voor om:
• aparte verkoopgroepen per marktsegment op te stellen;
• omzet en resultaat per verkoopgroep bij te houden;
• reclamecampagnes per marktsegment te voeren en de effecten daarvan bij te houden.

Alles bij elkaar betekent dit ingrijpende veranderingen in de organisatiestructuur, de taakinhoud van verkoopleiding en verkopers en het administratiesysteem.

Klinkenberg en zijn staf accepteren de ideeën van de afstudeerder. Maar nu het op daadwerkelijke invoering neerkomt, weet eigenlijk niemand hoe dat precies moet. Daarom is aan de afstudeerder – die daar nog tijd voor heeft – gevraagd te helpen bij de implementatie.

1 Teken het organisatieschema van de nieuwe verkooporganisatie.
2 Maak een presentatie van het gedetailleerde implementatieplan en de door jou voorgestane veranderingsorganisatie.
3 Welke drie interventiemethoden zou jij bij voorrang aanraden om de invoering van de nieuwe verkooporganisatie te ondersteunen en waarom?
4 Welke rolkeuze raad jij de stagiair aan en waarom?

12.2 Effectiviteit van opleiding en training

Opleiding en training zijn belangrijke interventiemethoden om mensen te ondersteunen bij het aanpakken van nieuwe of gewijzigde werkmethoden. Een veel voorkomend probleem is echter dat het geleerde niet in praktijk wordt gebracht.

Welke maatregelen kunnen de praktijktoepassing van nieuwe kennis bevorderen, te onderscheiden in:
• maatregelen als onderdeel van de opleiding/training;
• maatregelen in aansluiting op de opleiding/training?

13
Stap 10 Afronding

Als een adviesopdracht ten einde loopt zal een professionele adviseur een aantal afrondende activiteiten uitvoeren.[1] Ook de stagiair moet zijn project op een bevredigende manier afsluiten. De activiteiten bij het afronden van de opdracht omvatten het volgende:
- opstellen van een eindrapportage;
- voeren van een aantal afrondende gesprekken;
- verzoeken aan de opdrachtgever om een opdrachtevaluatie;
- afscheid nemen.

Om te beginnen geven wij door middel van de ingevulde checklist bij dit hoofdstuk (figuur 13.1) aan hoe zo'n afronding er uit kan zien. Aan de hand van de daar gebruikte vraagstellingen zullen vervolgens de afrondende activiteiten worden besproken. De antwoorden op de checklistvragen hebben betrekking op een stageproject bij een bedrijfsvereniging. In het project heeft de student een informatiesysteem ontwikkeld dat door medewerkers van de bedrijfsvereniging op diverse locaties kan en moet worden geraadpleegd, alvorens zij van plan zijn een nieuwe 'informatie-tool' te ontwerpen. Zij moeten eerst het nieuwe systeem raadplegen om te kijken of iemand anders elders in de organisatie hun probleem misschien al heeft opgelost. Het is duidelijk geworden dat als het vele dubbele werk dat in het verleden werd gedaan, kan worden verminderd er aanmerkelijke besparingen tot stand kunnen komen.
De rode draad in de checklist is dat de stagiair samen met de opdrachtgever en de anderen die in de loop van het project een belangrijke rol zijn gaan vervullen, kritisch terugkijkt op het project. Dat betekent dat aan de orde komt hoe de samenwerking is geweest, of de resultaten aan de verwachtingen beantwoorden, of er momenten of situaties zijn geweest waarin het project anders is verlopen dan was gehoopt of gewild, wat daarvan de oorzaken waren, enzovoort. De belangrijkste vraag voor de stagiair allereerst, maar ook voor het bedrijf, is uiteraard: 'Wat valt er uit deze ervaringen te leren voor volgende projecten?'

Figuur 13.1 **Voorbeeld van een ingevulde logboekpagina voor Stap 10**

Checklist Stap 10 Afronding

Vragen	Antwoorden
1 Is er een eindrapportage gehouden binnen het bedrijf? Zo ja, wat leverde deze op?	Ja. Resultaten zijn: • Positieve waardering voor geleverde bijdrage • Verzoek om na afstuderen nog twee maanden te helpen bij implementatie • Uitzicht op een baan daarna!
2 Met wie zijn afrondende gesprekken gevoerd?	Met directie, managementteam, voorzitter Ondernemings-raad en voorzitter Raad van Bestuur
3 Wat leverde de opdrachtevaluatie op?	• Wat twijfels in de eerste maanden • Daarna waardering voor systematische aanpak en inzet • Presentaties kunnen beter
4 Met wie is de opdrachtevaluatie besproken?	• Met directeur en adjunct-directeur (= bedrijfsbegeleider) • Met de stagedocent
5 Hoe is het afscheid geregeld?	Koffie met gebak op vrijdagmiddag
6 Wat is je eigen evaluatie en welke verbeter-punten zie jij voor jezelf?	• Veel geleerd; valt niet mee om volgens TSP te werken, maar de klant merkt het wel! • Verbeterpunten: planning beter bewaken en presenteren!
7 Overige opmerkingen	

Eindrapportages

In de loop van het project zijn er diverse tussenrapportages uitgebracht, eerst via een sheetpresentatie, gevolgd door een schriftelijke vastlegging. Ook voor de eindrapportage raden wij een twee-
deling aan, ten dele afwijkend van de vorige rapportages:
• Implementatierapportage, waarin de stand van invoering en de
  mogelijke aanbevelingen om het veranderingsproces goed af te
  wikkelen na het vertrek als stagiair, worden beschreven.
  Deze rapportage heeft het karakter van een interimrapportage.
  Immers het vertrek is een intermezzo in een zich daarna verder
  voltrekkende organisatieverandering.
  De vorm van een presentatie aan het managementteam met
  een aansluitende schriftelijke vastlegging is aan te bevelen.
• Eindrapportage van het totale adviestraject waarin het werk
  van de stagiair wordt verantwoord voor opdrachtgever en opleiding.

De eindrapportage voor de opleiding dient een omvattend en
schriftelijk verslag te zijn. Maar ook voor de opdrachtgever is de-

ze rapportagevorm waardevol als eigen naslagwerk en als informatiebron voor degenen die op afstand betrokken zijn bij het project, zoals commissarissen, aandeelhouders of bankiers.

Soms stellen stagedocenten eisen aan een eindrapportage die maken dat het rapport niet meer bruikbaar is voor het stagebedrijf. Bijvoorbeeld door een omvangrijke behandeling van de literatuur te verlangen of een breedvoerige verhandeling over gebruikte onderzoeksmodellen. Naar onze ervaring zijn de wensen van beide partijen met gevoel voor de beide belangen, in één rapport te verenigen. Daartoe hebben wij als hulpmiddel de volgende standaard-inhoudsopgave voor een stageverslag ontwikkeld:

1 Inhoudsopgave	1	
2 Samenvatting	2	
3 Inleiding en probleemstelling	2	(Stap 1 + 2)
4 Bedrijfsbeschrijving/externe ontwikkelingen	5	(Stap 3 + 4)
5 Opdrachtformulering	2	(Stap 5)
6 Plan van aanpak	5	(Stap 6 inclusief literatuurstudie en werkmodel)
7 Opdrachtuitvoering	15	(Stap 7)
8 Samenvatting, conclusies en aanbevelingen	3	(Stap 8)
9 Implementatie	10	(Stap 9)
10 Opdrachtevaluatie	5	(Stap 10)
Totaal	50	pagina's

Een eindrapportage die volgens deze opzet is gemaakt, voldoet aan de volgende eisen:

- De inhoudsopgave past bij de TSP-werkwijze die in dit boek is behandeld. De logboekvragen en de actiepunten waarmee elke stap in dit boek wordt afgesloten, fungeren als wegwijzers. Handige stagiairs leggen al bij het begin van het project een dossier aan waarin zij per stap de documentatie (leesmateriaal, onderzoekuitkomsten, interviewverslagen, tussenrapportages) opslaan. Dat levert een heel toegankelijk systeem op voor het schrijven van het eindverslag. Tussenrapportages kunnen vaak – al of niet na enige bewerking – in het eindverslag worden opgenomen.
- Een rapport dat is opgesteld volgens de voorgestelde inhoudsopgave biedt de opdrachtgever dat wat deze in ieder geval in een goed adviesrapport zoekt: een 'management-summary'

(hoofdstuk 2), de opdrachtformulering (hoofdstuk 5), plan van aanpak (hoofdstuk 6) en het uiteindelijke advies (hoofdstuk 8). Daarnaast heeft het rapport een aanvaardbare omvang (maximaal 50 pagina's). Omvangrijke detailinformatie kan in aparte bijlagen worden ondergebracht.

- Deze opzet past bij de eisen van een opleiding: informatie om de stagiair te kunnen beoordelen met betrekking tot de wijze waarop het TSP is gehanteerd, de methodische verantwoording (hoofdstuk 7), de theoretische onderbouwing en literatuurstudie (hoofdstuk 7) en de opdrachtevaluatie (hoofdstuk 11).

Als kan worden volstaan met één rapport voor bedrijf en stagedocent kan tevens worden getoetst of de stagiair de 'bedrijfstaal' goed heeft leren hanteren. Dat talent is in een toekomstige loopbaan van belang.

Afrondende gesprekken en opdrachtevaluatie

Het hoofddoel van de afrondende gesprekken is om op een ordelijke wijze afscheid te nemen van het stagebedrijf. Daarnaast bieden de afrondende gesprekken bij uitstek de gelegenheid om een beeld te krijgen van de klanttevredenheid en om leerpunten op te doen uit het verrichte werk.

Voor professionele adviseurs hebben deze gesprekken ook nog een functie in het openhouden van de weg naar toekomstige opdrachten. Door de bereikte resultaten van de samenwerking te evalueren, kan bij de opdrachtgever de gedachte versterkt worden dat ook bij nieuw advieswerk de adviseur of zijn bureau de juiste partner is. Een voordeel dat de adviseur inmiddels heeft, is dat hij het bedrijf kent en dus weinig inwerktijd nodig heeft bij een volgende opdracht.

Het is de vraag of dit commerciële aspect voor stagiairs ook een rol speelt. In de praktijk blijken stagiairs regelmatig een vaste of tijdelijke baan aan een stage over te houden. Het is in ieder geval verstandig om alert te zijn op deze mogelijkheden en de vraag naar een baan zelf expliciet aan de orde te stellen.

Als de stage goed is verlopen, kun je als stagiair aan die stage vrijwel altijd een positieve referentie overhouden, die benut kan worden in een sollicitatieprocedure bij een ander bedrijf. Daar moet je dan wel om vragen.

De afrondende gesprekken worden gehouden met degenen die zodanig bij het adviesproject betrokken zijn dat zij een mening kunnen hebben over het functioneren van de adviseur of stagiair.

Doorgaans zullen dat voor een stagiair zijn:
- de opdrachtgever;
- de bedrijfsbegeleider;
- de voorzitter en leden van het managementteam;
- voorzitters van werkgroepen;
- medewerkers uit het betreffende werkgebied;
- de voorzitter van de Ondernemingsraad.

Om de gesprekken voldoende inhoud te geven is het goed enig voorwerk te doen. Daarbij kan als volgt te werk worden gegaan:
- Ontwerp een evaluatieformulier passend bij de opdracht en het stagebedrijf, waarin de belangrijkste meetpunten voor de kwaliteit van de opdrachtuitvoering naar voren komen. Als inspiratiebron is in figuur 13.2 het evaluatieformulier van een adviesbureau weergegeven.
- Geef na een mondelinge vooraankondiging dit evaluatieformulier aan alle functionarissen met wie je een afrondend gesprek zult voeren. Vraag de respondenten het ingevulde formulier tijdig vóór het gesprek terug te sturen.
- Maak een volledig overzicht van de terugontvangen antwoorden en gebruik dat als onderdeel van het eindverslag.
- Gebruik de door de individuele respondenten ingevulde formulieren tijdens het afrondende gesprek en noteer de leerpunten die daaruit naar voren komen.

Het houden van goede evaluatiegesprekken is een kunst apart en vraagt zeker vooraf wat oefening. Het moeilijke is dat je zonder defensief te reageren of te interrumperen, moet kunnen aanhoren dat er negatieve punten over je worden gezegd. Nog erger wordt het als ze naar jouw mening (deels) onwaar zijn of misschien zelfs veroorzaakt zijn door je respondent. Er zijn mensen die op zo'n moment ontploffen en dan is het evaluatiegesprek mislukt. Want het doel van een evaluatiegesprek is om openhartig op ieders beleving van de samenwerking terug te blikken en daar beiden van te leren. En bij boze woorden stagneert de openhartigheid en het leerproces.
Wij geven hier enkele richtlijnen om succesvol te evalueren:
- Introduceer heel duidelijk de doelstelling van het gesprek en laat blijken dat je op leer- en verbeterpunten uit bent en niet op schuldvragen.
- Neem de procesgang als rode draad en loop die samen met de respondent langs. Vraag steeds bij elke markante gebeurtenis naar zijn mening.
- Noteer zijn opmerkingen; vraag vooral door op de kritiekpunten omdat die doorgaans de meeste leer- en verbeterstof bevatten.

Naam:
Organisatie:
Datum:

Onze aandachtspunten zijn verdeeld in een aantal categorieën:
- Lighthouse als bureau
- de Lighthouse-adviseur(s)
- het projectresultaat
- totaalindruk.

U kunt uw mening aangeven op een schaal van 1 tot 10. Wij verzoeken u dit formulier zo volledig mogelijk in te vullen. Indien er punten zijn die u van belang acht maar die u niet terugvindt op dit formulier, dan kunt u dit aangeven onder nr. 16.

	Sterk te verbeteren	Matig	Excellent	Geen mening
Lighthouse als bureau				
1 De reactie van de Lighthouse-organisatie op vragen en problemen is	1	5	10	☐
2 De duidelijkheid van het projectvoorstel/contract is	1	5	10	
3 De presentatie van Lighthouse in correspondentie, offerte, rapportages en facturen is	1	5	10	☐
De Lighthouse-adviseur(s)				
4 De reactie van de Lighthouse-adviseur(s) op vragen en problemen is	1	5	10	☐
5 De uitdrukkingsvaardigheid van de adviseur(s) is				
a schriftelijk	1	5	10	
b mondeling	1	5	10	
6 De omgang van de adviseur(s) met (leden van) uw organisatie is	1	5	10	
7 Het inlevingsvermogen van de adviseur(s) in de problemen, werkwijzen en cultuur van uw organisatie is	1	5	10	
8 De deskundigheid van de adviseur(s) op uw probleemgebied is	1	5	10	
Het projectresultaat				
9 De tussentijdse informatie over de projectvoortgang en resultaten is	1	5	10	☐
10 De tussentijdse informatie over doorlooptijd en kosten is	1	5	10	☐
11 De uiteindelijke doorlooptijd van het project is	1	5	10	☐
12 De bruikbaarheid van het uiteindelijke advies is	1	5	10	☐

Totaalindruk

13 Wilt u de drie punten van 1 t/m 12 waar Lighthouse zich het meest kan verbeteren, omcirkelen.

	Neen	Beslist	Geen mening
14 Overweegt u Lighthouse in te schakelen als zich een volgend project voordoet?	1	5	10 ☐

15 Indien u ervaring heeft met andere adviesbureaus: welke bureaus zijn dat en hoe scoort Lighthouse in vergelijking daarmee?

16 Algemeen oordeel, toelichting en aanvulling:

Wij danken u voor uw medewerking.

- Blijf ook bij schrijnende verwijten neutraal en vraag naar bijzonderheden vanuit een observerende, registrerende houding.
- Loop na de procesanalyse de kritiekpunten nog eens langs en vraag advies hoe je daar een volgende keer beter mee om kunt gaan. Daarbij kun je zeker ook informeren naar mogelijkheden

in de handelwijze van de respondent die de interactie verge-
makkelijkt of verbeterd zouden hebben. Verbeteren omvat immers het door middel van procesanalyse zoeken naar de 'ver-
beterknoppen' en die kunnen ook bij de respondent liggen.
• Vat ten slotte de leer- en verbeterpunten samen en dank voor
het nuttige gesprek.

Voor sommige stagiairs is dit een moeilijke aanpak, reden waarom
ze met een grote boog om de evaluatiegesprekken heen lopen of
hooguit de positief gestemde personen aanschieten. Jammer voor
het leerproces, want je mist een unieke kans om iets onder de knie
te krijgen dat je hele beroepsleven zal doortrekken. Het is moedi-
ger om er wel aan te beginnen en bij onzekerheid je stagedocent
te vragen of je bij hem even mag proefdraaien.

Eigen evaluatie
De eigen leerpunten die de stagiair noteert in de checklist vormen
een belangrijk deel van de afsluiting van de stageopdracht. De stage is meestal de eerste keer dat je als student intensief en langdurig geconfronteerd wordt met de boeiende werkelijkheid van het
functioneren in een organisatie. Daar leer je dat kennis en kunde,
theorie en praktijk, vervlochten moeten worden om succesvol te
zijn. Je moet je vakkennis beheersen. Maar je moet ook sociale discipline opbrengen en over contactuele vaardigheden beschikken:
nakomen van afspraken, op concrete resultaten kunnen worden
aangesproken, slimme oplossingen kunnen vinden voor lastige
vragen, kunnen improviseren, goede contacten kunnen leggen en
onderhouden, vrijmoedig de discussie kunnen aangaan, kritiek
kunnen verwerken naar goede leerpunten.

In onze onderwijssystemen wordt maar in beperkte mate aandacht besteed aan sociale discipline en contactuele vaardigheden.
Daarom zijn praktijkstages zo essentieel.
Het TSP is gemaakt om de uitdaging van de praktijk aan te gaan.
Liever in deze laatste leerfase de moeilijkheden leren kennen en
misschien hier en daar uitglijden nu dat nog mag, dan dat je alle
fouten nog moet maken in de eerste baan.

Opgaven voor zelfstudie bij Stap 10

13.1 Evaluatie van effecten

1 Ontwerp de vragenlijst voor de eindevaluatie van de stagiair bij BV Koffieautomaten (opgave 12.1).
2 Van welke denkbare verschijnselen bij BV Koffieautomaten zou jij kunnen afleiden dat de beoogde organisatieverandering wel doorgezet zal worden, ook na het vertrek van de stagiair?
3 Met wie zou Peter Barth bij de NV Baggerindustrie (opgave 11.1) in ieder geval een evaluatiegesprek moeten hebben bij vertrek?

13.2 Omgaan met kritische feedback

Bij de evaluatie van z'n stageopdracht kreeg een stagiair nogal wat kritiek te horen:
- Te veel tijd besteed aan de oriëntatiefase, wat de opdrachtgever zag als voor het echte werk weglopen.
- Tegen elkaar uitspelen van medewerkers door ze tijdens de interviews met elkaars meningen, die nogal verschilden, te confronteren.
- Werken met werkgroepen die helemaal niets opgeleverd hebben, in plaats van zelf de handen uit de mouwen te steken.
- Een vaag en onbruikbaar rapport.
- Overbodige en tijdrovende presentaties in het managementteam over allerlei reeds bekende en/of onbelangrijke zaken.
- In het algemeen veel te weinig kennis van de sector en de producten die voor het bedrijf belangrijk zijn.

Samenvattend, een mislukte stageopdracht en geen aanbeveling voor het betrokken opleidingsinstituut.

1 Geef van elk van de geuite verwijten aan hoe die wellicht voorkomen hadden kunnen worden.
2 Hoe zou jij als stagiair handelen naar aanleiding van zo'n negatieve kritiek?
3 Welke eisen moet je aan jouw bedrijfsbegeleider stellen om zo'n situatie te helpen voorkomen?
4 Hoe zou jij reageren op het verzoek om na je (spoedige) afstuderen toch nog op basis van een jaarcontract het stageproject tot een succes te maken?

3

Afwijkende adviessituaties

In dit boek wordt het Tien Stappen Plan gepresenteerd als handleiding voor het uitvoeren van effectieve stages. Het TSP is gebaseerd op de praktijk van het organisatieadvieswerk. Het is ook daar als stramien van werken goed bruikbaar. Echter, zoals elk model is ook dit model van het organisatieadviesproces een reductie van de gevarieerde werkelijkheid waarop het is gebaseerd.

Voor de stagiair geldt als allereerste belang het succes van de eigen stage. Degene die verder wil in het boeiende vak van organisatieadviseur zal de beperkingen van deze aanpak ervaren. Er zijn adviessituaties waarin de TSP-aanpak niet zonder meer gevolgd kan worden. Men moet dan kunnen afwijken.

In dit deel wordt een aantal situaties besproken die zich in de adviespraktijk nogal eens voordoen en die niet (precies) volgens het beschreven TSP-patroon gehanteerd kunnen worden. De afwijkingen die hier worden beschreven, hebben in de kern steeds te maken met de relatie tussen de adviseur en de opdrachtgever. Het TSP is ontworpen, passend bij de situatie waarin een stage wordt uitgevoerd:

- Het gaat om een voor het bedrijf relevant vraagstuk, maar zelden is het vraagstuk zo urgent dat het voortbestaan van het bedrijf op het spel staat.
- Het bedrijf spreekt meestal met de stagiair en/of de opleiding af dat het een bepaalde, in de regel bescheiden, vergoeding zal betalen voor de periode dat de stagiair in dienst zal zijn.
- De stagiair krijgt meestal de ruimte om een eigen oplossing te ontwikkelen. Een van de redenen om een stagiair binnen te halen is vaak dat het bedrijf juist prijs stelt op de inbreng van recente vakkennis.
- Het bedrijf levert een bedrijfsbegeleider voor de stagiair. De begeleider oefent in de regel aanzienlijke invloed uit op het project.

De situatie waarin professionele adviseurs hun werk doen, voldoet lang niet altijd aan dit profiel. Zij worden vaker binnengehaald als er urgente problemen zijn die met spoed moeten worden opgelost. Soms is een standaardaanpak geboden.
In dit deel wordt eerst het beeld van de opdrachtgever in de TSP-aanpak geschetst. Vervolgens wordt aangegeven hoe in de praktijk soms een alternatieve aanpak vereist is. Alternatieven worden slechts summier aangeduid.
Ook indien er goede redenen zijn om van het TSP af te wijken in het ontwerpen van een adviesproces kunnen bijna altijd de hoofdprincipes van het TSP worden gevolgd.
Draagvlak, betrokkenheid, resultaatgerichtheid, aansluiting bij de externe ontwikkelingen en een stuurbare projectaanpak vormen de grondslagen van elk effectief adviesproces.

14
Alternatieve adviesprocessen

In het voorgaande is het Tien Stappen Plan beschreven en toegepast op de specifieke situaties van stagiairs die voor de opgave staan een effectief stageproject uit te voeren. Uitgangspunt daarbij is dat het stageproject kan worden opgevat als een adviesproject en dat stagiairs de principes van het organisatieadvieswerk kunnen toepassen om in hun stage succesvol te zijn. Deze toespitsing op de stage betekent onvermijdelijk een zekere vereenvoudiging van de praktijk waaruit het TSP voortkomt. Wie het TSP hanteert in de praktijk van het organisatieadvieswerk moet veel meer variaties kennen en afwijkingen kunnen hanteren.

Voor het succesvol uitvoeren van een stage is het voorgaande naar onze overtuiging toereikend. Het meteen introduceren van alle variaties en afwijkingen die zich in de praktijk voordoen, veroorzaakt verwarring als het hanteren van de rode draad nog moet worden geleerd. De student die z'n weg zoekt in de nog onbekende praktijk heeft een instructieve en niet te complexe richtlijn nodig. De vraag over hoe het anders en misschien nog beter kan, komt later.

Toch willen wij met de vereenvoudiging van de werkelijkheid in dit werkboek niet volstaan. Deze vereenvoudiging kan onbedoeld aanleiding geven tot een zeker dogmatisme. Daarom willen we in dit afsluitende deel van dit werkboek aan het voorgaande een beknopt overzicht toevoegen van variaties en afwijkingen. Blijft overeind staan dat het voor stageopdrachten gewenst is strak langs de uitgezette TSP-lijnen te lopen. In het kader van de algemene oriëntatie op het eigen loopbaanperspectief kan enige kennis over andere marsroutes nuttig zijn.

In het vervolg van dit deel wordt eerst ingegaan op de veronderstellingen over opdracht en opdrachtgever die aan de basis van het TSP liggen. Vervolgens worden variaties op die veronderstellingen bekeken. Dat biedt de gelegenheid om ook de daarmee samenhangende alternatieve adviesprocessen te beschrijven. Anders dan in de voorgaande hoofdstukken wordt hierbij niet vanuit de stagiairsrol geredeneerd, maar zal het gaan over het werk van professionele adviseurs met commercieel handelende opdrachtgevers.

Beeld van de klant in de TSP-aanpak

De wijze waarop een adviseur een specifiek adviesproces opbouwt, wordt in sterke mate bepaald door het beeld dat de adviseur heeft van de situatie van de klant voor wie dat adviesproces wordt uitgevoerd. Soms heeft een opdrachtgever zeer veel haast en vraagt hij van een adviseur dat deze snel kan beginnen en vlug kan doorwerken. In een ander geval zoekt een opdrachtgever vooral een gezaghebbende adviseur, omdat hij in die specifieke situatie van zijn organisatie extra overtuigingskracht nodig heeft. In weer een ander geval heeft een opdrachtgever zelf een nadrukkelijke voorkeur voor een bepaalde aanpak van zijn probleem en zoekt hij vanuit dat perspectief een adviseur.
Met die klantspecifieke situatie heeft een adviseur altijd te maken. Uiteraard kan hij zijn eigen aanpak wat bijbuigen als hij de opdrachtgever van het belang daarvan kan overtuigen, maar dat kent zijn grenzen. Als de opdrachtgever een Quick Scan verlangt en de adviseur kan het project niet binnen een half jaar afronden dan hebben zij een probleem.

Als we door die bril nog eens naar de TSP-aanpak kijken, dan blijkt er in het beschreven TSP van een specifieke klantsituatie te worden uitgegaan:
* De opdracht heeft geen spoedeisend karakter.
* De opdrachtgever vraagt geen concurrerende offertes van verschillende adviseurs.
* De opdrachtgever stelt prijs op maatwerk.
* De opdrachtgever heeft ook behoefte aan implementatiebegeleiding.
* Opdrachtgever en adviseur bepalen samen het werkprogramma.

Op elk van deze veronderstellingen volgt nu een beknopte toelichting met een beschrijving van alternatieve adviessituaties.

De opdracht heeft geen spoedeisend karakter
In het TSP wordt relatief veel tijd besteed aan de voorbereiding van de daadwerkelijke opdrachtuitvoering. Dat is een bewust gekozen investering om tot een toetsing en aanscherping van de opdracht te komen. Bovendien wordt op deze wijze gewerkt aan een hecht draagvlak voor het veranderingsproces.

In de praktijk doen zich echter situaties voor waarbij de opdrachtgever meer behoefte heeft aan een zeer korte doorlooptijd en een snel advies dan aan grondigheid en draagvlakvorming. Dat doet zich vooral voor wanneer er sprake is van sterk bedreigende bedrijfsontwikkelingen. Als een bedrijf er zo slecht voorstaat dat faillissement gevreesd moet worden, krijgen adviezen die erop gericht zijn de ramp te voorkomen een zeer spoedeisend karakter. Dat is bijvoorbeeld het geval bij een *perspectiefonderzoek* in opdracht van een bank. De centrale vraag daarbij is om na te gaan of het bedrijf overlevingskansen heeft en welke ingrepen daartoe noodzakelijk zijn. In dat geval maakt de bank het voortzetten van de kredietverlening afhankelijk van de resultaten van dat onderzoek. Als er voldoende kansen op continuïteit blijken te zijn, dan wordt de reorganisatie – meestal een diepgaande saneringsaanpak – gefinancierd. Biedt een overlevingsstrategie daarentegen te weinig kansen, dan volgt beëindiging van de kredietverlening en is het bedrijf vrijwel zeker niet meer te redden.

Bij zo'n perspectiefonderzoek zal een adviseur zijn aandacht onmiddellijk moeten concentreren op de voor overleving meest vitale aspecten. Deze liggen vooral in de kansen in de markt, de commerciële slagkracht, de mogelijkheden van vergaande kostenreductie onder andere door het inkrimpen van het personeelsbestand en het afstoten van overbodige bedrijfsmiddelen, het herstel van een rendabele bedrijfsvoering door activiteiten (goedkoper) uit te besteden, door samenwerking of volledige integratie met een financieel krachtige partner.

Eigenlijk is in zo'n adviessituatie niet meer de bedrijfsleiding de feitelijke opdrachtgever, maar de financierende bank. Als de overlevingskans op het eerste gezicht al gering is, zullen ervaren adviseurs dan ook vaak een bankgarantie vragen voor (een deel van) hun declaratie om te vermijden dat zij zelf uiteindelijk blijven zitten met een oninbare vordering vanwege een faillissement.

Niet alleen bij acute continuïteitsproblemen geven opdrachtgevers spoedopdrachten. Managers kunnen ook door andere oorzaken in een klemsituatie geraken waardoor zij een spoedeisende adviesopdracht willen verstrekken. Veelal ligt de oorzaak dan in de trage interne besluitvorming. Om heel uiteenlopende redenen kan externe hulp bij het nemen van een voorgenomen beslissing urgent worden. Het moment waarop beslist moet worden, staat vast en (te) laat beseft men dat externe hulp nuttig of noodzakelijk is. We geven enkele voorbeelden uit onze adviespraktijk (zie praktijkvoorbeeld 14.1).

... DE SPOEDEISENDE GEVALLEN ...

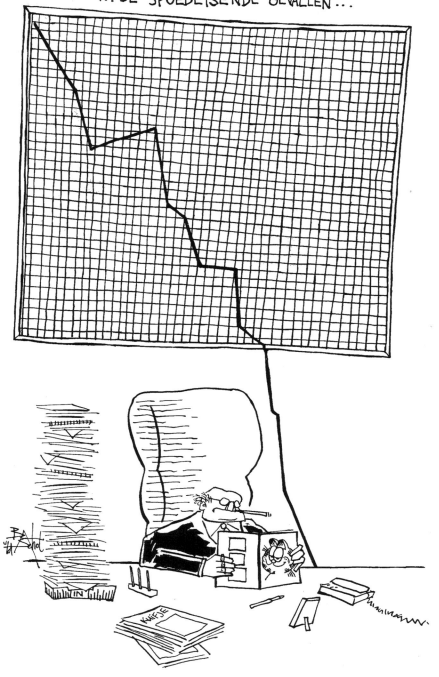

Dit soort 'last-minute'-opdrachten verschilt van de calamitaire adviesprojecten. De manoeuvreerruimte wordt in dit geval niet door de bank ingeperkt, maar doordat men zich op een afspraak heeft vastgelegd. Managers staan niet altijd stil bij het belang van een goed voorbereid adviesproces. Daarom hechten ze soms meer waarde aan het halen van een interne afspraak dan aan een goede startpositie voor de adviseur.

Een ervaren adviseur leert met dit soort adviesprocessen om te gaan zonder de kwaliteit van zijn werk te veel geweld aan te doen. Dat kan bijvoorbeeld door het meer en minder urgente deel van het werk te splitsen en zo voor het totale traject toch een aanvaardbare doorlooptijd te realiseren. Of door de druk van de interne afspraak te verminderen, door de opdrachtgever er toch van te overtuigen dat snel werken wellicht wel kan, maar dat de kans op werkelijk resultaat gering is.

De opdrachtgever vraagt geen concurrerende offertes van verschillende adviseurs

Advieswerk brengt voor de opdrachtgever nogal eens hoge kosten mee. Adviesopdrachten van enkele honderdduizenden guldens zijn geen uitzondering en komen zelfs bij middelgrote bedrijven voor. Dat stimuleert opdrachtgevers soms om voor een specifieke opdracht aan enkele adviesbureaus offerte te vragen. Door verstandig te onderhandelen, kan de opdrachtgever al snel een flinke reductie van het adviesbudget bereiken.

Maar als elk offrerend adviesbureau Stap 1 tot en met 5 van het TSP wil uitvoeren om een scherpe opdrachtformulering, plan van aanpak en daarop gebaseerde begroting te maken, ontstaat er een onwerkbare situatie. Geen opdrachtgever is bereid om bijvoorbeeld drie nog niet gekozen adviseurs elk een aantal oriënterende interviews te laten houden. Dat is een onaanvaardbare belasting voor de organisatie.

Het TSP zoals dit in dit werkboek is beschreven gaat uit van een door de opdrachtgever gekozen adviseur, die in de gelegenheid wordt gesteld een oriëntatiefase uit te voeren voordat de definitieve contractering plaatsvindt. Zo'n professionele oriëntatiefase – ook wel vooronderzoek genoemd – hoeft niet meer dan enkele dagen in beslag te nemen.

Hoe verloopt dan een adviesproces wanneer er van concurrentiestelling sprake is? Doorgaans verstrekt het bedrijf dan mondeling, schriftelijk of via een combinatie van beide, aan de uitgenodigde adviseurs dezelfde informatie over het bedrijf en de beoogde opdracht. Op basis van deze gegevens bieden de betrokken adviseurs een globaal plan van aanpak aan en een globale begroting. Bij grote opdrachten, die meestal aan grote adviesbureaus worden opgedragen, kunnen de 'proposals' complete boekwerken zijn, waarin de betrokken bureaus alle expertise die zij in huis hebben etaleren om zich als de beste kandidaat te presenteren.
De adviseurs, die toch een precieze contractering op prijs stellen, nemen een door de cliënt te betalen oriëntatiefase in hun aanpak op. Concreet houdt dat in dat zij in hun aanpak een zekere ruimte voor het bijstellen van de opdracht op basis van hun eerste ervaringen openhouden, vaak zelfs met budgettaire consequenties. De ervaren opdrachtgever accepteert dat omdat ook hij zich realiseert dat goedkoop kan uitmonden in duurkoop. Een mislukt adviesproces kan leiden tot verkeerde beslissingen en daar is de carrière van de opdrachtgevende manager veelal niet mee gediend.

De opdrachtgever stelt prijs op maatwerk
Een uitgebreide verkenning van de organisatie, zoals voorgesteld wordt in het TSP, is erop gericht een adviesproces op maat te ontwerpen. Door de oriënterende interviews leert de adviseur wat er in de organisatie leeft, hoe tegen de probleemstelling wordt aangekeken en wie bereid is tijd te steken in het veranderingsproces. Op grond van dit soort observaties ontwerpt de adviseur een op maat gesneden aanpak, kiest de meest passende rol en doet een voorstel voor een haalbaar resultaat.
Niet alle adviesopdrachten vereisen een dergelijk niveau van zorgvuldigheid en maatwerk. Er zijn verschillende soorten opdrachten waarin een zekere mate van standaardisatie mogelijk is. Dat is het geval wanneer de adviseur over een min of meer gestandaardi-

seerd adviesproduct beschikt en de opdrachtgever een vraagstuk heeft dat op die gestandaardiseerde wijze kan worden opgelost. Voorbeelden van dergelijke standaardadviesproducten zijn:

- personeelswerving;
- outplacement (personeel elders aan een baan helpen);
- partner-search (zoeken van fusie- of overnamekandidaat);
- marktonderzoek;
- standaarddoorlichting.

Vaak hebben dit soort adviesproducten ook een vaste prijs die niet altijd gebaseerd is op de gebruikelijke uren maal tarieformule. Bovendien komen hierbij ook de zogenaamde 'no cure – no pay'-contracten voor, want in dit soort gevallen is het beoogde eindresultaat vaak goed meetbaar.

In de gegeven opsomming zijn marktonderzoek en standaarddoorlichting eigenlijk buitenbeentjes. Zij beloven immers geen vast resultaat maar een activiteit. Hun uitkomst blijft onzeker. Bij dit soort onderzoeken, die beide ook in maatwerkvorm voorkomen, heeft de standaardisatie het karakter van een vooraf vastgesteld onderzoeksprogramma dat wordt uitgevoerd voor een vooraf vastgestelde prijs.

Vooral de laatste decennia heeft zich een sterke ontwikkeling voorgedaan op het gebied van standaarddoorlichting, vooral veroorzaakt door:

- Het streven van adviesbureaus om ook in het midden- en kleinbedrijf opdrachten te verwerven. Het als weinig doorzichtig en duur bekendstaande advieswerk wordt door standaardisatie transparant en toegankelijk voor de kleinere ondernemer.
- De toenemende concurrentie in de adviesmarkt, die bij adviesbureaus de behoefte opwekt om zich via een onderscheidend adviesproduct te profileren. Vandaar ook de fraaie en opvallende benamingen van de diverse adviesproducten.
- De tendens om niet alleen een adviseur in te schakelen om problemen te helpen oplossen, maar ook om problemen te helpen voorkomen. Dat heeft geleid tot een grootscheeps aanbod van preventieve doorlichtingen, ook wel bedrijfsdiagnoses genoemd.[1] Juist preventieve doorlichtingen lenen zich uitstekend voor een programmagestuurd in plaats van een vraaggestuurd adviesproces. Als een adviseur wordt ingehuurd om potentiële problemen te helpen opsporen en mogelijke verbeteringspunten te vinden, ligt een vast onderzoeksprogramma dat gericht is op het analyseren van de 'slagaderlijke' bedrijfsactiviteiten, het meest voor de hand.

Inmiddels is er veel te koop op de markt van bedrijfsdiagnoses. Er zijn diagnosemethoden waarbij een adviseur nodig is, maar ook cursussen, workshops en werkboeken aan de hand waarvan de ondernemer zelf zijn bedrijf kan doorlichten. Belangrijk punt bij het gebruiken van een standaard-bedrijfsdoorlichting is dat er dikwijls een visie op wat goede bedrijfsvoering is in voorkomt. De ondernemer die een preventieve doorlichter inhuurt, moet eerst naar diens visie of referentiemodel vragen en nagaan of hij zich daardoor aangesproken voelt. Veel doorlichters kunnen hun visie niet expliciteren. Hun toetsvragen zijn gebaseerd op eigen ervaring en intuïtie. Bijvoorbeeld: in een doorlichting kan ervan uit worden gegaan dat een gezond bedrijf voorop loopt in productinnovaties, terwijl nogal wat bedrijven bewust kiezen voor een volgersstrategie. Of de norm wordt gehanteerd dat de voorraad laag behoort te zijn, terwijl nogal wat bedrijven bewust kiezen voor snel leveren, waarbij een iets hogere voorraad juist onmisbaar is.

Dit betekent dat een adviseur nooit klakkeloos een standaardinstrument kan toepassen. Hij dient altijd samen met de opdrachtgever te verkennen of de aannames die in de aanpak meekomen, passen bij de visie die de ondernemer op zijn bedrijf heeft en op welke vitale bedrijfsprocessen de aandacht moet worden gericht. Dat gesprek kan de adviseur ertoe brengen zijn instrument voor dit concrete geval te wijzigen; het kan ook de ondernemer prikkelen nog eens na te denken over zijn bedrijfsfilosofie.

De opdrachtgever heeft ook behoefte aan implementatiebegeleiding

In het TSP wordt uitgegaan van adviesopdrachten waarbij de opdrachtgever prijs stelt op de aandacht en de betrokkenheid van de adviseur bij het invoeren van de gegeven adviezen. Vandaar de grote aandacht voor het opbouwen van een draagvlak, het sluiten van een resultaatcontract, het inschakelen van interne werkgroepen en het opstellen van een implementatieplan.

Niet alle opdrachtgevers zijn daarvan gediend. Sommigen voelen zich sterk genoeg om de invoering zelf ter hand te nemen. Zij willen een adviseur vanwege diens onafhankelijkheid en zijn op kennis en ervaring gebaseerde deskundigheid om een managementbeslissing te ondersteunen. Hoe die beslissing daarna genomen en uitgevoerd wordt, is een zaak van de organisatie zelf.

De adviseur wordt daarmee in de expertrol gedrukt. Zo'n opdracht ontslaat de adviseur niet van de plicht de haalbaarheid van zijn advies in zijn werk impliciet aandacht te geven. Een hoogwaardig advies dat niet opgepakt wordt door de cliënt levert toch een mislukt project op. Ter illustratie is het in dit verband nuttig nog eens terug te kijken naar praktijkvoorbeeld 1.1.

Opdrachtgever en adviseur bepalen samen het werkprogramma

Door de uitvoerige intake in de oriëntatiefase van het TSP komt uiteindelijk een plan van aanpak tot stand waar zowel de wensen en mogelijkheden van de opdrachtgever als de expertise van de adviseur in doorklinken. Weliswaar is de adviseur meestal toonaangevend omdat hij meer onderzoekservaring heeft, maar de invloed van de opdrachtgever is meestal aanwijsbaar. Een zeker tegenspel van de opdrachtgever is zelfs gewenst, zowel om de kosten te bewaken als om aansluiting te houden met de spankracht van de organisatie.

Vooral bij interne adviseurs doet zich soms ook de omgekeerde situatie voor, waarbij de cliënt sterker het ontworpen adviesproces meebepaalt. Soms wordt zelfs een adviseur voor een bepaalde tijd aan de opdrachtgevende manager ter beschikking gesteld om een aantal door de opdrachtgever nader te bepalen onderzoeken uit te voeren. Uiteraard kan de adviseur bij elk adviesproject meedenken over het plan van aanpak, maar is dan toch wat meer volgend dan trekkend.

Waar de interne adviseur altijd op moet letten is dat hij een voldoende onafhankelijke positie verwerft en behoudt. Hij loopt – mede door de aard van de contractering – altijd meer risico om gezien te worden als aanhanger van een bepaalde bij voorbaat vaststaande denkrichting in de organisatie. Het kost hem dan ook extra inspanning om als objectieve adviseur aanvaard te blijven bij alle betrokken partijen. Het TSP kan daarbij helpen. Door van tevoren via oriënterende interviews contact te leggen met alle betrokken partijen versterkt hij zijn imago van de onafhankelijke adviseur die niet gebonden is aan enige bestaande alliantie.

Besluit

Er komen in de praktijk veel meer afwijkingen voor van de bij het TSP veronderstelde situatie. Ons doel was slechts om enkele veelvoorkomende varianten te laten zien. Het is duidelijk dat er redenen kunnen zijn om van het TSP af te wijken bij het ontwerpen van een adviesproces, maar ook dan kunnen bijna altijd de hoofdprincipes van het TSP worden nagestreefd. Zelfs bij een personeelswerving is aandacht voor de bestaande wensen en verwachtingen van de organisatie van belang om tot het aanstellen van de juiste kandidaat te komen. Ook een perspectiefonderzoek bij een dreigend faillissement is geen vrijbrief om geïsoleerd van de organisatie de opdracht uit te voeren.

Draagvlak, betrokkenheid, haalbaarheid, resultaatgerichtheid, aansluiting bij de externe ontwikkelingen en een stuurbare projectaanpak vormen de grondslagen voor elk effectief adviesproces. In de wijze waarop deze aspecten aandacht krijgen, kunnen adviesprocessen verschillen door de aard van de opdracht of de beroepsopvatting van de betrokken adviseur. In het TSP zijn deze aspecten verankerd in een gestructureerde werkprocedure. Dat helpt de beginnende adviseur om niet te verdwalen in de vele gebeurtenissen die bij een adviesproject aandacht vragen.

Noten

Hoofdstuk 1

1 Zie voor een vergelijkbaar vertrekpunt Gundry en Buchko, 1996. Zij beschrijven stagewerk ('fieldwork') voor kleine en startende ondernemingen. Het boek biedt veel nuttige wenken. Het stappenplan is minder uitgewerkt dan het TSP.

2 Het begrip 'probleem' in een stage- of organisatieadviesproject heeft altijd een subjectieve betekenis. Het gaat om het verschil tussen 'ist' en 'soll'; tussen de gepercipieerde werkelijkheid en de gewenste werkelijkheid. Wanneer men spreekt over een 'probleem' is het tegelijkertijd nodig te verduidelijken wie de 'probleemhebber' is en bij analyse en verandering moet men in elk geval inzicht verwerven in de probleemsituatie zoals die door de verschillende organisatieleden wordt ervaren. Vanuit deze ervaring ontstaat de behoefte aan analyse en verbetering (De Leeuw, 1996, p. 199). Zie met name ook Verschuren en Doorewaard, 1995.

Zie voor het ontwikkelen en formuleren van een probleem-definitie in een adviesproject ook: D. F. Togo in Barcus en Wilkinson (1995, 10-3).

3 Ook Kubr (1996, p. 143) wijst op het belang van externe oriën-tatie in organisatieadvieswerk. Hij presenteert een checklist voor de analyse van omgevingsfactoren.

4 In veel publicaties over veranderingsprocessen en organisatie-advieswerk wordt het veranderingsgerichte deel geplaatst achter het analytische deel. Zo wordt de suggestie gewekt dat er eerst een diagnose wordt gesteld en dat pas daarna aan de verande-ring wordt gedacht. Een dergelijke scheiding tussen denken en doen is sterk af te raden. Wie niet betrokken en medeverant-woordelijk is geweest voor de analyse, zal moeilijk enthousiast te maken zijn voor de uitvoering (zie bijvoorbeeld Greiner en Metzger, 1983, p. 269, Lippitt en Lippitt, 1986, p.18 en 19). Swieringa en Wierdsma (1990) trachten de scheiding tussen denken en doen nadrukkelijk te doorbreken. Zij benadrukken in hun boek over de lerende organisatie hetzelfde, wanneer zij stel-len dat een veranderingsproces pas voltooid is wanneer het ge-drag van de organisatieleden is veranderd. Om dat te bereiken moet in het leerproces (lees: veranderingsproces) van meet af aan gedacht en gewerkt worden aan verandering van kijken, denken en doen.

Harvey en Brown (1992, p. 197) geven vele nuttige veran-deringsgerichte tips.

5 Greiner en Metzger (1983, p. 257) maken onderscheid tussen twee vragen die een adviseur zich in de eerste fase van de opdracht moet stellen: Is de persoon met wie ik het eerste contact heb gelegd wel de persoon die kan fungeren als mijn opdrachtgever? en: Is het probleem dat mij is voorgelegd wel het echte probleem? Op beide punten moet worden geëvalueerd: zie ook Tjosvold (1991) die beschrijft hoe verschillen van inzicht positief kunnen worden gehanteerd.

6 Voor achtergronden van de OOA-gedragscode, zie: Dunning (1985, p. 44). Twijnstra en Keuning (1988) geven de OOA-gedragscode: bijlage 2.8, p. 37. Greiner en Metzger (1983, p. 14) noemen een aantal relevante Amerikaanse professionele verenigingen: Lippitt en Lippitt (1986, p. 85), en Lewin (1995, p. 179) beschrijven professionele gedragscodes voor adviseurs.

7 Block (Block 1996, p. 33) hecht veel waarde aan wat hij noemt 'authentic behaviour'. De adviseur moet zijn rol duidelijk maken en duidelijk houden. Daarbij hoort dat de adviseur onder woorden brengt wat hij ervaart: 'This is the most powerful thing you can do to have the leverage you are looking for and to build client commitment.'
Margerison (1988, p. 65) geeft een aantal nuttige wenken om contact met mensen te leggen en vertrouwen op te bouwen.

8 Zie voor basisideeën over projectmatig werken Wijnen, Renes en Storm (1996).

9 Er zijn in de literatuur vele stappenplannen beschreven voor advies- en onderzoeksprojecten. Deze stappenplannen verschillen op onderdelen van elkaar, afhankelijk van de bedoelingen van de auteurs. Wij noemen enkele auteurs: Block, 1996; Margerison, 1988; Schein, 1999; Turner, 1982; Twijnstra en Keuning, 1988; Kubr, 1996; Hale, 1998. In het algemeen wordt te weinig aandacht besteed aan de voorfase en de detaillering van het adviesproces. Juist op deze punten onderscheidt het TSP zich van andere publicaties.
Er zijn ook parallellen te trekken tussen de stappenplannen voor adviesprojecten en de stappenplannen voor organisatieonderzoek, met name wanneer deze laatste georiënteerd zijn op (varianten van) de regulatieve cyclus beschreven door Van Strien (1986) en Van Eijnatten (1988). In al deze stappenplannen is sprake van een diagnosefase, een oplossingsfase en een veranderings- of invoeringsfase. Enkele voorbeelden zijn te vinden bij: Jonker (1990), Van Dijk e.a. (1991) en Van Aken (1994). Van Aken onderscheidt per hoofdfase een 'kennisproduct': object-ontwerp, realisatie-ontwerp en proces-ontwerp. Er is ook hier weinig expliciete aandacht voor de voorfase; wel is men sterk gericht op het effectief ingrijpen in de organisatie.

10 Klachten over een te geringe aansluiting van het onderwijs op de praktijk worden regelmatig in de publieke discussie over de kwaliteit van onderwijs gehoord. *De Volkskrant* van 30 januari 1993 haalde een enquête aan, gehouden door de Adviesraad voor het Wetenschaps- en Technologiebeleid onder bedrijven. De conclusie was dat de kwaliteit van de huidige TU-ingenieur niet goed was. 'Een student leert niet wat een bedrijf is of doet.' HTS-ingenieurs doen het verhoudingsgewijs beter vanwege hun stagejaar. Datzelfde relatieve voordeel hebben afstudeerders van een bedrijfskundeopleiding als die van de Technische Universiteit Eindhoven.

Elsevier van 23 september 1995, p. 48, publiceerde onderzoeksresultaten over de kwaliteit van het hoger onderwijs. Uit de antwoorden op de vraag waarop de werkgever de sollicerende afgestudeerde beoordeelt, blijkt dat de stage het hoogst scoort van alle studieaspecten, vóór onder andere studieresultaten, bijvakken, bestuurlijk werk en werk en studie in het buitenland.

Hoofdstuk 2

1 De uitdrukking 'cultuur is software, maar uit zich wel in harde dingen' is afkomstig van Hofstede (1986, p. 102). Zie voor een overzicht van het begrip 'organisatiecultuur' de publicaties van Van Hoewijk (1988), Frissen (1986) en Sanders en Neuijen (1988). Vele anderen hebben gewezen op het belang voor een adviseur of onderzoeker van het kennen van de cultuur van een organisatie. Greiner en Metzger (1983, p. 255) spreken over de noodzaak van 'learning the culture'; Harvey en Brown (1992) omschrijven de organisatiecultuur als het geheel van geaccepteerde gedragspatronen; Van Aken (1994) stelt enkele vragen die ook voor stagiairs en adviseurs belangrijk zijn: Ondersteunt de cultuur voldoende de communicatie en beïnvloeding? Ondersteunt de cultuur de gekozen strategie? Laat de cultuur de beoogde verandering toe? In recente publicaties wordt cultuur steeds meer opgevat als dynamisch en aan verandering onderhevig. Zie voor een overzicht: Hatch, 1997, p. 200-240.

2 Greiner en Metzger (1983) noemen enkele diagnostische kwaliteiten waarover een adviseur moet beschikken. Naast capaciteiten als het kunnen objectiveren, conceptualiseren, analyseren en redeneren, noemen zij ook het beschikken over een 'intense curiosity': 'Consultants must be nosy – delving behind the symptoms and superficial explanations. They are puzzle solvers who must love the challenge of a messy and ill-defined

problem. The bulk of a client's problem lies beneath the tip of the iceberg.' Block (1996, p. 152) laat het verschil zien tussen diagnose vanuit een onderzoeks- en diagnose vanuit een actie-benadering.

3 Twijnstra en Keuning (1988, p. 186) wijzen op het gevaar dat de adviseur al aan meningsvorming begint voordat hij de feiten kent en heeft geanalyseerd. Dat lijkt een open deur, maar zij stellen terecht vast dat dit gevaar dreigt in situaties waarin de adviseur zich op 'bekend terein' waant. Dan kan een adviseur toegeven aan de verleiding van een snelle – niet goed door de waar te nemen feiten en gegevens onderbouwde – beoordeling.

4 Feltmann (1992) wijst op een aantal psychologische redenen waarom probleemhebbers hun probleem niet zelf kunnen oplossen:
   • De probleemhebber ziet niet dat hij ook anders tegen de 'feiten' kan aankijken; wat hij ziet houdt hij voor de enig waarneembare en enig juiste interpretatie van de feiten.
   • De probleemhebber neemt de situatie waar als storend, onaangenaam, gevaarlijk, en ziet niet dat diezelfde situatie ook gezien zou kunnen worden als onvermijdelijk of als een uitdaging.
   • De probleemhebber wil de situatie laten verdwijnen, maar weet niet hoe hij alternatieven moet bedenken.

5 Vooral procesadviseurs en organisatieontwikkelaars besteden veel aandacht aan het creëren van het nodige draagvlak in de organisatie voor hun project. Schaffer e.a. (1989) spreken bijvoorbeeld over 'reducing anxiety by building confidence'. Schein (1999, p. 20) formuleert als één van zijn vijf basisprincipes: 'It is the client who owns the problem and the solution' en voorts (p. 167-168) dat de aard en omvang van de interventies van een adviseur behoren te zijn afgestemd op het als klant en adviseur tot gezamenlijke diagnoses en gezamenlijke beslissingen komen.
Bond (in Barcus en Wilkinson, 1995, 28-1) stelt voor adviesprojecten te starten met een 'change readiness test' waarin 'competence and commitment' worden gemeten. Zie voor een pleidooi voor aandacht voor 'exploring readiness for change': Lippitt en Lippitt, 1986, p. 18.

6 Margerison (1988, p. 37) onderstreept het belang van een goede inschatting van de te verrichten activiteiten. Hij doet ook een voorstel ten aanzien van vragen die een adviseur kan stellen bij het structureren van de tijd.
De publicatie van Wijnen, Renes en Storm (1996) over projectmatig werken biedt vele aanwijzingen voor het opstellen van een goed werkplan.

7   In dit praktijkboek gaan wij nauwelijks in op het gebruik van gestandaardiseerde instrumenten als doorlichtingen of audits. In de adviespraktijk worden deze instrumenten wel gehanteerd. Het ligt niet voor de hand dat stagiairs daarmee werken (voor een bespreking van mogelijkheden, zie Kerklaan, 1992).

8   Een van de grote problemen bij het toepassen van theoretische modellen en methoden is dat de vooronderstellingen van waaruit deze zijn ontwikkeld niet altijd meteen duidelijk zijn. Die vooronderstellingen hebben dikwijls het karakter van een visie op de gezonde organisatie. Sinds de publicatie van Morgan (1986) over metaforen is de belangstelling voor het mono- of multiperspectief in het organisatieadvieswerk sterk gegroeid (zie ook de publicaties van Van den Berg (1985) en Van Aken en Germans (1993).

9   Met betrekking tot het inschakelen van organisatieleden voor het advies- of stageproject wordt door Overholt en Altier (1988) onderscheid gemaakt tussen enerzijds een 'harde of sturende' en anderzijds een 'zachte of flexible' aanpak. In het eerste geval heeft de adviseur zelf directe invloed op het denkproces van de betrokken groep. Hij is er aanwezig en leidt of regisseert de bijeenkomsten. In het tweede geval geeft de adviseur nauwelijks sturing. Hij helpt de groepen vormen, maar laat het aan de groepen zelf te bepalen hoe de taak zal worden aangepakt.

10 Zie ook Schaffer en Michaelson (1989) die als een van de belangrijkste succesfactoren voor een adviseur noemen dat de organisatieleden zich eigenaar van het project gaan voelen: 'project ownership garantee to implementation'.
Swieringa en Wierdsma (1990) nemen een zelfde standpunt in, wanneer zij stellen dat een organisatieleerproces alleen maar slaagt als de betrokkenen het project voor eigen rekening nemen.

11 Schaffer en Thomson (1992) maken onderscheid tussen een veranderingsprogramma waarin activiteiten centraal staan ('activity-centered') en programma's waarin een te behalen resultaat centraal staat ('result driven'). Het eerste soort programma's typeren zij als regendans: veel activiteiten tegelijkertijd in de hele organisatie, geen mijlpalen voor het meten van resultaten, bedacht en uitgevoerd door stafleden en adviseurs en niet door mensen in de lijn en op de werkvloer. 'The performance improvement efforts of many companies have as much impact on operational and financial results as a ceremonial raindance has on the weather.'

12 Greiner & Metzger (1983, p. 277) noemen als 'technieken' om weerstand tegen verandering tijdig te beperken onder andere: committeer de nee-zeggers voordat zij zich al te nadrukkelijk hebben uitgesproken, houd verschillende sessies met organisa-

tieleden die betrokken zouden kunnen worden bij de veranderingen waarin informatie wordt gegeven en participatie wordt gevraagd, schep ruimte door met verandering te experimenteren in geselecteerde segmenten van de organisatie. Zie ook: Tjosvold, 1991.

Hoofdstuk 4

1 Zie ook Kubr (1996, p. 143) en voor een gelijkluidend pleidooi Biech (1999, p. 158-159). Als eerste twee vragen in haar lijst met vragen die vooraf aan de orde zijn, noemt zij:
   1 Obtain the best public information available about the organization and the industry.
   2 Learn general industry jargon.

Hoofdstuk 5

1 Zie ook: Bell (1986) over de intake als kritieke fase in een adviesproces en Jonker (1990) die de intake beschouwt vanuit procesperspectief, een perspectief dat goed aansluit bij de benadering die wij in dit boek volgen.
2 Schein (1999, p. 222) en Greiner en Metzger (1983, p. 254) benadrukken het belang van het leggen van contact met de 'shakers and movers' van de organisatie. Zij raden aan een gesprek te hebben met de 'key executives' die – ook al is het maar gedeeltelijk – verantwoordelijk zijn voor terreinen waar de opdracht betrekking op heeft of kan krijgen. Dat eerste gesprek is niet bedoeld als informatieverzamelend interview maar als kennismaking. Later kan het zinvol zijn nog eens een interview te hebben met leden van het managementteam.
3 Zie ook Kubr (1996, p. 144): 'The consultant should encourage the client to do the most of the talking so that he hears about the circumstances which led to the meeting and why the client considered that consulting might help him. It is well for the discussion to develop from te general situation to the particular and to focus eventually on the real issue'.
4 Zie ook: Schein (1999, p. 71-72, 228) voor een omschrijving van de rol van en interactie met de 'contact client'.
5 Zie ook: Twijnstra en Keuning (1988, p. 44): de Ondernemingsraad als opdrachtgever.

Hoofdstuk 6

1 Zie Schein (1999, p. 228-229) die het belang van oriënterende interviews onderstreept. Hij ziet deze interviews als middel voor de adviseur om zichzelf kenbaar te maken bij de organisatieleden die voor de opdracht belangrijk zijn en om informatie te verkrijgen over de organisatie, het probleem en de mensen in de organisatie.
2 Zie Emans, 1990, p. 73.

Hoofdstuk 7

1 Zie voor verwerking van interviews: Emans (1990).
2 Praktische aanwijzingen voor het opstellen van een goede flowchart kunnen worden gevonden in de bekende Memory Jogger van Brassard and Ritter (1994, p. 56) en Problem Solving Machine for The Memory Jogger II (1995, p. 8-12). Ook in het PBNA PolyLogistiek Zakboekje (1993, p. 642 e.v.) worden nuttige aanwijzingen gegeven voor het opstellen van flowcharts en oorzaak-en-gevolg-, visgraat- of Ishikawa-diagrammen.
3 Ook voor het opstellen van een oorzaak-gevolgschema of een visgraatanalyse kunnen de Memory Joggers nuttig zijn: 1994, p. 23; 1995, p. 14-18.
4 Vergelijkbaar begrip wordt gehanteerd door Kubr (1996, p. 226) die spreekt over een 'cooperating team'.

Hoofdstuk 8

1 Block (1996, hoofdstuk 5) beschrijft uitvoerig hoe een 'contractsessie' kan worden voorbereid en gehouden.
2 Zie ook: Greiner en Metzger (1983, p. 257): reevaluating the proposal en Van der Zwaan (1992, p. 31) over probleemformulering in organisatieonderzoek.
3 Zie voor een verdere uitwerking van de resultaatgerichte adviesstijl: Hale, 1998.
4 Van der Zwaan (1992, p. 34) over de wenselijkheid van een afbakening van de probleemformulering in organisatieonderzoek.
5 Zie Hilgers en Vriens, 1994.

Hoofdstuk 9

1 De verschillen tussen theoriegericht en praktijkgericht onderzoek en het begrip verantwoordingsmodule zijn duidelijk uitgewerkt door Dijkstra en Van Eijnatten, 1999, p. 88.

2 Wanneer de betrokkenen bij het begin al of later tijdens de oriëntatie tot de conclusie komen dat het project feitelijk te groot is om alle stappen door één student te laten uitvoeren is het aan te bevelen de mogelijkheid te bespreken of het project dat gaat starten kan worden gehanteerd als een deelproject. In een 'dakpanconstructie' zou een volgende stagiair wellicht verder kunnen werken. Zie ook Schaffer en Michaelson (1989, 5/2) die voorstellen om te werken met subprojecten als bouwstenen voor organisatieverandering.

3 Zie voor het maken van een planning voor een adviesproject ook Twijnstra en Keuning (1988, p. 86) en S. Cosman in Barcus en Wilkinson (1995, 13-2).

4 *Netwerkplanning in het kort: een praktische benadering* door K.G. Lockyer, Samsom, Alphen aan den Rijn, 1978.
Kostenbewaking en netwerkplanning door G.J.J. Bolkestein, Educaboek, Culemborg, 1974.
Critical path analysis and other project network technics door K.G. Lockyer & J.H. Gordon, Pitman, London, 1991.

5 Er is veel geschreven over de rollen die adviseurs kunnen kiezen in organisatieadvieswerk. In dit boek hebben wij gekozen voor de rollen die naar onze mening het meest illustratief zijn voor het adviesvak. Voor wie zich verder wil verdiepen in het vraagstuk van de rolkeuze noemen wij enkele verwijzingen:
   • Greiner en Metzger (1983, p. 18): typen en rollen van adviseurs;
   • Nees en Greiner (1985, p. 68): vijf typen organisatieadviseur;
   • Van den Berg (1985): onderzoek naar adviesmodellen en basishoudingen van adviseurs;
   • Lippitt en Lippitt (1986, p. 59): schema van 8 rollen;
   • Champion, Kiel en McLendon (1990): over rolonderhandelingen en over de keuzen die gemaakt kunnen worden;
   • Feltmann (1992): zes manieren van adviseren;
   • Williams en Woodward (1994, p. 52): zeven adviesrollen.

6 Deze aanpak wordt onderstreept door het volgende citaat uit het boek van Greiner/Metzger (p. 278): 'One technique to prevent resistance is to "co-opt" the naysayers before they become too vocal. You will receive hints at the data-gathering stage as to who the skeptics are. Those who are powerful can be won over *by including them, not avoiding them* in the planning of change. We have added them to the "coordination committee" for the change program. Or we have spent time with them in-

formally, in going over our findings and listenings to their re-actions. A good catharsis of negative feelings can lead to a be-grudging "let's get on with it". Also a personal phone call from the CEO can win over a wavering executive.' Zie ook: Tjosvold, 1991, voor een beschrijving van een aanpak waarin tegenstel-lingen productief worden gemaakt.

Hoofdstuk 10

1 Voor de uitdrukking 'onderzoeksmodel als wegwerpartikel' zie: De Leeuw, 1990.
Voor wie geïnteresseerd is in de methodologische achter-grondsvragen verwijzen wij naar Verschuren, 1991. Het mo-delbegrip dat wij in dit boek op het oog hebben noemt Ver-schuren 'handelingsmodel' (p. 63).
2 Zie voor een overzicht van kwantitatieve gegevensverzame-lingsmethoden bijvoorbeeld Lammerse, 1993. In dit boek wordt een grote hoeveelheid methoden voor het verzamelen, evalueren en presenteren van onderzoeksgegevens beschreven. Een voortreffelijk boek over kwalitatieve methoden is: Denzin en Lincoln, 1994.
Het praktische verzamelen en verwerken van gegevens in een adviesproject wordt beschreven door Greiner en Metzger (1983, p. 218) en Twijnstra en Keuning (1988, p. 93).
3 Een goede gids bij het opstellen en gebruiken van enquêtes of vragenlijsten is Bartelds e.a., 1989.
4 Deze opsomming van soorten enquêtes is ontleend aan Swan-born, 1991, p. 92.
5 Toegepast op logistieke verbeteringsprojecten hebben wij in een bijdrage aan het Poly Logistiek Zakboekje (Van Goor e.a. 1993, p. 706) beschreven wat wij bedoelen met een analyse van buiten naar binnen.

Hoofdstuk 11

1 Het cyclische karakter in het proces van probleemoplossen wordt ook beschreven door Van Aken (1994, p. 104) die spreekt van probleemoplossen als een stelsel van in elkaar passende ite-ratieve processen.
Ook Schein (1999, p. 241) duidt op een cyclisch proces, wan-neer hij stelt dat diagnose en interventie zich tegelijkertijd vol-trekken. Hij redeneert zeer nadrukkelijk vanuit een procesbe-nadering als hij eraan toevoegt dat iedere diagnostische han-deling tegelijk een of andere interventie inhoudt, en dat iedere

interventie nieuwe gegevens oplevert. De scheiding tussen deze twee fasen wordt om modelmatige redenen gemaakt, maar is
zuiver theoretisch.

2   Voor het belang van alternatieve oplossingen in een adviesproces, zie ook: Kubr (1996, p. 217).

3   Zie voor een uitwerking van deze stelling: Block, (1996, p. 121-
138).

Hoofdstuk 12

1   Hoe belangrijk een implementatieplan is, wordt onderstreept
door Greiner en Metzger (1983, p. 269) wanneer zij vaststellen
dat het zwakste punt van ervaren adviseurs meestal ligt in de
implementatiefase: 'It is amusing but sad to find so many consultants who assume that change occurs automatically once a
lengthy and lucid report is presented that lays out a list of re-
commendations. This superficial approach is reminiscent of ex-
pecting a customer to buy a new car based on an impersonal let-
ter from an unknown car dealer.'
Ook Twijnstra en Keuning (1988, p. 122) besteden aandacht aan
het implementatieplan. Zij stellen vast dat er behoefte is aan
voortgangsbewaking in de fase van het uitvoeren van een advies, omdat er gemakkelijk afwijkingen optreden tussen planning en werkelijk bereikte resultaten. Schaffer (1997, p. 8-9) formuleert als uitgangspunt dat een 'high impact consultant' nadrukkelijk werkt aan het versterken van de vaardigheden die de
klant nodig zal hebben om het voorstel ingevoerd te krijgen.

2   Parallellen met wat wij bedoelen met 'veranderingsorganisatie'
zijn te vinden bij Kubr (1996, p. 215 e.v) die diverse voorstellen
formuleert om gericht te werken aan de implementatie van
voorstellen, en bij Twijnstra en Keuning (1988, p. 117) die
schrijven over de noodzaak om in korte tijd door een gerichte
inspanning een organisatie van de ene toestand naar de andere te brengen. Zij spreken in dit verband van transformerend
leiderschap en veranderingsmanagement.
Een diepgaande bespreking van achtergronden van veranderingsprocessen in organisaties is te vinden bijvoorbeeld bij Katz
en Kahn (1976, p. 653).

3   Over de rollen van adviseurs in implementatietrajecten is veel
geschreven. Wij noemen slechts enkele verwijzingen: Greiner
en Metzger (1983, p. 30), Twijnstra en Keuning (1988, p. 123)
en Harvey en Brown (1992, p. 117).

4   Interventiestrategieën zijn beschreven door bijvoorbeeld Harvey en Brown (1992, p. 275).

Hoofdstuk 13

1 Twijnstra en Keuning (1988, p. 125) besteden aandacht aan het afsluiten van het adviesproject: een goed adviseur maakt zich overbodig.

Kelly (1986, p. 232) geeft concrete suggesties voor het evalueren van de eigen prestaties van de adviseur.

Lippitt en Lippitt (1986, p. 126), beschrijven een model voor het evalueren van een adviesproces. Hale (1998, p. 179), geeft een lijst met 'key-measures, criteria to measure, metrics'.

Hoofdstuk 14

1 Het begrip bedrijfsdiagnose is in Nederland bekend geworden door het werk van Kempen (1979). Van Tilburg c.s. (1983) geven een overzicht van wat in die tijd aan doorlichtingsmethoden op de markt was. Strikwerda (1994, p. 241) gaat in op de vraag naar de normen die gehanteerd worden in dit type onderzoek.

Literatuur

Aken, J.E. van, *Strategievorming en Organisatiestructurering: organisatiekunde vanuit ontwerpperspectief*, Kluwer, Deventer, 1994.

Argyrus, C., Schön, D.A., *Organizational learning: A theory of action perspective*, Addison-Wesley, Reading MA, 1996.

Bartelds, J.F. e.a., *Enquêteren: het opstellen en gebruiken van vragenlijsten*, Wolters-Noordhoff, Groningen, 1989.

Barcus, S.W. en Wilkinson, J.W. (ed.), *Handbook of Management Consulting Services*, McGraw-Hill Inc., New York, 1995.

Bell, C.R., *'Entry Is a Critical Phase in Consulting'*, Journal of Management Consulting, 3/1, 1986.

Berg, F. van den, *Organisatie-adviseurs en organisatietheorieën*, proefschrift RUG, 1985.

Biech, E., *The business of consulting, The basics and beyond*, Jossey-Bass, San Fransisco, 1999.

Block, P., *Feilloos adviseren, Een praktische gids voor adviesvaardigheden*, Academic Service, Schoonhoven, 1996.

Brassard, M., Ritter D., *The Memory Jogger II, A pocket guide of tools for continuous improvement & effective planning*, Goal/QPC, Methuen (MA), 1994.

Burke, W.W., *Organization Development: a normative view*, Addison Wesley, Massachusetts, 1987.

Champion, D.P., Kiel D.H. en J.A. McLendon , Choosing a consulting role, *Training & Development Journal*, 44/2, 1990.

Crossan, M.M., Lame, H.W. en R.E. White, 'An organizational learning framework: from intuition to institution', *Academy of Management Review*, 24, 3, 522-537, 1999.

Denzin, N.K. en Y.S, Lincoln (ed.), *Handbook of Qualitative Research*, Sage, London, 1994.

Dijk, J. van e.a., *Onderzoek & Veranderen: methoden van praktijkonderzoek*, Stenfert Kroese, Leiden, 1991.

Dijkstra, L. en F.M. van Eijnatten, 'Over het structureren van bedrijfskundig onderzoek'. In: Riemsdijk M.J. van, *Dilemma's in de bedrijfskundige wetenschap*, Van Gorcum, Assen, 1999.

Dunning, R.W., *De Nederlandse Organisatie-Adviewereld*, Eburon, Delft, 1985.

Emans, B., *Interviewen: theorie, techniek en training*, Wolters-Noordhoff, Groningen, 1990.

Feltmann, C.E., 'Adviseren na het post-modernisme: naar een buitengewone interventiekunde?', *M&O*, 1992/1.

Frissen, P., 'Literatuurbeschouwing organisatiecultuur: een over-zicht van benaderingen', *M&O*, 6, 1986.

Goal/QPC, *Problem Solving Machine for the Memory Jogger II*, Methuen MA, 1995.

Goor, A.R. van e.a., *Poly Logistiek Zakboekje*, Koninklijke PBNA, Arnhem, 1993.

Greiner, L.E. en R.O. Metzger, *Consulting to Management*, Prentice-Hall, Englewood Cliffs, 1983.

Gundry, L.K. en A.A. Buchko, *Field casework, methods for consulting to small and startup businesses*, Sage, London, 1996.

Hale, J., *The performance consultant's fieldbook, Tools and techniques for improving organizations and people*, Jossey Bass, San Fransisco, 1998.

Harvey, D.F., en D.R. Brown, *An experiential approach to organization development*, Prentice-Hall, Englewood Cliffs, 1992.

Hatch, M.J., Organization Theory, *Modern, symbolic and post modern perspectives*, Oxford University Press, Oxford, 1997.

Hilgers, F en J.Vriens, *Professioneel presenteren: handleiding bij het voorbereiden en verzorgen van informatieve overtuigende presenta-ties*, Academic Service, Schoonhoven, 1994.

Hoewijk, R. van, 'De betekenis van de organisatiecultuur: een lite-ratuuroverzicht', *M&O*, 1, 1986.

Hofstede, G., 'Werken aan de organisatiecultuur', *Bedrijfskunde*, 58, 2, 102-106, 1986.

Jonker, J., *Met mate te meten: organisatiediagnose in de praktijk*, Van Gorcum, Assen, 1990.

Kaplan, R.S en D.P. Norton, *The balanced score card, translating strat-egy into action*, Harvard Business School Press, Boston, 1996.

Katz, D en R.L. Kahn, The social psychology of organizations, 2ed, Wiley, New York, 1978.

Keizer, J.A. en P.M. Kempen, 'Logistieke verbetering als verande-ringsproces', in: Van Goor e.a., *Poly Logistiek zakboekje*, PBNA, Arnhem, 1993.

Kelly, R.E., *Consulting: the complete guide to a profitable career*, Charles Scribner's sons, New York, 1986.

Kempen, P.M. *Bedrijfsdiagnose alias management audit*, Samsom, Alphen aan den Rijn, 1979.

Kerklaan, L.A.F.M., *Effectief diagnose stellen in de organisatie*, Klu-wer, Deventer, 1992.

Kubr, M., *Management consulting: a guide to the profession*, Interna-tional Labour Office, Geneva, 1996.

Lammerse, H., *Bedrijfszekerheidsgegevens*, Kluwer, Deventer, 1993.

Leeuw, A.C.J. de, *Organisaties: management, analyse, ontwerp en ver-andering*, Van Gorcum, Assen, 1996.

Lewin, M.D., *The overnight consultant*, Wiley, New York, 1995.

Lippitt, G. en R. Lippitt , *The consulting process in action*, Jossey-Bass, San Fransisco, 1986.

Margerison, C.J., *Managerial Consulting Skills: a practical guide*, Gower Publishing Company Limited, Aldershot, 1988.

Moorman, en A.S. Miner, 'The impact of organizational memory on new product performance and creativity', *Journal of Marketing Research*, 24, Feb., p. 91-106, 1997.

Morgan, G., *Images of Organization*, Sage, London, 1986.

Nees, D.B. en L.E. Greiner, 'Seeing behind the look-alike management consultants', *Organizational Dynamics*, winter, 1985.

Neuijen, B. en G. Sanders, 'Op zoek naar de cultuur van organisaties', *M&O*, 1988/3.

Overholt, M.H. en W.J. Altier, 'Participative process consulting: the hard and soft of it', *Journal of Management Consulting*, 4/3, 1988.

Schaffer, R.H. en H.A. Thomson, 'Successful Change Programs Begin with Results', *Harvard Business Review*, jan/feb, 1992.

Schaffer, R.H., *High impact consulting*, Jossey-Bass, San Fransisco, 1997.

Schein, E.H., *Process consultation revisited, Building the helping relationship*, Addison Wesley, Reading MA, 1999.

Strikwerda, J., *Organisatie-advisering, wetenschap en pragmatiek*, Eburon, Delft, 1994.

Swanborn, P.G., *Basisboek Sociaal Onderzoek*, Boom, Meppel, 1991.

Swieringa, J. en A.F.M. Wierdsma, *Op weg naar een lerende organisatie*, Wolters-Noordhoff, Groningen, 1990.

Tilburg, C.H.G. van, Verburg, P. en F.G. Willemse, *Organisatie-doorlichting in Nederland*, Kluwer, Deventer, 1983.

Tjosvold, D., *The conflict-positive organization: stimulate diversity and create unity*, Addison Wesley, Reading MA, 1991.

Tuijl, H.F.J.M. van, Critical success factors in developing ProMES: will the end result be an accepted control loop?, *Leadership and organization development journal*, 18, 7, 346-354, 1997.

Turner, A.N., 'Consulting is more than giving advice', *Harvard Business Review*, 60/5, 1982.

Twijnstra, A., Keuning D., *Organisatie-advieswerk: de praktijk van het organisatie-advieswerk bezien vanuit opdrachtgever, cliënt & adviseur*, Stenfert Kroese, Leiden, 1988.

Verschuren, P.J.M., *Structurele modellen tussen theorie en praktijk*, Het Spectrum, Utrecht, 1991.

Verschuren, P.J.M. en H. Doorewaard, *Het ontwerpen van een onderzoek*, Lemma, Utrecht, 1995.

Weggeman, M.C.D.P., *Kennismanagement, Inrichting en besturing van kennisintensieve organisaties*, Scriptum, Schiedam, 1997.

Williams, A.P.O., Woodward S., *The Competitive Consultant: a client-oriented approach for achieving superior performance*, The MacMillan Press, Hampshire, 1994.

Register

De auteurs

Prof. dr. P. M. Kempen studeerde economie en accountancy aan de Erasmus Universiteit Rotterdam. Volgde later nog de opleiding Organisatiekunde van de Stichting Interacademiale Opleiding Organisatiekunde (SIOO) te Utrecht. In 1979 gepromoveerd op 'Bedrijfsdiagnose alias Management Audit'. De aanstelling als deeltijd-hoogleraar aan de Faculteit Technologie Management (voorheen: Technische Bedrijfskunde) van de Technische Universiteit Eindhoven voor het vak Organisatie Adviesprocessen volgde in 1984.

Zijn beroepsactiviteiten zijn begonnen bij Philips als intern adviseur informatiesystemen. Daarna heeft hij als firmant van het accountantskantoor Van Dien & Co. het organisatieadviesbureau helpen opzetten. Vandaar is hij – na 20 jaar externe adviespraktijk – teruggegaan naar Philips en werd verantwoordelijk voor de interne adviesdiscipline Organisatie en Efficiency (O+E).

Als uitvloeisel van Centurion heeft hij de Lighthouse Consulting Group, bestaande uit O+E medewerkers, helpen opzetten. Momenteel is hij werkzaam als zelfstandig adviseur.

Dr. J. A. Keizer studeerde arbeids- en organisatiepsychologie aan de Rijksuniversiteit Groningen. Was werkzaam in een organisatie-adviesfunctie in de non-profit-sector, en promoveerde in 1988 op een onderzoek naar arbeidsmotivatie en arbeidsvreugde van professionals.

Sinds 1989 werkzaam bij de vakgroep Organisatiekunde van de Faculteit Technologie Management van de Technische Universiteit Eindhoven.

Doet praktijkonderzoek in een aantal grote bedrijven en publiceerde onder andere over: risico's in productinnovatie, leerstrategieën als concrete uitwerkingen van het begrip 'lerende organisatie' en over facility management.